光明社科文库
GUANGMING DAILY PRESS:
A SOCIAL SCIENCE SERIES

·历史与文化书系·

奥运传播与国家认同建构研究
基于媒介仪式

李春阳Ⅰ著

光明日报出版社

图书在版编目（CIP）数据

奥运传播与国家认同建构研究：基于媒介仪式 / 李
春阳著 . -- 北京：光明日报出版社，2023.12
ISBN 978 - 7 - 5194 - 7397 - 6

Ⅰ.①奥… Ⅱ.①李… Ⅲ.①奥运会—传播—关系—
民族国家—研究—中国 Ⅳ.①G811.21②D6

中国国家版本馆 CIP 数据核字（2023）第 248858 号

奥运传播与国家认同建构研究：基于媒介仪式

AOYUN CHUANBO YU GUOJIA RENTONG JIANGOU YANJIU:
JIYU MEIJIE YISHI

著　　者：李春阳

责任编辑：李　晶　房　蓉　　　　责任校对：郭玫君　董小花
封面设计：中联华文　　　　　　　责任印制：曹　净

出版发行：光明日报出版社
地　　址：北京市西城区永安路 106 号，100050
电　　话：010-63169890（咨询），010-63131930（邮购）
传　　真：010-63131930
网　　址：http：// book. gmw. cn
E - mail：gmrbcbs@ gmw. cn
法律顾问：北京市兰台律师事务所龚柳方律师

印　　刷：三河市华东印刷有限公司
装　　订：三河市华东印刷有限公司
本书如有破损、缺页、装订错误，请与本社联系调换，电话：010-63131930

开　　本：170mm×240mm
字　　数：296 千字　　　　　　　印　　张：16.5
版　　次：2024 年 4 月第 1 版　　　印　　次：2024 年 4 月第 1 次印刷
书　　号：ISBN 978 - 7 - 5194 - 7397 - 6
定　　价：95.00 元

序

　　李春阳与我同在南京师范大学体育科学学院任教,他负责足球与网球两个运动项目的教学与训练,小我 5 岁,我俩之间平素就有着相互信任和彼此尊重的同事关系。2016 年秋季的一天下午,已是副教授和硕士生导师的他来到我的办公室,说看了我 2011 年发表的《拟态狂欢:消费时代电视体育传播的范式》一文后,很有感触,也想据此思维框架对当下体育明星的制造进行深入研究,因此想请求我的帮助。记不清当时我们所讨论的具体内容了,但不久,当时还缺乏传播学背景的他就拿着论文初稿《拟态神话:消费社会语境下体育明星制造的范式》再次征求我的建设性意见。就这样有好几个来回后,这篇论文成功地被国内一家核心期刊选用。也许正是因为这篇文章,春阳对体育文化传播产生了较大的兴趣,并恳请我为他推荐新闻传播学研究书单,想在该领域进一步深耕。

　　涉猎一些跨专业经典书籍后,春阳着迷并兴奋于不同于过往所熟悉的知识与理论天地,并常常邀我一起分享他的发现——体育学与传播学、文化学等之间可以打通研究,体育领域里的许多现象都可以在传播领域中得到更全更深地解读与分析——在多种场合里他总以探讨学术为名找我商量,以表示他不满足对于传播学研究的浅尝辄止,想进一步在体育文化与传播领域攻读博士学位的心愿。说心里话,当时我还是有点犹豫的。一是因为他的硕士研究方向与我的研究领域相距甚远,短时间里很难在广度、深度与高度上达到读博的要求。二是因为他的年龄偏大,孩子还小需要照顾,教学训练任务很重,很难保证有足够的可支配时间用于读书与研究。还有,我平时对我的学生还是较为严厉的,因为我期望自己的弟子能够潜心研究且光芒独具。最终,他以优秀的专业审核成绩以及不俗的面试表现得到了所有博士面试考官称赞的同时,也说服了我。

　　春阳很珍惜这次来之不易的深造机会,读博期间,读书很是卖力,但也曾在读博初期因面对“无尽”的新理论和新知识最终将如何聚焦于某一问题来进行研究而一筹莫展,压力很大,以致焦虑频袭。直至有一次,在一起用餐时我

1

们无意中谈到全球化进程在一定程度上导致了国家主权及其功能的逐渐弱化，而这将会给国家认同带来意想不到的挑战等相关问题时，春阳眼睛一亮，说："有了。"因为，他刚好在读我推荐的《作为文化的传播》一书，该书是美国文化传播学者詹姆斯·凯瑞的力作，书中凯瑞提出了传播的仪式观，即把传播看作"一种以团体或共同体的身份把人们吸引到一起的神圣典礼"，它注重民主参与和价值共享，是对只强调信息传递与控制的传播传递观的超越。其强调传播对公众价值观念的建构及其在时间上对一个社会的维系——不仅注重信息本身在空间上的扩散，而且强调价值信仰的建构，注重共同体对意义的分享。无疑，这一传播观念就奥运传播对国家认同的意义与价值建构功能而言提供了一个强有力的理论支撑。换言之，把这一观念引入奥运传播与国家认同建构的关系研究是创新大型体育赛事传播实践，提升体育赛事传播建构国家认同的意义与价值传播效果的有益尝试。于是，奥运传播建构国家认同价值观传播这一选题由此诞生。

选题确定之后，春阳如释重负，于是也就更为努力、用功，并在明确的研究范围内反复交叉阅读相关理论专著，以寻求进一步的理论印证以及逻辑中介，并期冀从中能够提炼出新的思想。功夫不负有心人，凭借读博期间的勤学苦练与日积月累，以及自身原有的体育学科的知识与理论积累，他最终完成了博士学位论文，且以高分通过了三个专家的盲评与最终的答辩。该论文现改名为《奥运传播与国家认同建构研究——基于媒介仪式》，其在问题通览—理论把脉—时间困境—创新传播这四个问题域之间搭建了四位一体的研究框架，从身份认同、文化认同、政治认同三个层面，进一步从媒介制度和传播行为两个维度，系统分析了建构者应该如何利用国家传播系统的各种传播渠道和编码技巧、传播策略，建构良好的"奥运—媒介"仪式，并从价值分析的角度分析了国家认同建构的时代意义。

从一定程度上讲，这是一本体现跨学科创新融合、多视角深度解析的书。本书具体从"国家认同建构：全球化时代民族国家无法回避的一大现实问题"出发，在点明"奥运传播：一种可资塑造国家认同的媒介仪式"的基础上，致力于在媒介仪式视域下把握奥运传播与国家认同建构之间的文化政治关系，并强调这一建构旨在赢得国民对于国家的认同以及社会的认同，并进一步说明了建构良好"奥运—媒介"仪式是一种战略选择和手段运用，其直接目的是制造认同。具体而言，建构良好"奥运—媒介"仪式不仅是建构国家认同的基础和前提，国家传播系统利用"奥运—媒介"仪式制造身份认同、文化认同以及政治认同等，更是为了维护和发展民族国家利益，建构被认同的和谐社会。要知道，这种身份认同、文化认同、政治认同和国家认同一旦形成，该认同就会鞭策国民为国家的发展及其利益的保护，激发、采取发自内心的"无意识"的自觉行动，进而推动社会主义现代化强国的建设。

当然，由于投入的时间和精力有限，以及跨专业研究等，本书也存在明显不足之处。譬如，由于从多层面、多维度、多角度对奥运传播与国家认同建构进行分析，在论述过程中又试图面面俱到，以致对问题透析不够深入，甚至有些章节之间还存在些许明显交叉和重复之处，尽管作者在写作时主观上已竭力避免。同时，书中借用大量的媒介学、传播学、符号学、媒介仪式理论、国家认同理论等诸多不同学科的学术理论及其话语体系，但未能很好地将它们融会贯通于某一学科门类之下，这是本书需要进一步完善之处。

《奥运传播与国家认同建构研究——基于媒介仪式》即将付梓，希望春阳在体育仪式化传播领域不忘初心，砥砺前行，在这一领域打开一个新的研究视野。希望学术路上的各位同人将来有机会能给予春阳更多可切磋的机会，更希望各位专家能够批评指正并不吝赐教。相信春阳的未来不是梦，从此会有更多的学术收益与能力提高。

是为序。

王庆军

2023 年 12 月 29 日

写于紫金山北麓育红斋

目　录
CONTENTS

绪　　论

第一节　问题的提出与研究意义

一、问题的提出

1984 年 8 月 7 日，是个特殊的日子。在陕西省商洛机械厂狭小的食堂内，人们围坐在黑白电视机前，等待着观看洛杉矶奥运会的女排决赛，这场比赛是中国女排对阵美国女排。宋世雄的解说拉开了比赛的序幕："中央电视台，中国人民广播电台，各位观众，各位听众，台湾同胞们……比赛开始了。"人们屏住呼吸，睁大眼睛，伸长脖子，关注着每一分的争夺，每当中国队赢得一分时，人们就会高声喝彩，鼓掌庆祝。此时此刻，时间似乎也过得很慢，一个多小时的比赛就像经历了整整一个世纪，人们在煎熬中期待着……终于，中国队以 3 : 0 战胜了美国队，夺得了奥运会的冠军。电视机前的人们沸腾了，有人相互拥抱，有人喜极而泣，而我们这群小孩大声喊着："中国赢了！中国胜利了！"当举行升国旗奏国歌的颁奖仪式时，大人们招呼小孩安静并聚拢过来，此时，无论是大人还是小孩，都一起站立在电视机前，高唱国歌，注视着国旗冉冉升起……这些场景至今回望，仍历历在目，仿若昨昔。当时还是孩童的我并不知道是什么样的力量让大家聚集在一起，表现出与日常不同的行为。而且，为什么女排的胜利代表着中国的胜利？为什么中国的胜利会使国民欢呼雀跃，无比自豪？父亲告诉我，因为"我们都是中国人"。但是，我还是不甚理解。

时间指向 2001 年 7 月 13 日，北京时间晚 10 点 10 分，国际奥委会主席萨马兰奇（Juan Antonio Samaranch）在莫斯科世界贸易中心会议大厅宣布：北京获得 2008 年夏季奥林匹克运动会的主办权。电视屏幕上不断闪出四个大字"我们赢了"，让神州大地整夜无眠。

当然，2008 年 8 月 8 日晚上 8 时是每个中国人都难以忘怀的时刻。29 个脚印造型的烟火把我们带入第29届北京奥运会开幕式现场，那时的我坐在自家宽敞舒适的客厅里，通过彩色电视机的大屏幕感受北京奥运会开幕式的壮美。开幕式中，名为《美丽的奥林匹克》的文艺表演上篇展示了中国四大发明、文字等中华民族悠久的文明历史，下篇展示出中国自改革开放以来的繁华盛景。开幕式吸引了全国8.42亿观众通过电视实时收看，全世界共有44亿人观看北京奥运会开幕式。在北京奥运会举办期间，中国的大街小巷挂满了五星红旗，到处是奥运会的宣传标识：福娃们组成的"北京欢迎您""同一个世界，同一个梦想""绿色奥运、科技奥运、人文奥运"等。而每天广播、报纸、电视、网络、手机等众多媒介联手呈现北京奥运会盛况。在这一时刻，北京成为世界的中心，北京奥运会成为人们生活的中心。

毋庸置疑，北京奥运会让国人感到骄傲。不仅仅是因为中国获得了奖牌数的第一，更是因为北京奥运会展现了中国灿烂的历史文明、高速发展的经济、和谐的发展理念。在国际社会中，一个开放的、文明的、团结的、奋进的中国形象树立了起来。就我而言，北京奥运会的成功举办使我内心充满自豪，我是一个中国人，我为中国的日渐强盛而感到骄傲。而且，我相信在经历了2008年北京奥运会、2014年南京青奥会、2022年北京冬奥会后，人们今后再看到大型体育赛事中中国选手的良好表现都会有一种自豪感，会为"我们都是中国人"而感到骄傲。

然而此时此刻，我又一次想起了儿时的疑惑，也就是本书的元问题：观看奥运会或大型体育赛事如何能引起"我是中国人，我们都是中国人"的心理想象，媒介和"我们都是哪国人"的心理感受到底有什么关系？后来，在对体育文化传播的研习中，我终于找到了解决困惑的些许线索，对于元问题中的"我是……国人，我们都是……国人"的现象同样也在别的国家发生。其实，这种现象是国民对国家的认同，是公民对自己国家的认可和赞赏，是国民对自我身份的强化与确认。

那么，国家认同仅仅是对国民身份的强化吗？戴扬（Daniel Dayan）和卡茨（Elihu Katz）描述的"那些让人们驻足观看的重大事件"，特别是奥运会，是如何建构国家认同的？媒介在其中的作用是什么？媒介技术的突飞猛进带来哪些影响？作为观看群体的国民实现国家认同的机制是什么？显然，类似的许多问题有待我们厘清与回答。鉴于此，在元问题的基础上，本书试图在媒介仪式视域下探析"奥运传播与国家认同建构"的关系，以及奥运传播是如何建构国家认同的，这是一种以学术的方式对元问题的回答，也算是对纠缠多年困惑的一种交代。

　　总之，本书是在试图回答元问题的基础上，通过对社会现实的考察，对大量文献进行阅读与研究后确定了选题，选题的缘由如下：

　　第一，为什么要研究国家认同？

　　首先，是因为国家认同的重要性。国家认同是国家得以存在、维系和发展的重要力量，是构筑政治合法性的基础，具有重要的意识形态功能。如果任何一种统治不能使其国民产生认同感与归属感，就会失去凝聚力，乃至出现分裂或解体的危险，而且，没有国家认同，就没有社会的稳定与和谐发展，也就没有人民的安居乐业。因此，国家认同受到各个国家的重视，成为现代民族国家建设中的首要问题。

　　其次，是因为建构国家认同的紧迫性。纵观当代世界发展史，民族国家总是在动荡中前行。而且，包括美国在内的发达国家也同样存在认同危机。早在1966 年美国学者白鲁恂（Lucian Pye）就在《政治发展的诸方面》一书中提出，向现代转型的国家里存在六种危机。其中，最首位和最基本的就是"国家认同危机"①。在全球范围内，20 世纪就曾出现过三次民族主义浪潮，引起不少国家的分裂和新国家的诞生。第一次世界大战结束后，随着奥斯曼帝国和奥匈帝国的解体，东欧和南欧出现一批新的"民族国家"，在 1916—1945 年期间，有 16个国家产生；第二次世界大战结束后，亚非拉原殖民地上成立了一大批新的国家，在 1945—1973 年间，共产生了 81 个国家；随着第三次民族主义浪潮席卷全球，导致了东欧剧变、印度尼西亚的亚齐分离、俄罗斯的车臣战争、南斯拉夫分裂等。到了 21 世纪，受突尼斯、埃及政局突变的影响，利比亚、叙利亚、阿尔及利亚、伊朗、巴林和也门等北非和中东多国政局动荡，引发大规模暴动和骚乱，被称为"阿拉伯之春"。此次事件也影响到了中东世界以外地区，包括东亚、西欧、北美等，其中尤以希腊的反政府示威游行、2011 年 8 月英国的骚乱和美国持续数月并一度影响全球的"占领华尔街"运动最为典型，还有 2022 年俄乌战争中，乌克兰的顿涅茨克等四个地区通过公投加入俄罗斯。这些事件不同程度地反映出在世界范围内的国家认同危机，国家合法性的基础正在面临严峻的考验与冲击。因此，如何维护民族团结和国家的稳定，增强国家认同感成为世界各国的重要议题。

　　中国是由 56 个民族组成的多民族国家，维护国家安定需要各民族的团结与国家认同。然而，在新疆和西藏的问题上，就表现出了对国家认同的扭曲，出

---

　　① 复旦大学历史学系，复旦大学中外现代化进程研究中心．近代中国的国家形象与国家认同［M］．上海：上海古籍出版社，2003：127.

现了破坏民族团结和国家稳定的突发事件和恐怖事件。在多民族国家，民族分裂势力往往高举着维护民族权益的幌子进行分裂国家的图谋，从中获利或被境外反华势力所利用，对民族内部的团结和国家的稳定造成了巨大的威胁，也必然引起国民对国家的认同危机。另外，中国还存在着与国家安全以及国家认同相悖的不和谐的声音。在美国马里兰大学举行的2017届学生毕业典礼上，有中国留学上台演讲时说："美国的空气都是甜的，在这里我感受到了自由"；有"港独"议员曾直言：我不是中国人，我是香港人；2020年有留学生在网络留言："中国人怎么那么多贱骨头，我一点都不想回国。"这些事件无不表明中国加强国家认同迫在眉睫。

综上所述，鉴于国家认同在国家建设中的重要性和建构的紧迫性，其成为学界关注的焦点，也成为本书所要研究的议题。

第二，为什么要以奥运会为考察对象？

在对国家认同的研究中，部分学者从政治、经济、文化等宏观的视角研究国家认同及其建构策略，也有学者从心理学、传播学等视角进行研究，还有学者从社会学视角研究民族认同、族群认同与国家认同的关系。值得一提的是，有学者分析了体育赛事与国家认同、政治认同的关系，提出奥运会对建构国家认同有着积极的作用。譬如，西班牙人 John Hargreaves 对奥运会分析后认为：20世纪80年代以后，西方学术界开始重视体育运动在建构国家认同、巩固民族主义、去殖民化等议题中的特殊地位，把体育运动置于认同政治的语境下，赋予其新的政治意义。① 我国学者孙佳等人认为，现代奥运会的举办对于政治身份的构建以及推动具有很强的现实意义，是民族认同感和认知感高度统一的重要体现。②

可见，学者们从不同视角关注了当下国家认同的建构问题。在体育和一些交叉领域，学者也认为，体育赛事已经超越了其本身具有的意义，被运用于塑造国家认同之中，特别是以国家为参赛单位的大型体育赛事能够充分体现国家认同，也是构建国家认同的良好场域。

其实，一个事物往往有很多面，就如硬币有三个面一样。同样，奥运会也能引起个人认同、国家认同和全球认同。以往我们只是比较熟知奥运会的公平竞赛、团结友爱与和平主张等方面，但这只是奥运会引发认同的一个面。可以

---

① HARGREAVES J. Freedom for catalonia：Catalan nationalism，Spanish identity and the Barcelona Olympic Games［M］. Cambridge：Cambridge University Press，2000：3.

② 孙佳，费郁红. 从平昌冬奥会闭幕式"北京八分钟"看体育赛事的政治传播［J］. 南京体育学院学报，2019，2（02）：41-43，80.

说，只有国民对国家产生认同感才能使国家远离战乱，人民才能安居乐业，才能更好地参与到奥运会中。而且，现代奥林匹克运动创始人顾拜旦（Le baron Pierre De Coubertin）先生提出了体育的宗教思想，但后来他也意识到宗教思想在现代奥运会中作用的减退，因此积极寻求能取代宗教功能的奥运符号。他认为，"在这个世俗化的世界，有一种信仰可以用来实现世俗化的目标——这就是国旗，它是现代爱国主义的象征"，而且"如果每个运动员以自己国家的国旗取代上帝的偶像，那么仪式肯定会更加庄严隆重，这种'现代化'的适当性是如此明显，以致不需要坚持上帝的偶像"①。1896 年首届现代奥林匹克运动会上，允许运动队伍和运动员展示本国国旗和其他象征物。从此，在世界范围内，形成了奥林匹克运动会和国家独立主权之间的重要联系。②

以上观点为本书研究国家认同提供了一种思路，即"大型体育赛事建构国家认同"的设想。当然，奥运会作为大型体育赛事的典型代表，是参赛国最多、影响力最广泛、深受人们喜爱的体育赛事。因此，本书选取奥运会作为考察对象。

第三，为什么以媒介仪式为研究视域？

首先，在现代社会，我们被媒介包围着，而且，媒介成为我们"观看"世界的窗口，也构成了人们的日常生活方式。正如高小康所言："人们要么从报纸、电视上知道发生了什么，要么告诉他们发生了什么。总之，大众的日常生活已经与媒介的传播相互交织在一起。"③ 尼克·库尔德利（Nick Couldry）更是深刻地认识到：媒介已经成为社会的中心，人们越来越多地把报纸、广播、电视、互联网当作社会的中心，它们霸占着社会生活的中心，是我们通向社会中心的大门。这是一种"媒介中心效应的迷思"，而这一中心的获得需要借助于媒介仪式。④ 试想一下，如果没有报纸、杂志、广播、电视、互联网、手机等这些媒介，我们会对每届奥运会了解多少？答案是肯定的，那就是"几乎一无所知"。所以，人们看到的、听到的、感受到的奥运会几乎都是媒介作用的结果。媒介组织选取奥运事件，通过选择、编辑、放大、裁剪等方式制造出了"媒介

① 顾拜旦. 奥林匹克理想：顾拜旦文选［M］. 詹汝琮，邢奇志，译. 北京：奥林匹克出版社，1993：47-48.
② HILL C R. Olympic Politics：Athens to Atlanta，1896—1996［M］. Manchester：Manchester University Press，1996：2.
③ 高小康. 狂欢世纪：乐文化与现代生活方式［M］. 郑州：河南人民出版社，1998：149.
④ 库尔德里. 媒介仪式：一种批判的视角［M］. 崔玺，译. 北京：中国人民大学出版社，2016：2-3.

现实"，通过媒介及时、快速地呈现给大众。可以说，没有媒介，人们就缺少了了解奥运的重要途径，也不会出现奥运会的空前盛况。

其次，传播与仪式相关研究给我们的启示。传播的概念是传播学研究的逻辑起点，对其的理解与界定决定了传播学研究的基本路径。1975 年，美国学者詹姆斯·W. 凯瑞（James W. Carey）针对传播研究注重实证效果分析，而忽略对传播的文化进行研究这一现象，提出了传播的"仪式观"，这给世界传播研究带来一股清流，在此基础上也出现了诸如仪式传播、互动仪式链、媒介仪式等研究。传播的"仪式观"的核心观点是：传播就是一种仪式。因为传播和仪式从古代就具有相同的词根，而且传播与仪式都具有一种功能，那就是将人们以团体或共同体的形式聚集在一起，是时间上对社会的维系，是共享信仰的表征。[1]

由此可见，传播的"仪式观"以仪式为传播的隐喻，开启了传播研究的文化转向。奥运会也是一种文化现象，在传播的作用下得以生存和发展，也形成了"媒介仪式"。因此，选择"媒介仪式视域下奥运传播与国家认同建构研究"本书的选题，其一是对自我困惑的元问题的探索；其二是有感于国家认同现实境遇；其三是对传播"仪式观"的一种积极实践。同时也希望能够扩展"媒介仪式"的研究领域，并为进一步完善传播理论添砖加瓦。

二、研究意义

全球化是把"双刃剑"，在加强各国政治、经济、文化等方面交流的同时也使国家认同受到冲击。奥运会是包括体育竞技、仪式、政治、文化、记忆、符号等多元素意义的系统，对建构国家认同有着积极的作用。而且，现代社会是"媒介化"的社会，由媒介组织起来的一个个仪式成为人们了解世界的窗口。因此，在媒介仪式视域下把奥运传播与国家认同建构作为研究对象，探寻奥运传播与国家认同的关系，建构国家认同的机制与策略。同时，客观而又深刻地分析建构中的经验与现实症结，进而提出更好的建构方略，这些无疑在理论与实践层面均有明显的意义。

（一）理论意义

1. 有益于拓展体育赛事与媒介仪式的研究场域

一般而言，对体育的研究可分为两种。一种是体育研究，即对体育本体的研究，比如，利用运动训练学、运动生理学、运动解剖学和运动心理学等科学原理研究体育运动本身、运动中的人及其行为；另一种是研究体育，即从其他

---

[1] 凯瑞. 作为文化的传播 [M]. 丁未，译. 北京：华夏出版社，2019：18.

学科的视角阐释体育现象。譬如从人类学、传播学、文化学、政治经济学等学科来审视体育问题。在这两种研究中，前者一直占据着主导地位。但近年来，由于其他学科的研究者介入体育领域，给研究体育带来了新的思路和活力。媒介仪式的思想起源于20世纪70年代凯瑞提出的传播的"仪式观"，它开启了传播学研究的文化转向。在此基础上，英国学者尼克·库尔德里于2003年提出"媒介仪式"的概念。即媒介仪式"是围绕主要媒介及其相关领域所组织的活动，这些活动的开展使得'媒介是人们通向社会中心的接入点'这一隐藏在传播过程中的价值观念得到强化和合理化"①。国内研究者把仪式与传播的相关理论进行了引入，并做了本土化改造，但对其的运用还停留在对欧美研究成果的搬用上，而且出现仪式传播、传播仪式观、媒介仪式、媒介事件、仪式化传播等混用的现象，值得我们去梳理与纠偏。另外，媒介仪式理论在体育领域的研究比较少，用于大型赛事的研究就更少。本书从媒介仪式视角研究奥运传播与国家认同建构，旨在厘清媒介仪式的概念及内涵，以及媒介仪式、奥运传播、国家认同建构的关系，为研究体育赛事传播提供新视角。同时，本书把媒介仪式引入奥运传播的研究之中，也有助于拓宽媒介仪式的研究范围。

2. 有利于审视奥运传播建构国家认同的功能与机制

从媒介仪式视角诠释奥运传播，主要包括：第一，媒介所报道的奥运会仪式性内容。其实，奥运会是大型体育赛事典型的代表，其本身就是一场仪式活动，是媒介报道的现实基础。第二，媒介报道奥运会内容时的仪式化表达方式。第三，媒介本身成为一种仪式或集体庆典。奥运会在大众媒介的推波助澜下，能使几亿甚至几十亿人一起参与其中，这种传播犹如一场仪式，使人们共同参与、共享赛事，产生认同。奥运传播形成的媒介仪式"就是要唤醒某些观念和情感，把现在归为过去，把个体归为群体"②，具有国家认同的功能。而且，奥运传播中包含着丰富的国家符号、情感能量等要素。那么，这些要素是如何建构国家认同的？本书试图借助媒介仪式、传播学、符号学、文化学等理论，对其进行学理分析，以便厘清奥运传播建构国家认同的功能，深入剖析其建构的文化机理，同时也丰富了建构国家认同的理论维度。

（二）实践意义

1. 有利于更好地设计和传播大型体育赛事的仪式活动

改革开放40余年来，全球化、现代化使得民族国家的传统认同参照体系正

---

① COULDRY N. Media Rituals：A Critical Approach［M］. London：Routledge，2003：2.
② 涂尔干. 宗教生活的基本形式［M］. 渠东，汲喆，译. 北京：商务印书馆，2011：495.

在逐渐地模糊和瓦解，传统性与无根性、本地与异域、自然与现代、永恒与变化等因素成为"流动的现代性"中的对抗性力量。当前，国内和国际上有着越来越多的大型体育赛事。因此，通过对奥运会建构国家认同的考察和深入分析，能使国家有关部门、大型体育赛事组织方和传播者清晰地了解大型体育赛事建构国家认同的规律、文化机理、不足和建构路径等，为未来举办、参加大型体育赛事中建构国家认同提供参考依据，这对积极践行"铸牢中华民族共同体意识"有着重要的现实意义。

2. 有助于受众更好地认识奥运会及其认同建构

奥运会能吸引众多受众的关注。受众通过报纸、广播、电视、互联网等众多的媒介了解赛事信息。譬如，在 2008 年北京奥运会上，仅仅是开幕仪式就吸引了全国 8.42 亿观众通过电视实时收看，全世界共有 44 亿人观看北京奥运会开幕式，创下了世界电视收视纪录。本书通过揭示奥运会传播与国家认同的关系，诠释奥运会传播建构国家认同的过程，分析奥运传播建构国家认同的规律、文化机理与不足，以及受众在其中的行为和作用等。这有助于广大受众了解奥运会及其建构国家认同过程，更好地认识、感受、接纳国家认同构建，自觉自愿地融入奥运会和大型体育赛事建构国家认同之中。

第二节　国内外文献综述

本书将文献综述分为国外文献综述和国内文献综述两部分。根据选题的需求，国内外文献将分别从三方面展开。第一，关于媒介仪式的研究现状。媒介仪式是本书研究的视域，希望通过国内外文献的梳理，厘清其概念的内涵，了解其理论的变迁脉络，为研究打下基础。第二，关于国家认同的研究现状。国家认同是本书研究的落脚点，通过对文献的梳理获得启发。第三，关于体育、媒介仪式与国家认同的关联研究现状。在对上述三方面进行文献梳理后，借鉴以往的研究和现实问题，找出本书的切入点。

一、国外文献综述

国外关于媒介仪式研究和国家认同研究的文献比较丰富，20 世纪 70 年代美国学者詹姆斯·W. 凯瑞提出了传播的"仪式观"，开启了传播的文化研究转向。其实，在国外，关于仪式的研究早就有，在众多的仪式研究中也形成了诸如神话、结构功能、象征、表演等不同的学派，后来发展到对媒介仪式的研究。

在国家认同研究中，萨缪尔·亨廷顿（Samuel Phillips Huntington）等学者对国家认同进行了研究，也值得我们关注。国外关于体育传播中的国家认同研究较早，但相对来说，文献数量较少。

（一）国外关于媒介仪式研究现状

仪式遍布于一切时代、一切社会、一切地方，是人类历史长河中最古老、最普遍的一种社会文化现象。仪式是一个具有理解、界定、分析和诠释的广大空间和范围，被认为是一个"巨大的话语"。它可以包容上至宇宙观的认知，下至具体的实践行为，因此具有多维解读的可能性。伴随着社会的不断发展，人类对仪式的实践与认识都在发生着巨大的变化。仪式操演的地点不再局限于仪式现场的发生地，其展演形式也不仅仅是宗教祭祀、集会与庆典等。而且，随着媒介技术的日新月异，也促使其研究发生了转变，对仪式的研究从人类学、社会学等扩展到了新闻传播学领域。这为传播学和人类学研究注入了新的活力。无论是从仪式研究进入传播学领域，还是最初对传播与仪式的研究，抑或是后来对媒介与仪式的探讨，都带有媒介仪式的影子，对媒介仪式理论的形成起到积极的启示作用，同时，在对仪式、传播、媒介的研究过程中也形成了不同的思想流派。国外关于媒介仪式的重要研究如下：

20 世纪 70 年代，詹姆斯·凯瑞借鉴了美国人类学家格尔茨（Clifford Geertz）的文化研究理论、英国文化研究学派的理论和美国芝加哥学派的理论成果，提出了传播的两种模式，即传播的"传递观"和传播的"仪式观"①。后者注重对传播的文化研究，并沿用了涂尔干主义的思想，认为传播对社会具有整合、维护等作用。到了 1986 年，美国社会学家兰德尔·柯林斯（Randall Collins）则在《互动仪式链》一书中从互动的角度来阐释仪式传播的过程。他指出，人类活动的基础是以仪式为主要形式的相互间的交流，即互动仪式。而互动仪式则需具备四个基本要素，分别是共同聚集（指两个或两个以上的参与者聚集在同一空间）、仪式具有准入条件、共同焦点和共享情感。② 其后，戴扬和卡茨在著作《媒介事件：历史的现场直播》中首次提出了"媒介事件"的概念。但是，他们并没有对"媒介事件"和"媒介仪式"进行区分，而是重点讨论了媒介报道中的政治事件，强调媒介事件的功能是机械组合效应。③ 到了

---

① 凯瑞. 作为文化的传播［M］. 丁未，译. 北京：中国人民大学出版社，2019：14.

② 柯林斯. 互动仪式链［M］. 林聚任，王鹏，宋丽君，译. 北京：商务印书馆，2012：31-87.

③ 戴扬，卡茨. 媒介事件：历史的现场直播［M］. 麻争旗，译. 北京：北京广播学院出版社，2000：1.

1998 年，美国学者艾瑞克·W. 罗森布尔（Eric W. Rothenbuhler）在著作《仪式传播》中提出"仪式传播"的概念，他认为，仪式传播包括"作为传播的仪式"和"作为仪式的传播"。他同时指出"仪式和传播是同一家族，他们有逻辑联系并且具有同一家族的特征"①。

到此为止，传播学对"仪式"与媒介关系的研究都是在涂尔干主义的框架下进行的，都是把仪式的意义理解为生产、维持社会的团结。不过，2003 年英国学者尼克·库尔德里在《媒介仪式：一种批判的视角》一书中提出了"媒介仪式"这一概念。与之前在涂尔干框架下的研究不同，他关注在传播仪式观下的权力问题，他认为，媒介仪式是围绕主要媒介及其相关领域所组织的活动，这些活动的开展使得"媒介是人们通向社会中心的接入点"，媒介拥有资源与权力，这使得现代社会被"媒介化"，而媒介得到了权力和合法化。② 也就是说，库尔德里的著作是以媒介权力和媒介控制为研究重心的，他致力于揭示媒介如何通过仪式来赋予自身正当的权力。这种观点使我们更为全面地窥见媒体在传播中的作用及其隐含在背后的目的，也给本书的写作提供了借鉴。

（二）国外关于国家认同的研究现状

国家认同受到国内外学者一致重视，其概念最早出现在 20 世纪 70 年代。在国外，加拿大哲学家查尔斯·泰勒（Charles Taylor）、英国学者安东尼·吉登斯（Anthony Giddens）等人从心理学领域对国家认同进行了研究，此外，国外研究者还从政治学、社会学、文化学和传播学四个领域对身份、民族、国家等方面的认同进行研究，具体表现在：

1. 政治学视角

国家认同研究与国家认同危机研究相生相伴。美国学者白鲁恂在专著《政治发展面面观》中最先提出了"认同危机"，他把认同危机列在发展中国家政治现代化过程中所面临六大危机的首位。加布里埃尔·阿尔蒙德（Gabriel A. Almond）和小 G. 宾厄姆·鲍威尔（G. Bingham Powell, Jr）在《比较政治学》一书中提出"国家认同意识危机"是困扰发展中国家合法性及政治稳定的棘手问题。英国社会学家安东尼·吉登斯 1998 年在其著作《第三条道路：社会民主主义的复兴》中提出了"第三条道路"的思想，这种思想给处于困境中的国家指引了一条新的发展道路，它深刻地影响了 20 世纪末全球政治发展的方向。还

---

① ROTHENBUHLER E W. Ritual Communication: From Everyday Conversation to Mediated Ceremony [M]. Thousand Oaks: Sage Publications, Inc., 1998: 26.

② COULDRY N. Media Rituals: A Critical Approach [M]. London: Routledge, 2003.

有，美国学者菲利克斯·格罗斯（Feliks Gross）2003 年在《公民与国家》一书中指出，国家是人民认同的政治共同体，可由单一民族、多民族、多元化多民族组成。他在对不同的民族、部族、种族等如何在这个世界和睦相处、共同发展进行思考后认为，民族归属是国际关系的关键，民族主义是导致民族冲突的根源，同时，他指出如果没有人民的认同，那么所谓的国家也就不复存在。再如，美国当代政治学家亨廷顿在著作《文明的冲突与世界秩序之间的重建》中从政治学的视角对文明之间的冲突、族群认同、国家认同、国家认同危机的结局等问题进行了探讨，他关于西方文明与伊斯兰文明冲突的研究，在许多事件中得到验证。

2. 文化学方面

英国著名传播学者斯图亚特·霍尔（Stuart Hall）作为文化研究的集大成者，是文化身份和文化认同的主要研究者。他在《文化身份与族裔散居》著作中认为，文化身份既是"存在的"，又是"变化的"，是有源头的、有历史的，是屈从于历史、文化和权力的不断变化中的。他对文化身份认同的认识不仅强调文化认同，更强调文化身份，即强调文化认同与文化身份的同一性和差异性。在《文化认同与全球性过程》一书中，美国人类学家乔纳森·弗里德曼（Jonathan Friedman）从文化人类学的视角，比较了不同民族和国家的人在面对外部世界时，是如何建立民族认同和自我认同的。

3. 社会学方面

卡斯特（Manuel Castells）的《认同的力量》、澳大利亚迈克尔·A. 豪格（Michael Hauge）和英国多米尼克·阿布拉姆斯（Dominic Abrams）的《社会认同过程》、吉登斯的《现代性与自我认同》等著作，阐释了社会认同的过程，论述了不同民族是如何在社会中重新塑造自己民族的认同，而全球化与认同危机的相伴相生，一方面加强了民族国家的认同危机，另一方面也在解构民族国家，使认同呈现更加复杂的态势。另外，菲利克斯·格罗斯的《公民与国家：民族、部族和族属身份》、安德森（Benedict Richard O'Gorman Anderson）的《想象的共同体》，阐释了西方关于民族、族群、国家的概念、起源和认同。还有，里亚·格林菲尔德（Liah Greenfeld）的《民族主义：走向现代的五条道路》，指出了民族身份在本质上是被建构的，在用个体主义、公民和族裔集合体来界定的民族之间有着深刻差异。

4. 传播学领域

大众传播在建构国家认同中起到至关重要的作用。在《认同的空间：全球媒介、电子世界景观与文化边界》一书中，戴维·莫利（David Morley）认为，国际社会、国家和家庭被电视连接起来，从而形成了对这些共同体的想象。Calabrese 和 Burke 对美国的大众传播和国家认同进行研究后认为，大众传播具有维系国家认同的作用，在此过程中，媒介拥有吸引民众注意力的能力与优势，而且，媒介被认定为代表着民众的需求与利益。Demertzis 等人对报纸的报道和国家认同进行了研究，在全球化时代，国家认同出现在不同地域的政治文化中，民族主义者会影响到媒体人的报道内容选择以及对他者的呈现方式。

（三）国外关于体育、媒介仪式与国家认同关联研究现状

在国外，关于体育与国家认同之间的关系，在古希腊时期的"西方三贤"著作、中世纪骑士教育、文艺复兴和启蒙运动时期的夸美纽斯（Johann Amos Comenius）、卢梭（Jean-Jacques Rousseau）、洛克（John Locke）等人的教育思想，以及杜威（John Dewey）的《民主主义与教育》等论述中都能看到身影。现代体育与国家认同的关系更为密切，二者的关系延伸到各个领域，关于体育赛事传播建构国家认同的研究始于 20 世纪 80 年代的欧美国家，许多学者已经把体育作为提升国家形象、促进国家认同的重要途径。

1. 体育运动与国家认同关系研究现状

20 世纪 80 年代，在国际社会中，许多国家包括国际影响力不足的国家，都试图利用国际体育赛事展现国家形象、建构国家认同、增强政治合法性。[1] 1989 年 Lever. J 指出，体育运动对国家认同建构具有积极的作用，对内促进政治的社会化，对外可以提升国家声誉和软实力。[2] 丹尼尔·戴扬和伊莱休·卡茨也认为，体育不仅是一种仪式性的"媒介事件"，而且具有政治属性。1991 年 Smith. A 则认为在体育竞技场上，与其他认同相比，国家认同处于主导地位。[3] 韩国学者林繁藏认为，国家会想尽办法加强体育与政治的联系，以强化政治合法性。[4] 2003 年美国学者杰·科克利（Jay J. Coakley）也注意到：不管是奥运会还是世界杯，代表国家的队伍能使国民聚拢起来，巩固并加强国家认同感。[5] 2006 年乔治·奥维尔（George Orwell）在《没有收入，就没有比赛？——传媒

① 李春华，刘红霞. 媒介体育与国家认同：国外相关研究综述 [J]. 北京体育大学学报，2007（04）：467-469.
② BARNOUW E, ed. International Encyclopedia of Communication [M]. Oxford：Oxford University Press，1989：61-158.
③ SMITH A. National Identity [M]. London：Penguin，1991：43.
④ 林繁藏. 体育社会学 [M]. 首尔：同和文化社，1994：90-91.
⑤ 科克利. 体育社会学：议题与争议 [M]. 官兵，刘穗琴，刘仲翔，等译. 北京：清华大学出版社，2003.

与体育》文章中认为，除了军事对抗能有效激发爱国主义情怀外，被誉为"无硝烟战争"的国际体育竞赛也能激发国家沙文主义。① 此外，2018 年英国人霍布斯鲍姆（Hobsbawm）在《民族与民族主义》一书中指出，体育比赛的参赛者被认定为是代表国家的，因此，体育竞赛扮演着人民节日的角色。②

2. 媒介体育对国家认同的建构作用研究

1988 年 Alina Bernstein 和 Neil Blain 编著的《体育、媒介、文化：全球和地区维度》一书中对媒介体育与政治、文化的研究成果进行回顾。③ 1993 年 Blain 在著作《欧洲国家媒体中的体育和国家认同》中对 1990—1991 年报纸和电视关于温布尔登网球公开赛报道的研究发现，在新闻报道中，每个国家对"他者"的呈现都带有刻板印象的成分。而且，不同国家在报道内容和方式上不尽相同。④ 2004 年 Emma Poulton 通过对 1996 欧洲杯电报报道的文本分析后认为，英国媒体对欧洲杯的报道没有形成英国人作为欧洲人的认同，而是强化了英国人的国家身份认同。⑤ 2015 年学者 Doyle Siobhan 在《体育形象在展示国家身份中的重要性》著作中从"仪式"的视角研究体育赛事传播中的国家认同建构。

3. 奥运会、媒介仪式与国家认同关联研究现状

奥运会作为全球性的重大体育赛事，受到国内外研究者的一致重视，也不乏对奥运会与国家认同的研究，但从媒介仪式角度去研究的文献较少。在国外，早在 20 世纪 80 年代 Tomlinson 就提出，诸如国际奥委会组织的赛事，既增强了国家之间的相互了解，又提供了国家主义情感公开崇拜的平台。⑥ 1996 年 Hill C. R 在研究中对 1896 年首届奥林匹克运动会进行了追溯，他认为，首届奥运会允许运动队展示国旗，这使奥运会与国家及其认同紧密地联系起来。⑦ 2000 年 Raymond Boyle 研究表明：在奥运会上，英国队成绩的好坏是其在国际上地位的

① 库兰. 大众媒介与社会 [M]. 杨击，译. 北京：华夏出版社，2006.
② 霍布斯鲍姆. 民族与民族主义 [M]. 李金梅，译. 上海：上海人民出版社，2018：139.
③ BERNSTEIN A，BLAIN N. Sport，Media，Culture：Global and Local Dimensions [M]. London：Frank Cass Publishers，1988.
④ BLAIN N，BOYLE R，O'DONNELL H. Sport and National Identity in the European Media [M]. Leicester：Leicester University Press，1993.
⑤ POULTON E. Mediated patriot games：The Construction and Representation of National Identities in the British Television Production of Euro'96 [J]. International Review for the Sociology of Sport，2004，39（4）：437-455.
⑥ TOMLINSON A. Going Global：The FIFA Story [A]. Tomlinson A，WHANNEL G，eds. Off the Ball：The Football World Cup [C]. London：Pluto Press，1986：83-98.
⑦ HILL C R. Olympic Politics：Athens to Atlanta，1896—1996 [M]. Manchester：Manchester University Press，1996：2.

反映，体育竞赛中不好的成绩表现会反射性地影响到该国的政治和文化上。① 同年，Hargeaves J 在著作《加泰罗尼亚主义、西班牙认同和巴塞罗那奥运会》中对西班牙在奥运会中的国家认同进行了研究。21 世纪以来，国外学者结合全球化等语境对该议题进行审视，研究成果有：Smith（2004）的《战后世界的体育和国家认同》、Tomlinson Alan（2006）的《国家认同与全球体育赛事》和 Reiche Danyel（2016）《为什么发展中国家只是"金牌战争"的旁观者：以黎巴嫩参加奥运会为例》等。

归纳起来，国外对媒介体育建构国家认同的研究主要涉及以下三方面。一是体育赛事传播与国家认同的关系研究。有学者对报纸、电视等媒介呈现的奥运会、世界杯等体育赛事研究后认为，媒介呈现的体育赛事有利于建构、维系和强化国家认同。二是在全球化和本土化背景下的研究。全球化加快了现代体育赛事传播速度，也使体育赛事传播成为全球化的典型表征事件之一。而且，国际体育赛事特别是奥运会不可避免地引起国家之间的较量和国家主义的高涨。三是不同国家建构国家认同的策略研究。为了建构本国认同，针对同一体育赛事，各个国家都有刻板叙述"自己"和"别国"的报道版本，即议程设置等有所差异。

二、国内文献综述

在对国内文献的梳理中，我们也是沿着媒介仪式研究、国家认同研究和体育传播中的国家认同研究三方面展开。国内关于媒介仪式的研究要迟于国外，经历了理论引进和与本土实践结合的发展历程。在国家认同研究以及体育传播中的国家认同研究也形成了中国的研究理论。

（一）国内关于媒介仪式研究的现状

国内学者也从不同的视角对仪式进行了研究，从 20 世纪 90 年代开始，学者将仪式引入传播学领域，对媒介仪式的本体思想进行零散的研究，从 2007 年起，学者对其研究逐渐增多，研究主要从理论的视角出发，集中分析热点媒介事件，主要研究取向集中在媒介仪式思想本体研究和媒介仪式实践活动研究两方面。

1. 对媒介仪式思想本体的研究

1996 年潘忠党在国内最早提及了传播的仪式观，他认为媒介与文化之间的

---

① BOYLE R，HAYENS R. Power Play［M］. Adinburgh：Person Education Limited，2000：
64-143.

模式有三类：媒介是表达现实、传递信息的工具，是展现文化与仪式的空间。①
2000 年石义彬和单波则认为传播的仪式观有"媒介中心论"情结。② 到了 2004
年，彭怀恩在《大众传播理论讲义》一书中将大众传播的主要类型分为仪式模
式、传送模式、宣导模式和接收模式，其中仪式模式被称为"表达的"传播模
式，它强调传播者（或接收者）的内在满足，依赖于共同的认识和情感，更多
用作庆祝享用（本身就是一个目的）和装饰目的，而非功利目的。值得一提的
是，2005 年丁末的译著《作为文化的传播》使国内学者对凯瑞的"传播的仪式
观"有了全面深入的了解，也引发了国内对该理论的广泛讨论。另外，2006 年
郭建斌最早提出的"仪式传播"和"传播的仪式观"是两个不同的概念，并认
为仪式观是"生产"与"文本"之外的"活生生的文化"研究范畴，是对仪式
背后意义的追寻与阐释。③ 还有，2007 年米莉在其硕士论文中总结了凯瑞仪式
观的思想渊源、理论内涵及其理论贡献等。④ 2007 年张建中认为目前美国主流
传播研究仍是施拉姆等人开创的传播学研究，传播的仪式观并没有成为主流。⑤
2008 年陈力丹指出，相比传统的"传递观"，传播的"仪式观"起到对内凝聚、
对外建构国家形象的作用。⑥ 2009 年闫伊默、刘玉认为仪式传播包括仪式本身
作为传播和仪式化传播两个论域。⑦ 2010 年王晶认为，仪式观和传递观研究并
非不可调和，而是同一事物的两面，凯瑞的阐释新方法并不是研究的唯一参照，
传播仪式观必须结合中国的语境进行探讨和改进。⑧ 2011 年樊水科梳理了仪式

---

① 潘忠党．传播媒介与文化：社会科学与人文学研究的三个模式（上）［J］．现代传播
（北京广播学院学报），1996（04）：8-14.
② 石义彬，单波．20 世纪西方新闻与大众传播理论概观［J］．国外社会科学，2000（04）：
10-17.
③ 郭建斌．理解与表达：对凯利传播仪式观的解读［C］//中国新闻教育学会传播学分
会，国际中华传播学会，复旦大学信息与传播研究中心，复旦大学新闻学院，深圳大学
传媒与文化发展研究中心.2006 中国传播学论坛论文集（Ⅰ）．中国传播学论坛，
2006：10.
④ 米莉．詹姆斯·W. 凯瑞传播仪式思想探析［D］．兰州：兰州大学，2007.
⑤ 张建中．詹姆斯·凯瑞与美国传播学研究［J］．国际新闻界，2007（04）：24-27.
⑥ 陈力丹．传播是信息的传递，还是一种仪式？：关于传播"传递观"与"仪式观"的讨
论［J］．国际新闻界，2008（08）：44-49.
⑦ 闫伊默，刘玉．仪式传播：传播研究的文化视角［J］．湖北经济学院学报，2009，7
（02）：116-119.
⑧ 王晶．传播仪式观研究的支点与路径：基于我国传播仪式观研究现状的探讨［J］．当代
传播，2010，152（03）：32-34.

传播在本土的误读，指出了传播的"仪式观"和"仪式传播"的区别与联系。①
2011年周鸿雁的博士论文对凯瑞仪式传播思想的概念体系、理论渊源、主要贡献以及理论缺陷进行了全面研究，他认为最早提出仪式传播思想的不是凯瑞，而是美国人类学家爱德华·霍尔，在其1959年出版的《无声的语言》中有所指涉。② 2013年刘建明对媒介仪式、传播的仪式观和仪式传播进行了对比分析后认为，这些概念所用"仪式"的内涵是相同的，但"仪式传播"涵盖范围更大，它包括了其他两者。③ 2013年孙琦在硕士论文《尼克·寇德瑞的媒介仪式理论研究》中专门针对寇德瑞的媒介仪式思想进行了梳理和研究。2019年和2022年刘建明对媒介仪式和媒介事件等理论问题进行了重新的认识与解读。④⑤

2. 对媒介仪式实践活动的研究

媒介仪式从理论走向实践，被普遍应用于社会大大小小的媒介事件中。特别是电视媒介的兴起改变了人们的生活方式，也成为学者研究的重要领域。2007年张兵娟以电视媒介为视角，对仪式、传播和文化进行了深入研究，她认为，这些研究与社会紧密相连会对民族文化生产起到推进作用。⑥ 2010年张兵娟从仪式传播视角，探讨电视媒介事件凝聚社会、融和情感、增进团结、传承文化、确认秩序的重要仪式功能。⑦ 另外，2016年张兵娟在其著作《电视媒介仪式与文化传播》中，以电视的仪式传播与传播的仪式化功能为切入点，将人类学、文化学、美学等宏观理论与传播学的诸多理论结合起来进行了跨学科的综合研究。

此外，众多学者的研究还涉及具体的媒介事件，如对春节联欢晚会、国庆庆典、卫星发射、国家公祭、国庆阅兵等大型活动进行分析，揭示仪式背后蕴含的意义。例如，2009年邵静在《媒介仪式：媒介事件的界定与表述——以我国的春节联欢晚会为范本》的论文中以春晚为视角；2009年曾一果在《媒介仪

① 樊水科. 从"传播的仪式观"到"仪式传播"：詹姆斯·凯瑞如何被误读 [J]. 国际新闻界，2011，33（11）：32-36，48.
② 周鸿雁. 仪式华盖下的传播：詹姆斯·W. 凯瑞传播思想研究 [D]. 上海：上海大学，2011.
③ 刘建明. "传播的仪式观"与"仪式传播"概念再辨析：与樊水科商榷 [J]. 国际新闻界，2013，35（04）：168-173.
④ 刘建明. 西方学术语境中"媒介仪式"与"媒介事件"的异同：兼与郭毅商榷 [J]. 新闻界，2019（11）：40-51.
⑤ 刘建明，班志斌. "破坏性"与"仪式性"共存：媒介事件理论如何被超越：兼与曹培鑫教授等商榷 [J]. 新闻界，2022，348（03）：24-36.
⑥ 张兵娟. 仪式 传播 文化 [J]. 中国广播电视学刊，2007，192（03）：85，91.
⑦ 张兵娟. 电视媒介事件与仪式传播 [J]. 当代传播，2010，154（05）：29-32.

式与国家认同——"国庆 60 周年庆典"央视电视直播的节目分析》的论文中，以"国庆 60 周年庆典"为媒介事件；2011 年谢琰在《论媒介事件的仪式化——以北京奥运会开幕式、上海世博会开幕式为范本》的论文中，以北京奥运会开幕式和上海世博会开幕式为考察对象；2014 年张冰在《论电视媒介事件的仪式传播——以神十发射直播为例》的论文中，以神舟十号发射直播为蓝本；2017 年张钢花的论文《新媒体时代重大事件的仪式传播与舆论引导》以重大事件为对象，研究仪式传播与舆论引导；2020 年高子桓的论文《2019 年国庆阅兵的仪式传播与认同》以 2109 国庆阅兵为考察对象等。总之，国内学者选取不同角度对媒体事件的仪式传播进行解读，成果颇为丰富，不一而足。

综上所述，关于媒介仪式的研究，国外学者领先一步，他们提出了"传播的仪式观"、仪式传播、媒介事件、媒介仪式等理论。国内学者则对这些理论进行辨析和讨论，并做了本土化的改造和实践分析。但在理论方面依然难以形成统一认识。在实践方面，这类研究把仪式、传播、文化、社会、国家等元素置于具体案例中进行分析，为我们理解媒介仪式理论的运用起到积极作用。

（二）国内关于国家认同的研究现状

国内的相关研究在吸收国外研究的经验基础上，也形成了不同的研究取向，具体体现为从心理学、民族学、传播学等方面进行的研究。

1. 心理学角度的研究

2007 年薛中国在其博士论文《当代中国政治认同心理机制研究》中，从心理学的视角，以当代中国政治认同心理机制为对象，从政治认同心理机制一般理论入手，对当代中国政治认同心理机制的有关重要问题进行了探讨。[1] 2011年佐斌在文章《中华民族认同的心理成分和形成机制》中从社会心理学和发展心理学视角对民族认同和中华民族认同的概念进行了界定，介绍了民族认同构成的多维观，从认知和情感两方面分析了中华民族认同的心理成分，参考民族认同发展的阶段模型重点分析了中华民族认同的发展阶段及其可能的特征，并尝试用社会认同理论来阐释中华民族认同形成和发展的心理过程。[2] 此外，2017年佐斌、温芳芳在文章《当代中国人的文化认同》中，从心理学角度对中国人的文化认同进行了研究。提出了要弘扬社会主义核心价值观和塑造自我认同等

---

① 薛中国. 当代中国政治认同心理机制研究 [D]. 长春：吉林大学，2007.
② 佐斌，秦向荣. 中华民族认同的心理成分和形成机制 [J]. 上海师范大学学报（哲社版），2011，40（04）：68-76.

路径。①

2. 民族认同、族群认同与国家认同关系研究

中国台湾学者从族群理论来研究国家认同的比较多，主要包括海外华人对民族的认同、中国台湾对大陆的认同、地方对中央的认同、少数民族对国家的认同等。这方面的研究成果主要包括：王明河的《华夏边缘：历史记忆与族群认同》、张茂桂的《族群关系与国家认同》、卢建荣的《分裂的国族认同：1975—1997》、石之瑜的《后现代的国家认同》、江宜桦的《自由主义、民族主义与国家认同》、李鸿禧的《国家认同学术研讨会论文集》、林震的《论台湾民主化进程中的国家认同问题》以及台湾历史学会主编的《国家认同论文集》等著作。大陆学者钱雪梅（2006）、刘娜（2007）认为民族认同和国家认同长期共存、互利共赢；贺金瑞（2008）则更为关注国家认同与民族认同发生冲突的根源，以及如何更好地解决这种矛盾。

3. 对少数民族国家认同的研究

中国是一个多民族国家，国内各民族的政治、文化认同是其稳固存在和发展的重要基础，也是学者研究的热点。例如，2011 年何明智在《族群记忆与族群国家认同——壮族布傣族群国家认同与民族团结问题考察》一文中对壮族布傣族群进行研究，认为：汉文化对壮族有着深远的影响，壮汉同化、壮汉通婚的现象非常普遍，国家认同比较稳定。② 2012 年李智环在《边疆贫困山地民族的民族认同与国家认同实证研究——以傈僳族为例》一文中提出：傈僳族国家认同优于民族认同，但在与国外同源民族的交往中更看重民族认同。③ 2021 年李健龙在其硕士论文《民国时期回族的国家认同建构研究》中发现，《月华》杂志主要通过三种方式来建构回族的国家认同，分别是唤醒历史记忆、塑造"他者"以及保障群体利益的承诺。④ 另外，我国学者还对哈尼族、苗族、布依族、佤族、怒族、朝鲜族、柯尔克孜族、哈萨克族、维吾尔族、蒙古族等少数民族的国家认同进行了丰富的研究。

① 佐斌，温芳芳．当代中国人的文化认同 [J]．中国科学院院刊，2017，32（02）：175-187．

② 何明智．族群记忆与族群国家认同：壮族布傣族群国家认同与民族团结问题考察 [J]．前沿，2011，296（18）：141-143．

③ 李智环．边疆贫困山地民族的民族认同与国家认同实证研究：以傈僳族为例 [J]．云南民族大学学报（哲社版），2012，29（05）：22-26．

④ 李健龙．民国时期回族的国家认同建构研究 [D]．南京：南京大学，2021．

4. 传播方面

胡百精（2009）主编的《中国危机管理报告》一书，具体阐释了媒介对认同的建构作用，主要是从国家认同的文化认同层面去研究。另外，2009 年刘国强的著作《媒介身份重建全球传播与国家认同比较研究》、2010 年张学标的博士论文《全球化时代维吾尔民族的文化冲突与文化传播》、2010 年刘燕的著作《媒介认同论：传播科技与社会影响互动研究》是将国家认同与媒介结合较多的文献。

通过对国家认同现有的研究成果分析后发现，国外研究者大致从心理学、政治学、社会学、文化学和传播学等领域对国家认同进行研究，国内学者主要从心理学、国家认同与民族认同等的关系、少数民族国家认同、传播学等方面去展开研究。国内外学者对国家认同的概念、特征、分类等方面进行了分析，也对形成国家认同的影响因素、出现危机的原因以及更好的建构国家认同的路径做了研究。但是，这些研究大多偏向于宏观的理论建构，而缺乏微观叙事，因此，有必要加强实证研究。

（三）国内关于体育、媒介仪式与国家认同的研究现状

在国内，过去研究体育与国家认同关系的学者比较少，但随着传播学渗入体育领域，近年来，关于体育传播建构国家认同的研究逐渐丰富起来，也有学者从媒介仪式的视角对奥运传播建构国家认同进行研究。

1. 体育与国家认同研究现状

体育和竞赛有着天然不可分割的联系，因此体育的表现方式往往可以在体育赛事中得到展现，也更凸显了体育的内涵与意义。在 21 世纪初始，有学者对体育中的国家认同进行了研究。譬如，2007 年李春华在其文章《体育在国家认同形成与强化中的功能》中提出：体育具有建构国家认同的价值功能。① 同年，吴小坤在其文章《体育传播与社会价值重构》中认为：在国际体育赛事中获得好的成绩，能使国家在国内外建立良好的国家形象。② 2008 年朱超巍在其文章《近五年我国体育传播研究现状》中认为：作为国家认同的代表，体育天然具有观赏性、竞争性和娱乐性。作为团体性的体育比赛，特别是国际体育赛事，不仅仅是简单的体育竞技，而更容易被当作国家象征的符号，是国家体育和国家

---

① 李春华. 体育在国家认同形成与强化中的功能［J］. 武汉体育学院学报，2007，200（07）：21-24.
② 吴小坤. 体育传播与社会价值重构［J］. 体育科研，2007（06）：7-12.

国力的竞争。① 2008 年陶倩、梁海飞在其文章《体育对民族精神的塑造作用》中指出：体育具有提升国家凝聚力，增强民族自豪感的作用。② 随后，学者也从不同角度对其做了研究，例如，2014 年魏嘉希等人发表的《中国竞技体育发展对国家认同的影响分析》、2019 年李根等人发表的《国家认同与集体记忆："国球"乒乓的塑造过程及象征意义》、2020 年沈伟等人的《百年之变：全运会视野下的国家认同建构》以及 2022 年李春阳的《体育仪式：国家认同建构的象征维度——以北京冬奥会为考察对象》。

2. 媒介体育对国家认同建构作用的研究现状

国内对此方面的研究比较丰富。比如，2006 年刘红霞在《媒介体育中国家认同的再现与建构》文章中提出，在对国家认同的再现和建构中，媒介体育扮演着重要角色。③ 2012 年薛文婷在《认同建构视野下的女排"五连冠"报道分析》一文中，从异同感、归属感、忠诚感、理想感、立场感五方面研究体育报道对国家认同的建构作用。④ 其后，梁超在 2012 年硕士学位论文、丁杰群在 2019 年的硕士学位论文中，借用了这一分类视角，探讨了体育新闻建构国家认同。另外，2008 年庞慧敏的《体育新闻报道与国家认同》文章、2009 年张晓峰等人的《民族文化认同的建构：一种解读体育传播政治功能的视角》文章、2011 年吴志海的硕士论文《广州亚运会报道与国家形象传播》、2013 年刘凤友的硕士论文《伦敦奥运报道与我国公民国家认同感的建构》、2016 年刘力菲的硕士论文《"人民日报"破世界纪录报道中的政治认同建构分析》、2021 年王真真的《大型体育赛事的新媒体话语策略与国家认同构建》文章等从不同角度研究了媒介体育对国家认同的建构。

3. 体育赛事媒介仪式对建构国家认同的作用研究

此类研究把传播看作一种仪式，探寻体育赛事所形成的媒介仪式是怎样促进、维持和建构国家认同的。例如，2011 年陈立勇在《仪式观视阈下的世界杯传播》的硕士论文以文化为切入点，以传播的仪式观为理论框架，进行世界杯传播研究。其中，着重论述了世界杯作为文化共享的仪式是如何在传媒的作用下进行社会共同体的建构、发挥身份认同的作用，并以此来解释世界杯赛为何

---

① 朱超巍. 近五年我国体育传播研究现状 [J]. 体育成人教育学刊，2008，106（06）：35-37.

② 陶倩，梁海飞. 体育对民族精神的塑造作用 [J]. 体育科研，2008（01）：52-58.

③ 刘红霞. 媒介体育中国家认同的再现与建构 [J]. 体育科学，2006（10）：3-14.

④ 薛文婷. 认同建构视野下的《人民日报》女排"五连冠"报道分析 [J]. 北京体育大学学报，2012，35（09）：28-33.

会成为人类狂欢的节日。① 再有，2015 付程龙在其硕士论文《世界杯足球赛的媒介仪式研究》中，以"媒介仪式"为理论基础，对 2014 年巴西世界杯传播进行分析。在其第四章中，作者从宏观层面探讨了世界杯电视转播作为全球范围的媒介仪式，是如何在国家形象地位的提升、民族凝聚力的提升和"普世价值"的宣传上发挥重大作用的。② 但这两个研究只是针对大型体育赛事中的足球世界杯进行个案研究，而且是在"传播的仪式观"视角下，只是把传播看作仪式，忽略了足球世界杯本体的仪式性，另外，对其建构国家认同的笔墨也略显不足。此外，也有学者借助符号系统研究体育赛事的媒介仪式构建国家认同的机理等。例如，2015 年肖鸿波、马筱艺从仪式传播的视角研究 NBA 赛事，阐述了受众如何被引入媒介仪式中，以及在此期间对受众的身份认同、文化共享和文化传承的影响。③ 还有，2017 年董青、洪艳在其著作中，从符号学等角度对体育媒介仪式、体育与政治、体育与国家形象构建、体育媒介事件、体育媒介接触与中国文化认同等问题进行了研究与阐释。④ 2022 年李春阳等人在文章《足球世预赛仪式传播与国家认同建构研究》中提出，足球世预赛仪式传播包含两种仪式和两个传播场域，其对国家认同的建构功能体现在：现场仪式的组织安排彰显国家意识、象征性符号的所指承载国家意义、媒介话语的叙事策略激发国家想象。研究还表明：在足球世预赛仪式传播建构国家认同时，形成了"现场—媒介—拟态—意义—受众"等几个相关联环节组成的文化机制结构系统。具体来讲，足球世预赛仪式现场建构了国家认同的神话符号系统，在"套层观证"效应下进入仪式化传播场域，并经由媒介组织采用拟态环境、编码等策略对其加工后，把具有国家认同的象征符号传达给卷入媒介仪式的受众，而人们通过对集体记忆的调取，最终实现对"想象的共同体"的精神意象。⑤

4. 奥运会传播、媒介仪式与国家认同关联研究现状

在国内，有部分学者关注"奥运传播与国家形象建构"的问题。例如，2014 年万晓红在《奥运传播与国家形象建构》专著中运用传播学基础理论、场域理论、跨文化传播理论、媒介理论和消费社会理论等，对三届奥运会进行考

① 陈立勇. 仪式观视阈下的世界杯传播 [D]. 沈阳：辽宁大学，2011.
② 付程龙. 世界杯足球赛的媒介仪式研究 [D]. 西安：西北大学，2015.
③ 肖鸿波，马筱艺. 仪式传播视域下的 NBA 赛事电视传播 [J]. 新闻大学，2015，130（02）：39-43.
④ 董青，洪艳. 体育符号：体育传播与国家形象建构 [M]. 北京：中国原子能出版社，2017.
⑤ 李春阳，王庆军，俞鹏飞. 足球世预赛仪式传播与国家认同建构研究 [J]. 成都体育学院学报，2022，48（04）：26-31.

察后认为，奥运传播能有效地建立国家形象。① 2018 年杭海以图像研究为基本线索，对北京奥运会形象设计这一大型社会公共项目在国家形象、国家公共决策影响下的产生及其影响和意义等进行研究。这一问题还有金璐（2009）、费郁红（2009）、赵元恩（2012）、翼晋（2013）等人进行了研究。另外，还有学者从媒体对奥运会的报道来研究其对国家认同建构，比如，2013 年刘凤友的硕士论文《伦敦奥运报道与我国公民国家认同感的建构》、2019 年周金钰的论文《奥运夺冠短视频的新媒体传播与国家认同构建——以 2016 年里约奥运会为例》等。2019 年丁杰群对温哥华、索契、平昌三届冬奥会央视新闻联播报道进行研究，发现新闻联播对冬奥会的报道从异同感、归属感、忠诚感和理想感四个层面建构了国家认同。②

值得关注的是，2018 年贺幸辉在《视觉媒介、奥运仪式与文化认同》著作中把文化认同分为三个层次，分别是个人层面、国家层面和全球层面。文章以时间为脉络，依次研究了奥运会开幕式的电影文本、电视文本和网络文本，探究各个时期的奥运开幕式文本对个人认同、国家认同和全球认同的影响。③ 该文对我们的研究有所启示，但其只是选取了视觉媒介、奥运会开幕式对文化认同的建构，因此，整个奥运会赛事、媒体的全体参与及其对政治认同的建构还需后人继续研究。

三、相关文献评述

综上所述，国内外关于国家认同、仪式传播等理论的知识谱系为我们展开研究提供了丰富的理论资源与学术路径。通过以上对国内外主要研究成果的对比分析，可以总结出其特点与研究启示。

（一）国家认同、媒介仪式等理论丰富多彩

在国家认同、媒介仪式等研究方面，国内外学者普遍采用质性的研究方法，通过观察法和内容分析法实施研究。国外在国家认同、媒介仪式理论研究方面要早于国内，他们从政治学、文化学、人类学、传播学、符号学等不同的视角进行研究。国内学者借用了这些理论，并做了本土化的改进和实践性的研究。

① 万晓红. 奥运传播与国家形象建构：以柏林奥运会、东京奥运会和北京奥运为样本 [M]. 武汉：华中科技大学出版社，2014.
② 丁杰群.《新闻联播》冬奥会报道中的国家认同建构 [D]. 北京：北京体育大学，2019.
③ 贺幸辉. 视觉媒介、奥运仪式与文化认同 [M]. 北京：北京体育大学出版社，2018.

国内外学者对民族认同、文化认同、族群认同等认同，以及媒介事件、媒介仪式、传播的仪式观、仪式传播等的研究为我们提供了丰富的理论资源，也为我们的选题提供了支撑。但是，丰富的理论也会造成学术流派林立，形成了不同的研究思路，这给我们甄别和选用理论框架造成了障碍。因此，只有厘定研究范围和框架，确定好研究边界，才能更好地实施研究。

（二）体育、体育赛事具有建构国家认同的良好作用

体育、体育赛事与认同有着天然的联系，在体育竞赛中人们分清了"他者"，建构了自我认同和群体的认同。虽然，国内外关于体育与国家认同关系的研究不是很丰富，但学者们一致认为：体育和体育赛事具有建构国家认同的重要功能，它不仅可以展示国家的地位与形象，还能提升民族的凝聚力，提高国民的国家认同感和归属感，巩固和强化统治的合法性。然而，以往的研究对于体育到底建立了什么样的国家认同、是如何建构的、在建构中存在什么不足等问题没有做出系统而深入的回答，这也促使我们在该领域继续深入探索。

（三）缺乏从媒介仪式视角全面系统的研究奥运传播与国家认同建构

从不同的视角看待同一个问题会出现不同的研究理路与效果。例如，在对人的研究中，可以从社会学、符号学、生理学等方面进行研究，这就会得出人具有社会性、人是符号的动物、人是由肌肉和骨骼组成的灵长类动物等不同的结论，只不过我们从某个视角去看，就凸显了其某种特质。同样，媒介仪式具有仪式的功能，它与社会整合、共享信仰、建构认同有着天然的关联，因此，从媒介仪式视角下研究"奥运传播"这一问题，更能清晰呈现其建构国家认同的作用。同时，在媒介仪式中也涉及权力的问题，这些权力在奥运传播建构国家认同中有什么样的作用，又是怎样发挥其作用的，都需要我们进一步了解。遗憾的是，从文献资料整理中发现，以媒介仪式为视角研究奥运会与国家认同建构的文献并不多见，而且缺乏在全球化这一特定语境下对奥运会传播建构国家认同的系统性研究。另外，以往研究大多是从传播的角度看待体育建构国家认同的问题，忽略了媒介的仪式性功能，难以说明奥运传播建构国家认同的内在机理。

鉴于以上原因，本书以媒介仪式作为理论视角，剖析奥运传播与国家认同建构的相关问题。在研究过程中，本书沿着奥运传播从"现场到媒介再到受众"的路径，重点关注在建构国家认同的过程中媒体做了什么？媒介内容是如何呈现国家认同的？以及受众是如何解码和建构国家认同的？然后，本书将探明建构中的现实症结，并提出更好建构中国国家认同的路径。通过以上研究，以期

能深化奥运传播建构国家认同的学理研究，为奥运会、国家认同及媒介仪式研究提供可资借鉴的思路。

第三节　核心概念与相关理论阐述

叔本华认为，认识世界和知识的形成源于直观感性认识，而上升到抽象理论即从概念开始。在《作为人类意志和表象的世界》一书中，叔本华指出，"一个概念所赅括的很多，即是说很多直观的表象，甚至还有些也是抽象的表象，都和它有着认识根据的关系，也即是都要通过它而被思维"①。因此，在进行本书的主题研究之前，首先需要对本书的核心概念进行界定，其次要对其理论进行说明，以便廓清概念，厘定研究边界，夯实本书的理论基础。

一、媒介仪式、"奥运-媒介"仪式的概念与理论阐释

媒介仪式是本书的研究视角，因此，它是我们首先必须厘清的重要问题。有关媒介是什么、仪式是什么、媒介仪式是什么等问题需要我们逐一厘清，而且，由媒介仪式生发而来的"奥运-媒介"仪式这一核心概念也需要在此一并说明。

（一）理解媒介与仪式

1. 媒介概说

关于媒介，有学者认为，它作为一种形态，是承载信息和内容的物质载体。媒介一词最早出现在中国的《旧唐书·张行成传》一书中，即"观古今用人，必因媒介"。这里的媒介是指使双方发生关系的人或事。而鲁迅也在《中国小说的历史变迁·明小说之两大主潮》中有言："所谓才子者，大抵能作些诗，才子和佳人之遇合，就每每以题诗为媒介。"此时的媒介作中介之解释。传播学的创始人施拉姆（Wilbur Schramm）认为：媒介就是插入传播过程之中，用以扩大并延伸信息传送的工具。② 类似的这些研究是把媒介当作一种介质，后来，人们时常认为媒介是指报纸、杂志、书籍、广播、电视、电影、录像节目和互联网等

---

① 叔本华. 作为意志和表象的世界［M］. 北京：商务印书馆，2016：77.
② 施拉姆，波特. 传播学概论［M］. 何道宽，译. 北京：中国人民大学出版社，2010：144.

介质。①

　　然而，媒介不仅是一种简单的载体或介质。在麦克卢汉（Marshall McLuhan）看来，媒介是人体器官的延伸，比如，报纸是视觉的延伸，广播是听力的延伸等。而且也可能是互动的形式或社会组织，它们的出现会对人类生活带来影响。例如，在电力时代，灯光作为一种媒介，能使黑夜变得光明，人们晚上可以加班、球赛可以放在晚间举行、汽车可以在黑夜中疾驰，矿工可以在黑暗的井下作业，灯光改变了人们的生活、工作和娱乐等方式，加速了人类的文明。可见，一切媒介的出现都会重塑它们所能触及的生活样态。② 在媒介与文明之间，麦克卢汉把媒介放置在支配地位，而把文明理解为媒介的功能与属性，这种观点是技术决定论的体现。③

　　不过，法国媒介学家雷吉斯·德布雷（Régis Debray）认为，麦克卢汉简单地理解了媒介与文化的关系，应从媒介本身的物质性和历史语境中理解媒介，他认为媒介可以"近似地指在特定技术和社会条件下，象征传递和流通的手段的集合"。德布雷认为，媒介对文明的影响是通过推进思想的实践和传承完成的，思想在传递装置中得以生产、存储和迁移，而媒介技术只是确保文明实践和传承的载体而已。④ 可见，麦克卢汉和德布雷的理论脉络和论述有所差异，但在他们的论述中，媒介已不仅是物质技术意义上的物品，而且成为历史和文明的组织机制；媒介不仅仅是一种具体的方法，而是一套包含着价值立场、世界观且逻辑自洽的方法论。⑤

　　此外，对于媒介的理解还有其他的观点。譬如，菲利普·艾略特（Philip Elliot）将媒介看作一种象征性活动，包含着神秘的观念和思想情感。⑥ 他对媒介的理解不同于以往对媒介的界定，强调了媒介作为象征性的活动的本质，并且"涉及神秘观念"的论述更让媒介贴近神圣领域内的仪式。另外，值得一提的是，鲍德里亚（Baudrillard）从批判的角度入手，对麦克卢汉的媒介思想进行了分析，他认为对于媒介的研究不仅仅要关注其技术化，更重要的是媒介的社会化。他从媒介研究中看到了社会的内爆，看到了阶级被大众所代替的社会

---

① 刘红霞. 媒介体育中国家认同的再现与建构［J］. 体育科学，2006（10）：3-14.
② 麦克卢汉. 理解媒介：论人的延伸［M］. 何道宽，译. 南京：译林出版社，2011：86.
③ 陈卫星. 媒介域的方法论意义［J］. 国际新闻界，2018，40（02）：8-14.
④ 德布雷. 普通媒介学教程［M］. 陈卫星，王杨，译. 北京：清华大学出版社，2014：4.
⑤ 唐海江，曾君洁. 作为方法论的"媒介"：比较视野中麦克卢汉和德布雷的媒介研究［J］. 现代传播（中国传媒大学学报），2019，41（01）：16-23.
⑥ 库尔德利. 媒介、社会与世界：社会理论与数字媒介实践［M］. 何道宽，译. 上海：复旦大学出版社，2014（05）：71.

现实，以及作为一种反抗表征的大众的沉默。

总之，虽然传播学界对媒介的理解不同，但是不同的理解加深了我们对媒介的认识，也拓展了学术视野。本书的媒介作为一种人类文化传播的狭义上的媒介，是传播信息的介质，主要包括报纸、广播、电视和互联网等。不过，这些大众媒介不仅是人类文化思想活动交流和记忆的载体，而且是连接人与人、人与物、人与社会的中介，是文化传承进程中的一个功能与环节，更是建立在时代技术革新的基础上，构建文明象征系统和表征社会结构的关键节点。需要说明的是，本书中也运用了"媒体"一词，主要是指生产和传播媒介内容的机构，如电视台、杂志社、网络平台机构等。

2. 仪式的内涵

在人类学研究视野和意义范畴内，对"仪式的理解上，会出现最大程度上的差异"①。有学者从社会行为视角看待仪式；有学者提出，为所属部落的祈福活动就是仪式；有学者则指出仪式的无目的性；也有学者提出，仪式不是平常的生活，具有重大性特征；有学者则认为，仪式可以表达世界，也能促使人想象世界；而在有些学者看来，"仪式就像一场令人心旷神怡的游戏"……在纷繁复杂的界定中，要想对其有更为清晰的认识，我们还需认真梳理文献，探寻仪式的来龙去脉及其意义。

大致而言，对仪式的研究有两个取向。第一，依据古典进化论对仪式和古典神话的阐释。这是早期人类学研究的范畴，其取向试图将仪式作为人类学传统文化的最初形态来建立历史性的机制。从19世纪中叶到20世纪初，掀起了"神话—仪式"研究的高潮。泰勒（Teller）、史密斯（Smith）、弗雷泽（Frazier）、穆雷（Murray）、克拉克洪（Kluckhohn）、格里弗（Grifo）等都曾讨论过这一命题。研究包括对原有神话和仪式文本的再诠释，也包括对以前未厘清事件，包括众多巫术的收集、整理和解读。其实，即使到了今天，"神话—仪式"研究也是人类学研究的重要学术范畴和知识要求。第二，对仪式的社会实践和宗教行为进行研究。现代人类学仪式研究的开创者是涂尔干（Émile Durkheim）和马林诺夫斯基（Malinowski），涂尔干在其著名的论述中，把宗教分为"信仰和仪式"两个基本范畴，还把世界划分为"神圣和世俗"两大领域，这成为人类学家讨论仪式问题时难以跨越的"原点"。另外，马林诺夫斯基则提倡将仪式、神话、巫术等与自然和人类连接起来。

———————
① BELL C. Ritual Theory, Rirual Practice ［M］. New York Oxford：Oxford University Press, 1992：3.

其后，人类学家沿着这两种取向继续深入研究，例如，范热内普（Arnold van Gennep）、特纳（Turner）、拉德克利夫·布朗（Alfred Radcliffe Brown）、玛丽·道格拉斯（Dame Mary Douglas）、马克斯·格拉克曼（Max Gluckman）、弗雷德里克·巴斯（Fredrik Barth）、格尔茨（Geertz）、莫里斯·布洛克（Maurice Bloch）、波兰尼（Polanyi）和利奇（Leech）等人在仪式的进程、功能、结构与象征等方面做出了重要的贡献，也形成了对仪式的不同理解。比如，有学者认为仪式的实质是对宗教信仰的表演，仪式参与者在仪式中表达自己的信仰，同时，获得信仰。此外，仪式的实践学派更关注人们在仪式中的具体行为，并认为这些行为可以产生和塑造社会、文化、政治等。

在中国，学者对仪式理论和本土化实践给予了关注。在研究中，学者厘清了"仪式人"与神灵、自然、社会和他人之间的关系，同时表明仪式中人的行为与思想、信仰、感情和灵魂紧密相连。特别是我国学者彭兆荣总结出了仪式的特征，为我们理解仪式提供了帮助，他认为仪式具有以下重要的特征：仪式具有表达性、仪式具有形式性、仪式具有场合性、仪式具有展演性、仪式具有记忆性、仪式具有凝聚性、仪式具有叙事性。[1]

综上所述，通过对以往研究的梳理，我们认为，所谓"仪式"是指有别于常规生活的、具有重复性和象征意义的展演程式。其内涵特征为：仪式不是常规的生活现象，且具有重复性；仪式具有展演性，且含有象征意义。其展演具有标准化的程序，是由一个个具体的行为组成，这些行为由于被仪式的场域、氛围、规矩所规定，其意义效力大多体现于仪式性场合；仪式具有公众参与性，仪式一般是公开性的，有主持仪式者和参与其中的仪式膜拜者。

（二）媒介仪式的思想渊源是传播的"仪式观"

媒介仪式的思想渊源来自詹姆斯·凯瑞提出的传播的"仪式观"。凯瑞认为，从19世纪传播一词进入公共话语时起，美国文化中就一直存在着两种不同的传播概念，即传播的"传递观"和传播的"仪式观"[2]。和许多世俗文化一样，这两种定义也都有宗教的根源，尽管它们所指的宗教领域略有不同。这两种传播观是人们认识传播的两种观念，认识不同，研究的取向、方法和路径就有所不同。

1. 传播的"传递观"

传播的"传递观"是美国传播研究的主流范式，人们用"传授""传送"

---

① 彭兆荣. 人类学仪式研究评述 [J]. 民族研究，2002（02）：88-96，109-110.
② 凯瑞. 作为文化的传播 [M]. 丁未，译. 北京：中国人民大学出版社，2019：14.

"发送"或"传递信息"这些词来定义传播。对传播概念的理解来自对前现代社会的期望：加快信息的传播速度，增加信息的传播效率。在 19 世纪，对传播的理解源自地理和运输方面的隐喻。传播可以用来描述这两者，此时传播表达的含义是把信号或信息从一个地方传送至另一个地方以达到控制目的。在这里"控制"也许是出于政治、经济等方面的目的，例如，美洲拓荒时代，在空间上的大规模位移。但是，凯瑞认为这种控制更多是来自宗教的取向。运输使欧洲的基督教徒来到美洲，与这里的人开始交流沟通，这种接触带来一场深刻的宗教传播，使上帝扩展了自己的领地，创造出一个人间天堂。后来的电报技术并不是一个世俗事件，而是在神的昭示下超越时空，更快更远地传播基督福音，拯救异教徒。随着科学和世俗化力量的发展，这种宗教隐喻逐渐消失，传播被看作一种过程和技术，为了达到控制人和空间的目的，更快、更远地扩散，传送、散播知识、思想和信息。①

可以说，从传递观的内涵来看，不论媒介技术如何发展，传播是"传递信息"这一思想根深蒂固。印刷能使信息大量、集中生产，起到更大范围的控制作用，但是要想达到预期的效果，还得通过高速的运输工具发送出去。电报的出现把传播从地理的束缚中解放出来，终结了传播和运输的同一性。但是，在传播的"传递观"思想中，无论是电报、电视还是互联网都没有改变一直以来"传播源自地理和运输方面的隐喻"的观念。

如图 1 所示，在我们的思想深处：传播就是信息在空间传递和发布的过程，目的之一是对人的控制，另一方面是对距离的控制。而且，在传播学的经典理论中，譬如学者香农（Claude Elwood Shannon）和韦弗（Wafer）的直线模式、奥斯古德（Osgood）和施拉姆（Schramm）的循环模式、施拉姆的大众传播模式等都把传播看作信息的传递。传播学者拉斯维尔（Harold Lasswell）的"5W"传播的经典理论也属于传递观的范畴，其结构包括：谁（传播者）、通过那些渠道（传播媒介）、说了些什么（传播内容）、对谁说的（传播对象）、产生怎样的效果（传播效果）。这一理论影响深远，成为学界的主导研究范式，成为传递观研究的传统框架和研究方法，而且直到现在也被传播学界一直沿用。在我国，也沿袭着传播的传递观这一观念，比如，我国传播学者张国良把传播定义为："人类（自身及相互之间）传受（传送和接受）信息的行为或过程。"② 学者郭

---

① 凯瑞. 作为文化的传播［M］. 丁未，译. 北京：中国人民大学出版社，2019：15-17.

② 张国良. 现代大众传播学［M］. 成都：四川人民出版社，2008：7.

庆光在普通高等教育"十一五"国家规划教材中指出，传播是社会信息运行与传递。①

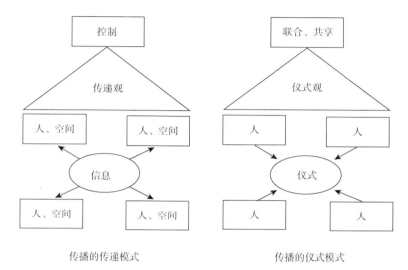

图1　理解传播的两种模式

2. 传播的"仪式观"

传播的"仪式观"是把传播当作一种仪式。其实，从本体论上讲，仪式与传播有着逻辑联系并且具有同一家族的特征。在古代，它们就具有同一性和共同的词根，都与"联合""参与""分享""团体"及"拥有共同信仰"这类词有关，体现出"沟通""共性""共有"与"共享"的意蕴。因此，传播是以仪式为隐喻，即传播等同于仪式，仪式是传播的实质。② 从图1我们可以清晰窥见仪式传播观的核心思想，即传播的仪式观核心不是传递信息以达到对人或空间的控制，其核心是仪式，仪式的作用在于召唤，是将人们以团体或共同体的形式聚集在一起的神圣典礼，是时间上对社会的维系，是共享信仰的表征。③ 传播的传递观和仪式观除了核心思想不同，还有诸如隐喻不同、模式不同等，我们可以通过表1更为清晰地了解。

———————————

①　郭庆光. 传播学教程［M］. 北京：中国人民大学出版社，2011：4.

②　刘建明. 传播的仪式观：仪式是传播的本体而非类比［J］. 湖北大学学报（哲学社会科学版），2018，45（02）：152-158，169.

③　凯瑞. 作为文化的传播［M］. 丁未，译. 北京：中国人民大学出版社，2019：18.

表1 传播的传递观与仪式观的比较①

	传递观	仪式观
隐喻	运输与传送	仪式与典礼
角色	传输者/接受者	参与者
意涵	发送 & 接受	生产 & 再生产
传播目的	空间上控制：传授信息	时间上维系：共享信仰
研究路径	实证主义量化方法	批判性、阐释性方法
学术传统	效果与功能研究	文化研究

综合而言，传播具有两种模式。传递观的核心思想是信息的传递，强调信息在空间的拓展以及对人和空间的控制，传递观注重效果研究，是一种实证主义研究。仪式观是把传播当作仪式，是对人的聚拢，强调在此仪式空间中传播的创造、修改、维系文化的共享过程。因此，仪式观是对传播过程中文化意义的阐释。传播的"仪式观"成为传播研究的一股清流，使传播研究发生了从实证效果研究向文化研究的转向，许多学者沿着这一路径进行研究，形成了关于"媒介仪式"的经典理论。

（三）媒介仪式的概念界定

可以肯定的是，媒介仪式属于仪式的范畴，是由媒体精心组织起来的仪式性活动。在上文的文献综述中，我们从历时性的角度梳理了"媒介仪式"相关的研究成果，但因为其经历了"传播的仪式观""媒介事件""仪式传播"以及"媒介仪式"等多种理论的衍变，这些理论最基本的区别就在于所涵盖的范围，有些只是论及仪式行为的传播，有些则包括传播行为的仪式化，而"仪式传播"则涵盖了所有可能性。可以说，"媒介事件""仪式传播""传播的仪式观"都沿袭了涂尔干对仪式的理解框架，认为仪式可以起到生产、维系社会团结的作用。

事实上，"媒介仪式"的概念是由英国学者尼克·库尔德里在《媒介仪式：一种批判的视角》一书中首次提出的，他的研究和涂尔干主义有所区别，是从批判的视角研究媒介仪式。他将媒介仪式表述为"媒介仪式是围绕关键的、与媒介相关的类别和边界组织起来的形式化的行为，其表演表达了更广义的与媒

---

① 陈文敏.复现中的迷思：电视节庆仪式化传播及其认同研究［M］.北京：中国社会科学出版社，2018：4.

介有关的价值，或暗示着与这种价值的联系"①。媒介仪式使得媒介成为人们通向社会中心的接入点。在这里，库尔德里对媒介的权力问题给予重点的关照，因为媒介掌握着大量的符号资源，能促使社会"媒介化"。而且，借助仪式，媒介合法化了自身的中心地位和权力。库尔德里对媒介仪式的论述活跃了我们的思路，其思想为本书的研究提供了帮助。

不过，在我国，很多学者在谈及媒介仪式这个概念时，并不是运用库尔德里给予的定义，而更多是将"媒介仪式"这个概念做了泛化的处理。例如，孙信苑等人提出：媒介仪式就是广大受众通过大众传播媒介参与某个共同性的活动或者某一事项，最终形成一种象征性活动或者象征性符号的过程。② 这一定义重在说明媒介通过媒介象征符号的运用产生并在广大受众中形成象征意义这一过程。还有学者将"媒介仪式"中的媒介范围缩小为电视媒介。如张兵娟在《仪式 传播 文化》一文中指出：媒介仪式特指广大电视观众通过电视媒介符号的传播，参与某些重要显著的共同性活动或者某一盛大事件，最终导致的一种象征性的文化实践过程和行为。③ 从这个定义可以看出，电视介入"媒介事件"，并通过"仪式化"的叙事手段和媒介的邀请使人们观看电视直播，这就像是经历了一场"媒介仪式"。类似的研究学者还有邵静，她借用了"媒介事件"的概念，指出，媒介事件正是通过媒介的大范围传播方式，带给人们一个集体的体验，此时此刻，人们犹如进入神圣的仪式之中。可以说，媒介事件被策划、传播以及收看的过程就是一场"媒介仪式"的举行过程。④

综合而论，媒介仪式包括媒介事件、媒体、参与的仪式感、象征性意义等部分。首先，媒介事件具有盛大性，可吸引大众的注意力。媒介组织选取的事件并不是纯粹偶然的事件，而是大型的、非常态化的事件，这些事件是大众渴望已久的、节日庆典式的仪式性活动。其次，信息的传播要通过媒体人的加工和媒介的呈现。在媒介实践过程中，媒介组织者在服从社会总体文化逻辑的基

① 库尔德里. 媒介仪式：一种批判的视角 [M]. 崔玺，译. 北京：中国人民大学出版社，2016：33.

② 孙信茹，朱凌飞. 都市中的"媒介仪式"：文化人类学视野中的媒介传播研究 [C] // 复旦大学信息与传播研究中心，复旦大学新闻学院，中国传播学会，国际中华传播学会. 全球信息化时代的华人传播研究：力量汇聚与学术创新：2003 中国传播学论坛暨CAC/CCA 中华传播学术研讨会论文集（上册）. 上海：复旦大学信息与传播研究中心，等，2004：170.

③ 张兵娟. 仪式 传播 文化 [J]. 中国广播电视学刊，2007（03）：85，91.

④ 邵静. 媒介仪式：媒介事件的界定与仪式化表述：以我国的春节联欢晚会为范本 [J]. 浙江传媒学院学报，2009，16（04）：6-9.

础上，将文化信息经过甄选、放大、拆解、重组、拼接等方式，营造出紧张的、刺激的、吸引人的、狂欢的文化作品，并通过媒介召唤，邀请大众参与到具有"文化表演"特征的仪式中。不过，我们这里的所说的媒介不仅仅是指电视，而是指包括报纸在内的所有大众媒介。这正如 1982 年菲利普·艾略特提出的"报刊仪式"，它应该被视为媒介仪式的最早形态。因为，阅读报纸仿佛是人们一起参加"弥撒仪式"的感觉，使人们共同的意识得到强化。最后，在仪式的时间和空间规约下，受众不自觉地、积极地卷入集体仪式的狂欢之中，通过观看和收听，感受到仪式的庄严与秩序，同时，各种权力在此聚集，也展现了林林总总的社会关系和社会价值，由此社会整合和集体认同也得以实现。鉴于此，本书认为，所谓"媒介仪式"是围绕媒介实践形成的一种新的仪式形态，是由媒介组织者策划，广大受众参与到大众媒介呈现的某个具有仪式性的重要活动或某一重大事件中，最终形成一种表演性和象征性的实践过程。

（四）"奥运-媒介"仪式概念的提出及其内涵解析

由上可见，奥运传播也形成了一种媒介仪式，它是以媒体为中心形成的传播时空结构，是以奥运现场为传播的现实基础，以组织不在场的受众观看为目的而组建的仪式，本书称之为"奥运-媒介"仪式，这是在媒介仪式视域下对奥运传播的诠释。因为，奥运会通过大众媒介的传播，使全国乃至全世界的人们，在同一时间、不同地点，分享同一声音、同一画面，共享认同与信仰，这"好比一起参加一场弥撒仪式"，形成了影响广泛的媒介仪式。所以，本书认为，所谓"奥运-媒介"仪式是指由媒介组织者策划，广大受众参与到大众媒介呈现的奥运会事件中，而形成一种表演性和象征性的实践过程。"奥运-媒介"仪式的实质是以媒介为中心，以仪式为内核和表征，以奥运为对象和内容的媒介呈现所形成的仪式化活动。

"奥运-媒介"仪式是一种新形态的仪式，它既具有仪式的特征，又有媒介本体的特性。戴扬和卡茨认为，媒介仪式应具备媒介事件的干扰性（非常规性）、盛大性、直播性和远地点性。刘燕则认为，媒介仪式的特征应包括媒介作为仪式的神圣性、程式性、参与性和重复性。[①] 虽然不同学者对媒介仪式的特征有着不同的理解，但毋庸置疑的是，"奥运-媒介"仪式应该既具有仪式的特征，又有媒介本体而决定的特性，主要表现在以下三方面：

第一，周期性和干扰性。首先，"奥运-媒介"仪式具有周期性。仪式具有

---

① 刘燕. 媒介认同论：传播科技与社会影响互动研究 [M]. 北京：中国传媒大学出版，2010：208-230.

定期举办的特征，奥运会是每四年举办一次的大型体育盛会。这种举办周期的规定具有悠久的历史。一般认为，首届古代奥运会开始于公元前776年，每四年举行一次，两届奥运会之间相隔一个"奥林匹亚年"，历史上古奥运会共经历了263个奥林匹亚年。古奥运会是在夏至后第二个满月，即在阳历的7月底或8月初举办，是一年中最热的日子。现代奥运会继承了古代奥运会的传统，也是相隔四年在每年的七八月举办，这使奥运会成为有固定节奏的动态过程，有利于赛会的稳定性和运动员备赛。因此，"奥运-媒介"仪式也是四年一次，每四年后，新的一届奥运会又会重新燃起奥运报道的热潮。仪式的周期重复性，不仅起到加强仪式传播力的作用，而且能从时间上使人类的知识、精神和观念等得到保存与传承。其次，媒介对奥运会的报道不是像日常报道一样，而是主要集中在奥运比赛的短短的十几天，在这十几天里，高密度的报道打乱和干扰了正常的报道秩序，其它报道不得不为奥运传播让路。但当奥运比赛结束后，奥运报道渐渐减少，其他报道也恢复到常规性的报道序列之中。

第二，象征性与表演性。象征性和表演性是仪式的两大重要特征。首先，任何一种仪式都具有象征性。卢克斯认为，仪式是"受规则支配的象征性活动"，特纳则把仪式概括为"符号的聚合体"，而且，如他们一样，众多的学者都在强调仪式具有象征意义。可以说，媒介仪式也是"一种现实得以生产、维系、修正和转变的符号过程"①。在仪式中，每一种符号都带有隐含的意蕴，人们往往试图通过符号的能指去揭示仪式背后的价值和意义。当然，在"奥运-媒介"仪式中，也包含着许多国家符号，媒介利用主持人、运动员和观众等语言符号的呈现，以及运用国家领导人在场、国旗、国歌、国徽、民族历史和文化、体育英雄等非语言符号，指涉隐含的国家意识、国家昌盛等意义。同时，可以凝聚集体、民族、国家的力量，提升爱国主义情感，引发国民的国家认同。其次，"奥运-媒介"仪式具有表演性。美国人类学家克利福德·格尔茨将仪式视作一场"文化表演"。我国学者张兵娟也认为，仪式是一种古老的、重复的、由文化传统所规定的一整套行为方式和象征性表演的实践活动。② 作为仪式性的庆典活动，奥运会就是一场盛大的文化表演。圣火传递仪式是奥林匹克精神的宣扬，开幕式和闭幕式是主办国文化的展演，竞赛是各国运动员体现"更快、更高、更强、更团结"的体育精神和民族荣誉感的空间。这些都是通过运动员、

① 凯瑞. 作为文化的传播：修订版［M］. 丁未，译. 北京：华夏出版社，2019：12.
② 张兵娟. 全球化时代的仪式传播与国家认同建构：论国庆阅兵仪式的传播意义及价值［J］. 郑州大学学报（哲学社会科学版），2010，43（5）：147-150.

演员甚至是现场观众借助表演呈现出来的，而媒介通过对这些的包装，把视听效果更强的表演展现给不在场的受众。如果说，仪式的象征体系是群体精神内核的外显形式，那么，它的具象和意义需要借助表演才能呈现出来。

第三，拟态性和公众参与性。作为媒介仪式，它不同于现场参加仪式，而是具有拟态性。因为它不是真正的仪式现场，是通过媒体编辑，媒介传输，进而呈现的"媒介现实"。这种仪式空间不拘泥于事件的现场，而是扩展到媒介所能达到的地方。因此，"奥运-媒介"仪式本身是一种虚拟行为，"它包括仪式行为的虚拟性、仪式表演手法的虚拟性、仪式场景布置的虚拟性以及仪式行为者心理时空的虚拟性"①。不过，正是由于媒介仪式的拟态性，才使大量"不在场"的受众参与到仪式中。媒介仪式跨越了地理边界，把"仪式空间"扩展到媒介所能到达的任何地方，使全世界的人们在不同空间共同参与，并通过互动仪式，营造出一种"共同在场"的氛围。

综合而言，"奥运-媒介"仪式是"奥运"+"媒介"组成的一种新形态的仪式，具有仪式和媒介的综合特征。从媒介仪式角度来看奥运传播，它是具有团结意蕴的神圣的典礼，是共享信仰的表征，② 是超越现场的"奥运-媒介"仪式时空。在这种仪式时空中包含着"国家在场"的众多意蕴，它们能引发国民的集体记忆，促进情感连接，从而实现国家认同的功能。

二、国家认同的概念与理论解析

（一）认同的内涵阐释

追溯起来，认同来源于英文"identity"和"identification"，"identity"表示身份，"identification"表示确定身份的过程，即身份认同。一般认为，认同包括个人认同和社会认同两个层面。个人认同关乎自我定义，是对"我是谁"的回答。社会认同是指个体作为某群体成员而产生的观念，是对"我们是谁"的探寻，它对内强调同一性，对外强调差异性。当前，关于认同的研究一般集中在哲学、心理学、社会学、政治学、人类学和民族学等领域。认同理论的发展大致经历了从个人认同到社会认同的阶段。

第一，个人认同理论的发展。虽然认同来源于哲学，表示"变化中的同态

---

① 薛艺兵. 神圣的娱乐：中国民间祭祀仪式及其音乐的人类学研究［M］. 北京：宗教文化出版社，2003：119-120.

② 凯瑞. 作为文化的传播：修订版［M］. 丁末，译. 北京：华夏出版社，2019：18.

或同一问题"①，但心理学是认同理论诞生的重要场域。研究伊始，认同理论是从纯粹的心理学意义上解释个体认同的内在关联性。一般认为，弗洛伊德（Sigmund Freud）是心理学领域首先关注"认同"问题的代表性人物。他把认同看作个人与他人，或个人与群体，抑或是个人与模仿对象在心理上和感情上的趋同过程。② 但是，心理学对认同的分析是内省式的，是从人体本能认识自我和群体，从人的生物性来讲具有其合理性，却忽略了文化与社会关系等因素对人的本质的影响作用。③ 在弗洛伊德之后，对认同理论的发展做出重大贡献的是美国心理学家埃里克森（Erik H Erikson），他提出了"自我同一性"的概念，将"同一性"和"同一性危机"列为自己的研究主题。埃里克森真正形成了认同理论，把认同本质视为"同一性"，是关乎身份的属性问题，其内涵是一种心理过程或观念形态，是"人类的基本特征之一，是某种深刻的、基础的、持久的或根本的东西，区别于自我表面的、偶然的、易变的内容和表征"④。

　　关于"认同"的内涵，国外不同的学科有着不同的解说。例如，在哲学领域，哈贝马斯（Jürgen Habermas）强调人的系统和社会系统在结构上的共生性，以及人类发展进程中的社会形态、集体同一性和自我同一性的一致性等。而美国心理学家埃里克森用"同一性"来描述认同，并进一步指出，"认同"是关于"我是谁"问题的回答。⑤ 社会学鼻祖涂尔干把认同称作"集体意识"，认为它是将共同体中个人团结起来的内在凝聚力。但是，在涂尔干看来，某一群体的共同特征又是建立在与其他群体的差异性表现之上的，因此，群体的共性是根据对不同群体之间的差异的界定而被识别的。安东尼·吉登斯从社会哲学立场出发，提出认同的社会性，认为认同是社会进程中连续的、历史性的存在，"不仅指涉一个社会在空间上的某种连续性，同时也是该社会在反思活动中惯例性地创造和维系的某种东西"⑥。在人类学领域，泰勒认为认同是个体或群体安

① 王沛，胡发稳. 民族文化认同：内涵与结构 [J]. 上海师范大学学报（哲学社会科学版），2011，40（01）：101-107.
② 贾英健. 认同的哲学意蕴与价值认同的本质 [J]. 山东师范大学学报（人文社会科学版），2006（01）：10-16.
③ 王歆. 认同理论的起源、发展与评述 [J]. 新疆社科论坛，2009（02）：78-83.
④ 钱雪梅. 从认同的基本特性看族群认同与国家认同的关系 [J]. 民族研究，2006（06）：16-25，106-107.
⑤ 埃里克森. 同一性：青少年与危机 [M]. 孙名之，译. 杭州：浙江教育出版社，1998：32-41.
⑥ 吉登斯. 现代性与自我认同：现代晚期的自我与社会 [M]. 赵旭东，方文，译. 上海：生活·读书·新知三联书店，1998：60.

身立命的根本，它要解决的问题是如何确定自身身份的方向性定位。①

在汉语表意方面，江宜桦对认同的观点具有代表性，他通过细致分析后认为，认同的概念有三层含义：其一表达等同、同一之意，是指某一事物与另一事物为同一事物；其二表达归属、确认之意，是指个人或群体确认自己属于哪一类的活动；其三表达同意、赞同之意，是指主体同意或肯定某种观点或事物。②

总体而言，不同学者对"认同"的认识存在差异性，其原因是多方面的，比如，价值观、学科结构、研究方法与视角等。同时，随着社会、历史的变迁，人们对认同的认识也发生着变化。认同问题涉及个体、群体、社会的关系，是人的心理内化的过程。早期的心理学领域研究认同关注认同的机制问题，强调个体内生的主观性与积极性，甚至一直以来是以个体的生物本能出发来研究个体认同的发生机制和认同特征。而后来的认同研究者更多关注多种因素对认同的影响，他们将个体置于社会的大框架之内，关注认同的社会结构、文化、种族、民族、教育、政治等因素的影响，进而突出研究人的群体属性、群际关系、群己关系等问题，呈现出认同研究的复杂性和层次性。

本书同意下面的观点，即认同是指"个体是在长期的共同社会生活中，在与他人交往过程中产生的，对自身和所在的共同体之间关系的一种稳定的情感和认识"③。从社会认同理论视角来看，认同具有社会属性，即在个人与社会、群体及他人之间的互动中，个人的情感等融入共同体或群体之中，产生了对集体的归属意识以及对集体身份的确认。④ 因此，本书的认同是把个体置于社会的大框架下，主要关注个体与国家之间的关系，以及形成国家认同时个体的归属感与赞同。

（二）国家认同概念界定

在 20 世纪 70 年代的行为革命时期，政治学界提出了国家认同的概念。对于国家认同概念，人们有着不同理解。第一，根据认同理论和社会认同理论，关于"认同主体"是谁，大家看法不同。有学者把国家认同理解为社会个体对

---

① 孙杰远. 个体、文化、教育与国家认同：少数民族国家认同和文化融合研究 [M]. 北京：商务印书馆，2019：8.

② 江宜桦. 自由主义、民族主义与国家认同 [M]. 台北：扬智文化事业股份有限公司，1998：8.

③ 赵颖. 基于公民身份的国家认同与民族认同研究 [D]. 郑州：郑州大学，2011：14.

④ 李艳平，亢升. 印度国家认同教育的经验及对中国的启示 [J]. 印度洋经济体研究，2016（04）：100-120，141.

国家的认同和归属感，而有的学者则认为认同的主体是群体，是民族（群体）确认自己的国族身份行为。第二，在内容方面，学术界主要形成了两大流派：民族主义和自由主义流派。民族主义流派主要倾向于"民族文化建构"，强调民族的历史文化在国家认同建构中的重要作用，认为国家认同就是"拥有共同的历史，具有集体记忆建构"①的过程，这种观点的代表人物是本尼迪克特·安德森，他认为民族国家是"想象的共同体"，其中突出了民族以及民族主义人为建构国家认同的实质。在我国，也有学者具有类似的观点。譬如，余潇枫提出"国家认同一般起源于共同的祖先、共同的体验、共同的种族背景、共同的语言、共同的文化以及共同的宗教"②。

与之不同，自由主义流派不认可族群、血缘关系、文化等对国家认同的影响，认为民族历史文化虽然能促进集体认同，但是付出的代价很大，而且，文化的传承复杂多样，很难有效形成社会的基本统一。因此，自由主义流派更倾向于"制度建构"，认为国民更应关注社会制度、政治和经济方面的合理性，而不是强调在建构认同过程中的民族同质性。当制度合理时，自然能得到公民的认可，引起国家认同感。例如，苏晓龙认为，国家认同是指一个国家的公民对其所在国家政治权威的认可，并为之奉献和效忠的心理。③徐则平认为，国家认同是指公民对国家宪法制度的认同，并以此引起效忠国家的使命感。④可见，此类观点认为，如果社会中的绝大部分成员愿意实践政治准则，政治共同体就能获得公民的认同。⑤

此外，学术界也有把民族主义流派和自由主义流派综合起来的观点。琼斯（Jones）和史密斯对23个国家社会调查数据进行因子分析后，区分出国家认同的两个维度，即政治性国家认同和文化性国家认同。⑥我国学者贺金瑞等人也认为"国家认同是指一个国家的公民对自己祖国的历史文化传统、道德价值观、理想信念、国家主权等的认同，即国民认同。其实质上是一个民族确认自己的国族身份，将自己的民族自觉归属于国家，形成捍卫国家主权和民族利益的主

① 江宜桦.自由主义、民族主义与国家认同［M］.台北：扬智文化事业股份有限公司，1998：6.
② 余潇枫."认同危机"与国家安全：评亨廷顿《我们是谁?》［J］.毛泽东邓小平理论研究，2006（01）：44-54.
③ 苏晓龙.浅论中文语境中的国家认同［J］.科学社会主义，2008（06）：76-79.
④ 徐则平.试论民族文化认同的"软实力"［J］.思想战线，2008（03）：87-91.
⑤ RAWLS J. Political Liberalism［M］. New York：Columbia University Press，1993.
⑥ JONES F，SMITH P. Diversity and Commonality in National Identities：An Exploratory Analysis of Cross-national Patterns［J］. Journal of Sociology，2001，37（1）：45-63.

体意识"①。我国学者沈桂萍也认为，国家认同的实质"是将国家共同体的不同个人团结起来的内在凝聚力，其核心是政治认同建设和文化认同建设"②。

综上所述，无论是民族主义流派，还是自由主义流派，抑或是把两者结合起来的学说，都表明一国公民或是一个群体对国家的归属感，以及在对国家的构成，如政治、经济、文化等要素给予良好的评价后，产生的对国家的认可与承认。不过，本书主要针对个人的认同进行研究，对不同民族群体的成员都赋予国家公民的身份。因此，本书认为：国家认同是指一国公民对自己归属哪个国家的认知以及对国家的承认与认可的心理和行为。

（三）国家认同结构

国家认同是对国家多方面构成的综合认同效应，这从"国家"的内涵与外延中能得到回答。根据马克思主义关于国家起源的学说，国家的本质是一种民众公共权力，这种公共权力受到法律和军事等机关的保护，且高于一切阶级权力。但从国家的性质和外延来看，国家这种政治形式不仅要依赖公共权力来实现管理，而且要靠公民的向心力、民族的凝聚力来进行自我调节、自我管理，从而配合公共权力共同维系国家的正常运转。因此，一般来讲，国家被认为是包含血缘、制度和文化等要素的共同体。第一，国家表征着人口、领土边疆等自然因素。人口因素随着社会的兴衰、人群的流动、自然灾害、战争等发生着变化。国家领土随着政权的更替、战争和分裂等事件而出现扩张与缩小的可能性。第二，从人为因素来讲，国家还表征着政治和文化的共同体。首先，从政治共同体来讲，国家拥有一套制度体系、行政机构以及法律、军事等机关，对外具有主权，对内拥有统治权。其次，从文化共同体来讲，国家具有共同的历史、文化、语言和集体记忆。同时，多民族国家的存续是建立在民族认同以及拥有共同民族文化的基础之上的。③

此外，在上文我们也提到，江宜桦对认同的观点具有代表性，他认同的概念细分为三层：其一是同一、等同。其二是确认、归属。其三是赞同、同意。曾楠等人认为，国家认同是指公民对其所属国家的情感归属与赞同认可。④ 如

---

① 贺金瑞，燕继荣．论从民族认同到国家认同 [J]．中央民族大学学报（哲学社会科学版），2008（03）：5-12.

② 沈桂萍．民族问题的核心是国家认同问题 [J]．中央社会主义学院学报，2010（02）：53-57.

③ 吴玉军．论国家认同的基本内涵 [J]．中国特色社会主义研究，2015（01）：48-53.

④ 曾楠，闫晓情．国家认同建构的象征性资源探究：以政治仪式为视角 [J]．青海民族研究，2020，31（04）：98-102.

图2所示，我们借鉴上述学者对认同的分类，并将国家认同归结为两个层面：归属性认同和赞同性认同。并根据国家的内涵与外延，形成了本书对国家认同的分类。

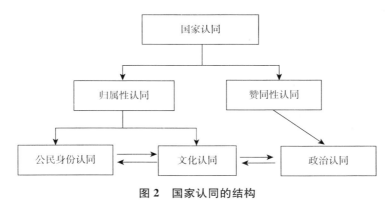

图2　国家认同的结构

　　首先，归属层面的认同包含了公民身份认同。公民身份认同是国家认同的起点，是对"我是谁""我们是谁"的确认与强化。公民身份是"我者"与"他者"的区别性标志，它使人们认识到"我们属于哪个国家，不属于哪个国家"，也是个体形成国家认同的参照。正是由于对自我国家身份的确认，人的观念、权益和行动，就自然与社会和国家发展紧密联系起来。其次，归属层面的认同还包括文化认同。文化认同是公民拥有共同的历史、习俗和集体记忆，而对国家产生的认同感。文化认同是国家认同的一部分，也是民族主义的核心，表现为公民对自己国家历史文化等的接纳而产生的归属感。最后，赞同层面的认同体现在政治认同上，是公民对国家政权体系的支持与赞同，是一国公民对自己所属国家的社会、政治、经济有所认可后产生的政治认同。其中，政治方面可以被具体化为政治价值理念、政治制度规范、政治组织机构和政治行为等；经济方面可以表征为国家的经济发展、财富的积累、人民生活水平等；社会方面包括社会制度的优越性、可满足人民生活等。不过，国家认同是一个具有复杂结构和影响因素的概念，其中的公民身份认同、政治认同、文化认同等往往相互交织在一起。比如，公民身份认同包含了政治身份认同和文化身份认同，而政治认同和文化认同也能引起公民身份认同。但是，对其进行分类后使我们的研究脉络变得比较清晰，也使人更容易理解。因此，本书的国家认同包括公民身份认同、文化认同和政治认同。

第四节　研究进路：研究思路、方法、创新与不足

一、研究思路

本选题是在全球化时代国家认同出现危机的背景下，试图寻求建构国家认同的学理与解决方案。研究以仪式理论与传播理论为学术起点，在对以往仪式、体育仪式及传播研究继承的基础上，对奥运传播与媒介仪式的关系进行论证，并对奥运传播与国家认同的关系进行学理探讨。全书遵循发现问题、分析问题、解决问题的总体思路，以"文献梳理→概念界定→理论探究→规律总结→机理探寻→问题把脉→重构发展进路与模型"为脉络进行研究，其技术路线见图3所示。

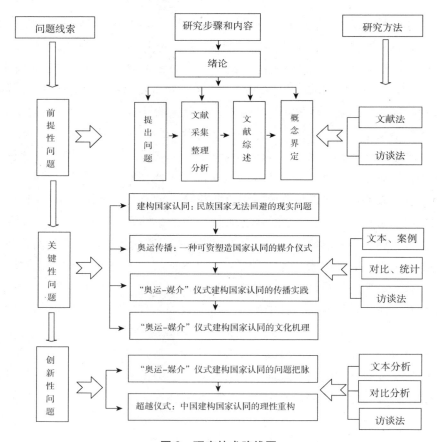

图3　研究技术路线图

首先，发现问题，确立选题，解决本书的前提性问题。发现了国家认同建构的重要性与国家认同危机之间存在着矛盾，梳理文献后得知体育赛事传播可以作为建构国家认同的手段，因此确定了"奥运会传播与国家认同建构"为研究对象；对体育赛事、媒介仪式与国家认同的文献进行梳理，并对奥运会传播中的典型文本和事件进行分类整理，作为分析时的材料支撑；对媒介仪式、"奥运-媒介"仪式、国家认同等概念进行界定，厘清研究这一课题的基础理论等。

其次，阐明全球化时代民族国家与国家认同的关系，以及媒介仪式与奥运传播的关系，运用仪式理论、叙事理论、修辞理论、狂欢理论、话语理论、互动仪式理论、集体记忆理论等对"奥运-媒介"仪式建构国家认同的传播实践进行剖析，并探索其现象背后的建构规律与内在机理，解决本书的关键性问题。

最后，对"奥运-媒介"仪式建构国家认同进行审视与重构。对好的经验予以总结，找出建构中存在的现实症结，并对当下中国利用"奥运-媒介"仪式建构国家认同进行理性重构，这是本书的创新点所在。

二、研究方法

任何一项关于传播学课题的研究不是局限于一种方法论的指导，而是呈现出多元化的趋势。本书主要采用了归纳和演绎的方法论，首先，通过历史梳理对传播的思想观进行了剖析与归纳，并以传播的仪式观为价值取向，提出了"奥运-媒介"仪式概念，厘清了其内涵与特征，奠定了本书的理论基础。其次，利用提出的"奥运-媒介"仪式理论分层提出其建构国家认同的规律与机制等观点，并对这些观点进行论证。同时，本书坚持以历史唯物主义为指导原则，并吸收了相关人类学、社会学、文化学、符号学、体育学等流派的合理方法论思想进行文化研究。本书以定性研究为主，辅以定量学研究。在各个具体问题的研究中，有针对性地采用唯物辩证法、分析与综合、抽象与具体、历史与逻辑、反思与批判等方法论作为指导思想。本选题具体的、主要的研究方法如下：

（一）文献研读法

主要利用南京师范大学图书馆、南京大学图书馆，以及 CNKI 中国期刊全文数据库 CALLS 学位论文库、CNKI 中国优秀博士、硕士学位论文全文数据库等平台，查阅国内外有关体育赛事、媒介仪式、国家认同等方面研究的著作、期刊论文与优秀硕博论文，对所搜集的资料进行阅读、整理、分析、研究，以加强相关理论与方法的研习。从这些资料中获取相关的知识，为本书的选题、论证等提供理论支撑。

（二）文本分析法

"文本"是在某种特殊的"情境"下生产的，大多数的文本往往又在社会中循环流动，从而勾勒或强化社会情境。文本分析属于定性分析，是一个解构内容的过程，旨在探索文本运作的技术方式及其生产意义的文化机制，并最终确定该文本的隐喻和象征意义。文本分析法不执着于对事物和物质的概念和本质的探讨，而是将文本作为一个整体来进一步分析其深层意义。① 本书在第三、第四、第五章较多地运用了文本分析法，在分析媒介文本内容（报纸、电视、新媒体等的文字、语言、图像）的同时，挖掘奥运传播文本背后潜在的动机，探寻文本对国家认同的建构作用与意义。

（三）案例分析法

案例研究法也称为个案研究法。本书运用传播学、人类学、符号学等相关理论，在第三章中对我国举办的 2008 年北京奥运会和 2022 年北京冬奥会的经典成功案例进行个案研究。通过对 2008 北京奥运会的符号学分析，揭示奥运会主办国呈现国家符号的方式及类型；通过对 2022 年北京冬奥会的个案解析，来把脉在奥运会中中国如何利用宏大叙事建构良好的、多元的国家形象。另外，通过对 2020 年东京奥运会入场仪式中各国的服饰进行研究，以揭示入场服饰对民族文化和国家认同的表征与建构。

（四）比较研究法

在第二章中通过对奥运会和媒介使用的历史梳理与比较，分析不同时期奥运传播建构国家认同的不同媒介使用方式及效果。也对不同届次奥运会、不同国家在奥运传播建构国家认同方面进行比较，以此考察媒介仪式观下的奥运传播建构国家认同的不同经验，并找出其中的建构不足之处，为更好地建构中国国家认同提供依据。

（五）访谈法

本书的访谈法包括专家访谈和奥运会受众访谈两类。一类是对 10 位传播学、社会学、人类学、体育学等方面的专家、大型体育赛事组织者、媒介传播管理者进行访谈，论证研究媒介仪式视域下奥运传播建构国家认同的可行性，了解奥运传播中建构国家认同的方式、特征以及建构中存在的问题和解决方案等，这主要应用于研究初期的选题、确立本书的写作思路与框架以及书中的论证。另一类访谈主要运用在本书的第三章，是针对 112 位关注奥运会的受众进

---

① 王庆军. 消费时代的电视体育批判与重构 ［M］. 北京：光明日报出版社，2020：40.

行访谈，以此说明受众观看奥运会时的媒介使用情况、观看的感受、观看对其国家认同意识的影响，以及新媒体用户参与国家认同建构的方式与行为等。

（六）数理统计法

利用 SPSS21.0、EXCEL 等统计软件进行数据处理，并对相关数据进行分类、整合与分析，将分析结果制成统计图表，为论证提供支撑材料。例如，在本书第四章中对奥运会运动员出场仪式中的服饰、对被访谈奥运受众的年龄结构进行统计与分析。

三、创新点

（一）研究视角新

国内外关于"奥运传播与国家认同建构"的研究资料比较少，在"媒介仪式"视域下研究这一问题的文献就更为罕见。本书在媒介仪式理论的观照下，为更好地建构国家认同寻求方案与理论支撑，也为研究大型体育赛事、国家认同提供可资借鉴的视角与思路。

（二）学术思想新

关于奥运传播与国家认同的系统理论研究尚未见到。在奥运会受到各国的重视，其影响力越来越大以及全球化时代国家认同出现危机的境况下，急需从理论上回应和关注奥运传播建构国家认同的文化现象。因此，系统分析奥运会仪式传播建构国家认同的功能、机理等，对建构中存在的问题进行剖析，并提出重构路径，具有一定的学术思想创新性。

（三）学术观点新

本书在"媒介仪式"理论关照下进行研究，我们结合奥运会和媒介仪式提出了"奥运-媒介"仪式的概念，并寻找其间的国家认同建构情况。同时本书还提出了"奥运媒介仪式时间""国家符号神话""仪式的过渡"等新的学术观点来说明奥运传播建构国家认同的文化机理。

四、研究不足

（一）理论深度有待继续挖掘，理论间的融合需要进一步深入

本书涉及多个学科领域，比如，传播学、政治学、社会学、体育学、文化人类学、心理学等。因此，在广泛涉猎相关领域知识的同时，对本书所用的媒介学、传播学、符号学、媒介仪式理论、国家认同理论进行了较为深入的研习。

不过，这些相关的理论分支众多，观点各异，在对理论的甄别和借鉴中，对理论的深度进一步挖掘略显不足，理论间的融合也需要进一步加强。

本书后期需要继续广泛深入地研读相关学科的知识，如果遇到不懂的问题，要积极、主动地请教导师和专家。在理解和领悟各领域知识后，找到各领域的交叉点、融通点，使其理论能更好地融合，从而使本书条理更清晰，学理性更强，论证更有效充分，也为今后继续深入研究打好坚实的基础。

（二）研究以质性研究为主，量化研究不足

本书以媒介仪式为视角，对奥运传播与国家认同建构进行研究。厘清了奥运传播与国家认同建构的关系，阐明了"奥运-媒介"仪式具有建构国家认同的功能，在此基础上对"奥运-媒介"仪式建构国家认同的机理进行了研究，并对"奥运-媒介"仪式建构国家认同中的不足进行分析，进而提出有效建构中国国家认同的方案。在研究方法上，本书延续了国内外学者普遍采用的质性研究的方法，尤其是新闻传播学常用的文本分析法，较多地对文本中的内容，如图像、话语等进行分析，揭示文本的背后意义。因此，在研究中量化研究所占的比例较少。不过，我们也努力尝试运用访谈法，对新媒体用户观看奥运会时的想法和行为等资料进行收集、统计与分析，以便使论证更具说服力，使研究更深入。

在后续研究中，可以运用问卷调查等方法探寻受众在产生国家认同时的心理变化，洞悉其心理变化的原因、产生的机理等，也可以利用问卷对建构中存在的问题进行调查与分析，以便使论证更充分。另外，本书主要采用了文本分析法、案例分析法、访谈法等研究方法。鉴于新媒体时代已经来临这一事实，今后研究需要把网络民族志等方法运用其中，以便更好地观测新媒体用户的心理变化、国家认同建构的行为与动机等。

（三）对当前奥运传播建构国家认同的分析和提出的重构方略存在不足

由于中西方甚至各大洲的文化和政治体制等的差异，各国利用奥运传播建构国家认同的方式存在不同。本书试图解决的问题是如何建构的问题，所以在框架中更多研究了不同国家建构国家认同的共性，没有针对不同国家的建构经验与优势进行总结，包括在建构中存在的问题章节也是以各国出现的共性为主，也没有针对国外媒体在奥运会期间对我国的报道进行分析。此外，奥运会和媒介联姻起始于报纸时代，100 多年来也经历了与广播、电视、网络、移动通信的发展与融合，在问题把脉章节和理性重构章节中，较少针对每一种媒介进行研究，存在一定的不足之处。

　　在后续研究中，我们需要分别针对不同媒介和不同国家，既要对在建构国家认同中呈现的个性特征进行分析，又要对其总体的共性进行总结，寻求其在建构中的问题，提出中国利用"奥运-媒介"仪式更好地建构国家认同的方略。这些方略需要结合中国的本土国情，从国家、学校、体育组织等不同层面提出操作性强、切实可行的、有的放矢的解决方案。

第一章

国家认同建构：全球化时代民族国家
无法回避的一大现实问题

　　学者周平认为，国家认同是多民族国家建设中一个重大的现实问题，多民族国家的各个民族与国家的关系问题，深刻地影响着国家的统一、安全与稳定。① 本章将对研究的核心要素"国家认同建构"进行考察，分析在全球化背景下民族国家与国家认同的关系，阐明建构国家认同的必要性，以及媒体在其中的责任与担当，为本书研究的有序开展提供前提保障。

　　全球化是本书的研究背景，其概念是基于全球的政治、经济、文化、信息传播等方面的联系不断加强这一现实而提出的。吉登斯认为："世界范围内的社会关系的强化，这种关系以这样一种方式将彼此相距遥远的地域连接起来，即此地所发生的事情可能是由许多千米以外的异地事件而引起，反之亦然。"② 显然，伴随着国与国之间在政治、经济贸易上相互渗透、互相依存，以及信息技术和交通行业的不断成熟，全球的时间和空间被改写，人类的全球意识逐步崛起。它以资本活动为肇始，裹挟着政治、文化、社会、生态等方面进行全球性的、全方位的交融。正因为全球化对世界全方位、深刻的影响，在谈及国家经济、政治、文化等议题时，人们都会不自觉地将问题置于全球化这一语境中展开讨论，对于国家认同问题亦然。

　　而且，全球化作为影响国家认同的重要变量，已经广泛深入人们日常生活的方方面面。作为重构世界政治格局、经济体系和文化形态的重要力量，全球化有效推进了国际和地区的政治经济协作与文化交流，但同时使传统国家主权、领土与社会安全面临着巨大的冲击。这是因为：其一，全球化挤压了人们的生存空间，模糊了国家边界。在全球化时代，人们获取信息的方式更加快捷、多元和有效。信息的全球流通，打破了信息由国家控制的壁垒，使信息能在第一

---

　　① 周平. 多民族国家的国家认同问题分析 [J]. 政治学研究，2013，108（01）：26-40.
　　② 吉登斯. 现代性的后果 [M]. 田禾，译. 南京：译林出版社，2014：56-57.

时间快速地传遍世界，由此地球变成了"地球村"，地球人成了村民，这模糊了国家的边界，造成了国家疆界的空前脆弱。其二，全球化使自我身份产生不确定感，引发认同危机。全球化极大地扩展了人们和外界的交流与融合，改变了人们的时空观念、生活方式，使传统的文化观念、价值立场改变，人们对自我的身份产生了不确定感。这种身份的多样性和不确定性，致使人们出现认同意识的改变和困惑，使民族认同与国家认同、地区认同与全球认同等出现一致和离散并存的趋势。当它们出现不一致的情况时，全球化加速或放大了这种境况，引起国际和国内社会的广泛关注，加速了国家、民族等认同的危机。

"到目前为止，民族国家仍然是唯一得到国际承认的政治组织结构。"① 如今，世界上近90%的国家是由多个民族组合而成的，与单一民族国家不同，多民族国家具有民族和国家边界的异质性。也就是说，在多民族国家内部，族群认同、地区认同、民族认同与国家认同时常不一致，其间的张力也时有发生。特别是全球化带来的种种震荡与变化，容易造成次国家认同与国家认同的冲突，甚至会波及少数民族已经建立起来的国家认同。

由此观之，全球化是一把"双刃剑"，在世界全球化进程中，民族国家的建设面临着诸多挑战，也引发了公民对国家认同的消解。国家认同是民族国家合法性及其构建的首要前提，但是，在全球化背景下，国家认同出现危机，并不断对国家的统一与安全形成威胁与挑战。目前，民族国家的国家认同危机是历史性与世界性问题，已经引起世界各国的高度重视。鉴于国家认同建构的重要性和紧迫性，以及全球环境和民族国家内部所带来的认同危机，各国的政府、组织、媒体等都尽力建构国家认同，以期在国家内部实现和谐、团结、有序的发展秩序，以增强国力和提高国际竞争力。

第一节　民族国家与国家认同的关系阐释

20世纪60年代到90年代，亚非拉的民族独立和解放运动使多民族国家不断涌现。伴随着民族国家的建立，国家内部多元文化的碰撞和民族关系的调整成为重要的现实问题，冷战后这些问题不断凸显，引起了学界对国家认同研究的重视。其实，民族国家是现代国家的主流形态，特别是多民族国家的国家认

---

① 史密斯. 全球化时代的民族与民族主义 [M]. 龚维斌，良警宇，译. 北京：中央编译出版社，2002：122.

同是一个聚焦争议又错综复杂的实践问题和理论问题，呈现出主体的多重统一性、内容的多维一体性、过程的动态复杂性等特征。①

因此，在对国家认同建构问题的探讨中，民族国家的概念与本质是研究的逻辑起点。在以往的研究中，学者从民族与国家两个倾向对民族国家进行了界定，其实，民族国家的概念和本质特征是历史赋予的，应该回到民族国家的发展历史中看待这个问题。而且，民族国家的形成与发展有其独特的历史背景，各国的发展路径也不尽相同。在人类发展史上，为了实现有效的治理和管控，出现了许多政治形式，这些政治形式随着人类的发展不断发生着变化。直到国家特别是民族国家出现后，社会管理达到了有序和相对稳定的状态。不过，伴随着全球化和地区局势的影响，国家认同也会出现危机，这严重影响着民族国家的建设进程。

一、民族国家诞生与国家认同历史同步性

"民族"是一个群体概念，它不同于族群、国族这两个群体概念，但也与它们有着千丝万缕的联系。因此，厘清族群、民族、国族的联系与区别将有助于我们更清晰地认识民族国家的边界、概念及其本质特征。事实上，族群、民族和国族是三个不同范畴的群体性概念，但在历史的发展进程中它们并没有严格的、不可跨越的界限，甚至可以转化和包容。族群是具有历史文化特征的共同体，是传统社会自在的社会群体，许多族群至今依然存在。而民族发源于族群，但不是每个族群都能转型为民族，民族是高级阶段的族群，也可能包含多个族群。从族群转型的民族是原生性民族，一个民族或多个民族的共同体与国家主权联系起来就形成了国族，建立起属于自己的民族国家。目前，大多数民族国家是多民族国家，其内部呈现出三个共同体：一是国家层面的国族，二是国家内部不同的民族，三是不同民族内部或外部的多个族群。也就是说，国族内部有民族，民族内外有不同的民族和族群，这构成了大多数民族国家的基本常态。这种国家结构分层也得到了学者的论证：盖尔纳（Ernest Gellner）曾指出，世界上大约有 8000 种语言，还不算方言。如果每一种语言对应着一种文化，每种文化都对应着一个族群，那么全世界就会有 8000 个族群，就该有 8000 个民族。然而，现在全世界范围内大概有 5000 个民族②，而国家只有 200 多个，近 90%

---

① 蔡文成. 多民族国家的国家认同：危机与重构：以国家治理为视角 [J]. 理论探索，2015，215（05）：70-75.

② 徐黎丽. 论多民族国家中民族认同与国家认同的冲突：以中国为例 [J]. 西北师大学报（社会科学版），2011，48（01）：34-40.

的国家是多民族的国家。同样，从中国民族国家演进的历史来看，中国自秦汉以来就是一个多族群、多民族、统一的国家。近代意义的"国族"概念源于孙中山的创造，他的"国族"不是特指汉族，而是超越汉族，融合国内各民族的"中华民族"，这是"国族"与"中华民族"相互对应的思想根源。① 1949 年中国完成了向民族国家的转型，中华民族具有了新的意蕴，即中华民族是由 56 个民族与族群组成的，是与现代国家同构的、具有国民身份同一性的国族。②

关于"民族国家"的概念，学术界存在两种比较普遍的认识。第一种是从民族学视角来理解"民族国家"，这种观点突出强调民族国家的民族性，认为单一民族或族群组建的国家才称为民族国家。然而，鉴于目前世界上大多数国家都是多个民族组成国家这一事实，民族学进而否定"民族国家"的存在，认为民族国家只是"虚构"或"理想的"的国家。③ 第二种认识是从政治学看待这一问题，政治学从"国家"的视角来理解民族国家，强调国家的主权性和国际关系等要素，却忽略了民族国家的民族内涵。"民族国家"界定的学科分野，使民族国家的概念更加扑朔迷离。如果仅仅从一个国家包含的民族数量去评判其是否属于民族国家，我们将无法理解民族国家为何存在，而且影响如此深远。反之，如果仅仅从"国家性"来理解民族国家，那么，我们会把国家主权等同于民族国家，这就无法解释前民族国家时代已经存在国家主权的事实，也使民族国家失去了其内涵和解释力。中文的"民族国家"来自"nation-state"，即"民族-国家"。上述的民族学和政治学的观点是从民族国家的字面意义和各自领域去阐释民族国家的概念，把民族国家分为民族与国家两部分，而且，它们只注重其中一方面的作用。其实，民族国家应该具备民族和国家的双重内涵，是民族和国家的结合体。这种内涵是在民族国家的早期形成和不断发展中由历史赋予的，因此，我们有必要回到民族国家的演进历程中去考察这一问题。

民族国家诞生于 17 世纪的西欧，是通过对王朝和神权世界的抗争，在争取民族独立解放、建立主权国家中形成的。民族国家的世界史，也印证了吉尔平（Robert Gilpin）的论断：战争塑造民族国家乃是现代人类的普遍处境④，而战

---

① 夏引业．"国族"概念辨析［J］．中央民族大学学报（哲学社会科学版），2018，45（01）：31-38.

② 许纪霖．国族、民族与族群：作为国族的中华民族如何可能［J］．西北民族研究，2017（04）：10-20.

③ 宁骚．国家与民族：民族关系与民族政策的国际比较［M］．北京：北京大学出版社，1995：265-267.

④ 任剑涛．催熟民族国家：两次世界大战与中国的国家建构［J］．四川大学学报（哲学社会科学版），2020（06）：5-20.

后的协议使民族国家的权益逐渐纳入国际秩序之中。

第一，1648 年威斯特伐利亚体系的建立标志着民族国家的诞生。17 世纪初，欧洲战乱不断，这场战争历时 30 年之久，造成诸如瑞典、荷兰等传统强国的没落，而法国、俄罗斯等民族国家迅速崛起。此次战争是因宗教问题而起，但逐渐演变为帝国内部的各个政治实体为各自民族利益而战。从此以后，战争成为建立民族国家的基本手段。战后签署的《威斯特伐利亚和约》建立了以"平等""主权"为基础的国际关系原则。它组建起了国家的国际体系和条约体系，从此，世界告别了基督世界和帝国的统治。① 尤其是法国大革命使民族国家登上历史舞台，民族国家成为最高的权威体系，并形成了天赋人权、君主立宪、三权分立、主权在民等思想，对全世界人民争取民主自由、民族独立解放起到积极的推进作用。

第二，民族国家的全球扩展。自从民族国家开始建立以来，其优势和活力逐渐显露出来，这给其他国家带来示范性的影响。而且，伴随着工业革命、资本主义扩张和民族国家的海外殖民运动，民族国家的影响力也从西欧向全世界扩展。值得关注的是，第一次世界大战瓦解了《威斯特伐利亚条约》建立起来的国际秩序，战后建立了"凡尔赛—华盛顿"体系。该体系是对战败国的惩罚，以及对其遗产的重新分割，也是帝国主义对半殖民地与殖民地重新掌控的开始。但从国际体系来看，民族国家的理念、优势得到欧洲之外地区的认可和效仿，使得非洲、亚洲以及太平洋地区出现了民族国家的雏形，掀起了民族独立解放、主权在民等革命浪潮。此时，"中华民族"也逐渐觉醒，开始了由文明帝国向主权国家的艰难转变。

第三，在第二次世界大战后建立了新的体系，即"雅尔塔体系"。这个体系虽然被美苏两个国家掌控，体现出它们的意志，给世界发展带来许多不利的影响，却实现了世界由战争到和平的转变，促进了民族解放事业的发展，有利于第三世界的崛起。此后，亚非拉地区掀起了民族解放的热潮，纷纷建立了自己的主权国家。目前，欧洲也建立起了"超民族国家"形态的新的区域组织结构，如欧盟。然而，欧盟的各个申根国都有自己的利益追求，每个国家的民族都有不同的民族意识，区域统一治理也难以达到很好效果，英国"脱欧"就是很好地例证。因此，在未来，"后民族结构"无论怎样演化，"民族国家"依然是基

① 刘德斌. 国际关系史［M］. 北京：高等教育出版社，2003：53.

础的国家构造单位。①

民族国家的发展史告诉我们，民族国家不同于王朝、帝国等政治统治，它具有以下特征：

其一，主权性。主权是一个国家对其管辖区域所拥有的至高无上的、排他性的政治权力，具有"强制性"和"排他性"，国家的疆域通过国家的"边界"去界定。② 首先，民族国家建立在王朝国家的基础之上，由此产生了国家性主权。民族国家继承了国家主权的内涵，《威斯特伐利亚和约》提出建立以"平等""主权"为基础的国际体系，"国家主权至上"的理念被体现出来。其次，国家的疆域是国家实施管理的范围，它被明确为国家的领土，领土的确定成为国家主权明确的标志。因此，民族国家首先是一个拥有固定疆域的主权国家。

其二，公民性。西欧是建立民族国家最早的地域，从它的民族国家演进历史来看，虽然王朝国家也包括民族，但它不具有人民的属性。在建立民族国家之初，其目的就是要推翻王朝君主、贵族等少数群体的统治，争取民族独立解放，还人民自由与权力。例如，英国"民族主义运动"兴起时，这里的民族就是指全体英格兰居民，民族与公民同义。在后续的民族国家建立过程中，民族的血缘、文化等属性相对被弱化，进而强调公民政治权利的集体意志。③ 因此，国家公民获得国家权力的行使权，从而建立人民控制国家的制度。因此，与王朝国家不同，民族国家的要素必须包括：领土、主权、政府和公民。

其三，民族性。首先，我们认为无论是单一的原生性民族或族群形成的国家，还是多个民族和族群组成的国家，都应该称为民族国家。原生性民族本身就具有同一的历史文化，其国家建设中带有很强的民族特性。就多民族国家而言，民族国家把国内公民整合成一个"国族"，以此"来取代各种地方性的历史文化群体"，以及这些群体对疆域的占有。④ 但是，这种整合不是消除各个民族的历史文化传统，是在保留其文化传统的基础上的一种调适。其次，民族国家是以民族认同现行国家为前提的，民族不认同国家，即使是二者完全一致，也不会形成协调的关系，就如西欧的王朝国家，民族对其不认可就会发生冲突与

① 洪霞. 欧洲的灵魂：欧洲认同与民族国家的重新整合 [M]. 北京：中国大百科全书出版社，2010：19.
② 杨明洪. 论"民族国家"概念及其在"中国边疆学"构建中的重要意义 [J]. 四川师范大学学报（社会科学版），2019，46（02）：12-19.
③ HABERMAS. Citizenship and National Identity：Some Reflection on the Future of Europe [J]. Praxis International，1992：7.
④ 周平. 中国边疆政治学 [M]. 北京：中央编译出版社，2015：5.

战争。在多民族国家建立之时，各民族已经达成统一的共识，有意愿建立一个多民族的共同体。例如，中华民族是由 56 个民族和族群组成的统一的一个民族，因此，民族国家的民族性主要体现在民族对国家的认同。

综上所述，国家曾经历了城邦→帝国→封建主义国家→主权国家等类型。或者，历经了基督教普世世界国家→王朝国家→民族国家（现代国家）过程。从本质上看，在民族国家形成之时，是以国家属于人民为前提，以民族认同国家为基础的。因为，在建立起来的民族国家中，国家不再属于君主、贵族或教皇，人民享有自由与权力，而民族国家特别是多民族国家，各民族认可现在的国家，从而组建起了自己的国族，形成了统一主权国家。这种国家形式对内是在国家政府、法律等方面具有独立的机制与体系，对外是在领土、外事等方面具有独立的身份和主权的民族共同体。单一的一个民族建立的国家被称为民族国家，多个民族形成的国家也是民族国家。当然，这种民族共同体在建立之时就需要人民、民族来认同国家，需要民族认同和国家认同的统一。

二、国家认同体现出民族国家的治理能力

从上文可知，民族国家成为人民普遍服从和效忠的对象始于近代西欧，这一民族国家确立的过程同时也是国家认同形成的过程。目前，近 90% 的国家是多民族的国家。在多民族国家的现实语境下，国家认同建设的重要价值更加凸显。可以说，国家是一个政治共同体，现代国家的建构是一个高度复杂的政治体系，经历了从专制到民主、从人治到法治、从统治到治理的演变。现代民族国家需要完善的治理体系，需要坚实的国家认同才能得以维系和发展，而人民和国内群体对国家的认同也反映出国家的治理能力。因此，学者於天禄认为，建构国家认同实际上是一个"政治一体化"的过程，其中反映出国家治理水平的高低和现代化的程度，它包含政治整合能力、社会治理能力和国家濡化能力三方面。[①]

在政治整合能力方面，国家认同是人民对优良的国家政治整合能力的反映，反之，政治整合能力的缺失或无效，会严重影响公民形成国家认同，将给国家安全和统一带来挑战。因此，在民族国家建设中，建构国家认同是族际政治整合的重要部分。所谓族际政治整合是指：既承认国家内部的族群、民族群体的地位，又在国家政治框架下形成多族群共通、互补的"政治一体"和"多元共

[①] 於天禄. 多民族国家的国家认同建设：价值、困境与出路 [J]. 西北民族大学学报（哲学社会科学版），2021，243（03）：30-37.

存"的国家形态。① 可见，国家认同建设的目的在于建立一个良好的政治生态环境，这就要求国家既要时刻重视公共性，又要关注公平性，还要引导多元文化的有机融合，在此基础上协调好各民族的关系与利益，凝聚民族情感与共识，使各族人民形成对国家共同体的归属感与认同感，进而支持国家的方针政策，为国家建设做出应有的贡献。当下，中国形成了"多元一体"的民族结构，它是"把发展国家认同和尊重、维护民族认同的要求融合在一起，比较符合当前我国多民族的现状"②。中华民族是多元一体的民族结构，是 56 个民族的多元形成的一体，中华民族是国族，处于高层的位置，56 个民族是基层。高层次和低层次的认同并不相互矛盾和排斥，甚至可以按照各自原有的特点，发展出多语言、多形式、多文化的整体样态。③ 这种结构包括以下四方面。第一，形成民族的"多元"化。就是坚持各民族平等，传承和发展各民族文化，使各民族得以续存，形成多元的民族文化和民族认同。在形成各民族文化的同时加强民族的合作与交流，推进各民族发展。第二，建立了国族，使各民族统一为"一体"。国族是各民族形成的统一体，是对各民族进行整合和调适后形成的国家民族。要想增强各民族的凝聚力，就必须既能尊重民族文化的多元性，又能通过有效的整合形成一种建立在民族认同之上统一的对国家民族文化的认同。毫无疑问，公民身份给国家内部不同的民族融合提供了政治法律的有利条件。不同民族成员以公民身份被联结起来，成为国族的一分子，他们享受着国家框架下法律和制度的权利与保护，甚至作为民族成员的部分权利也得到认可。而且，在这种身份下，也有助于社会成员形成对国家的认同和忠诚。第三，在国族认同的基础上，实现全体公民对国家的认同，即全国范围内的政治认同和文化认同。第四，建立从高层次到低层次的认同体系，即国家认同—国族认同—民族认同层次体系，虽然这些认同具有层次性，但是不同层次的认同之间并不必然存在对立和冲突。"多元一体"的民族结构给中国的国家认同建构带来积极的影响，但是，族际政治整合是漫长而艰苦之事，建构国家认同也是国家的长久工程，因此需要依据不同的国内和国际形势，坚持不懈地予以完善，进而提升各族人民的国家认同感。

在社会治理能力方面，国家认同体现出人民对自己国家优良的社会治理能

---

① 常士闇. 族际政治整合的多维构成分析 [J]. 马克思主义与现实，2010，105（02）：94-98.

② 金志远. 论国家认同与民族（族群）认同的共生性 [J]. 前沿，2010（19）：128-133.

③ 费孝通. 论人类学与文化自觉 [M]. 北京：华夏出版社，2004：163.

力的认可。然而，伴随着全球化的深入，全球人口流动不断加剧，而且多民族融合也成为现代国家建设中的重要方面，这些现代社会结构的变化与复杂性给民族国家的社会治理增加了诸多难度。因此，民族国家更需要加强培养公民的国家意识，凝聚人心，为社会治理建设打下良好的基础。如今，现代社会人们存在多重国籍、身份、信仰和党派的交织认同，导致本来就复杂的社会结构变得更为复杂，各种群体身份的相互交织和人们的利益追求成为国家认同建构面临的新问题。当然，国家认同建构就是要使国家的社会结构良性发展，以促使多元文化融合，建立正确的民族国家观念，激发公民的归属感和政治热情，体现出国家的社会治理能力。

从国家濡化能力来看，国家认同教育也是反映国家治理能力的重要指标，是国民教育的核心内容。"公民教育致力于公民素养的培育，是通过理想公民的养成来促进政治共同体的持存和发展。"① 公民教育是通过强化公民对国家、社会关系和责任的理解，强调社会合作，并凸显集体主义的道德要求，来引发公民对国家的忠诚感。因此，建构国家认同和公民教育具有统一性。一方面，在现代民族国家发展中，"国家认同是国民教育的核心内容"②，也是当今民族国家极力推行的教育准则。在教育过程中，虽然各国采用的方式有所不同，但都体现出了国家性和政治性的一面。国家的方针政策、制度规范、政治结构、发展模式等被公民了解，这无疑增强了公民对国家的认同和政治合法性的认可。另一方面，借助公民教育的国家认同建构是维护民族国家安全与稳定的不二选择。公民教育能培养国民的价值观和文化精神，为国家认同的形成提供了文化基础。③ 可见，通过教育能夯实国家认同建构的基石，同时，也是国家治理能力的有效体现。

总之，国家认同体现着国家政治文明和政治现代化建设的良性发展，也能有效推进政治文化建设，建构公民的政治价值观。同时，人民对国家的认同体现着国家在政治整合能力、社会治理和国家濡化能力上的良好表现。

三、民族国家发展中伴随着国家认同危机

国家认同是民族国家合法性建构的首要前提，然而，在全球化背景下，民

---

① 赵义良，金蓉. 公民教育与思想政治教育的内涵界定与辨析［J］. 思想教育研究，2017，280（11）：29-33.

② 曾水兵，檀传宝. 国家认同教育的若干问题反思［J］. 中国教育学刊，2013，246（10）：30-33.

③ 王宗礼，苏丽蓉. 多民族国家的国家认同与公民教育［J］. 甘肃社会科学，2013，207（06）：39-42.

族国家发展中伴随着国家认同危机，并不断对国家的统一与安全形成威胁与挑战。目前，民族国家的国家认同危机是历史性与世界性问题，引发其危机的原因有很多。关于国家认同危机产生的根源，学者有不同的视角与观点。其一，有学者从治理失效视角来看待这一问题。例如，王卓君等人认为，国家认同危机归根结底是民族国家治理危机导致的，因为缺乏有效治理，催生了比传统国家更多的问题，治理失效主要体现在文化价值失信、体制性失败、结构性失衡、合法性危机等方面。① 杨雪冬则认为，国家治理的失效常常表现在四方面：价值性治理理念失去了凝聚与导向功能；结构性的社会系统失衡引起社会矛盾激化；合法性的制度缺失导致治理体系失效；政策性的非正义、多变带来国家运行稳定性的流失。② 其二，也有学者从国家统一视角分析这一问题，认为分裂、极端势力是威胁国家统一，导致国家认同危机的根源所在。李捷提出，国家认同危机的主要挑战来自文化认同、制度认同和利益认同对国家认同的僭越，而且，它们也都是破坏国家认同的手段。分裂主义以地域为基础，利用文化、族群、利益等建构地域性的自我认同，然后把国家作为"他者"，并塑造对其的结构性怨恨，最终导致国家的认同危机。③

国家认同危机的产生有多方面原因，一方面是由于现代民族国家转型时出现了政治、经济等问题。另一方面，由于民族国家内部整合的失效。早在 1966 年美国学者白鲁恂就在《政治发展的诸方面》一书中提出，向现代转型的国家存在六种危机，其中，最首位和最基本的就是"国家认同危机"。④ 从社会认同理论来看，国家认同不仅仅是公民个体的认同，同时还包括公民认同通过转化机制形成的各种共同体形式表达出来的认同。关于国家认同危机产生的原因与机理，学者们也进行了深入的研究。李捷认为，国家认同危机的产生，是指次国家集团鼓动人们另外寻找替代国家认同的认同，使国家认同不再具有最高的合法性，即出现了"合法性危机"⑤；加布里埃尔等人也提出，当人们对国家单位和对国家的认同存在矛盾时，会造成重大的政治危机。⑥

---

① 王卓君，何华玲．全球化时代的国家认同：危机与重构［J］．中国社会科学，2013（09）：16-27.

② 杨雪冬．全球化：西方理论前沿［M］．北京：社会科学文献出版社，2002：100-103.

③ 李捷．国家统一中的认同建设［M］．北京：时事出版社，2019：50-64.

④ 复旦大学历史学系，复旦大学中外现代化进程研究中心．近代中国的国家形象与国家认同［M］．上海：上海古籍出版社，2003：127.

⑤ 李捷．国家统一中的认同建设［M］．北京：时事出版社，2019：48-49.

⑥ 阿尔蒙德，宾厄姆．比较政治学：体系、过程和政策［M］．曹沛霖，郑世平，公婷，等译．上海：上海译文出版社，1987：39.

可以说，国家认同危机的实质是国家的"去中心化"。"中心"是指国家，"去中心化"是指国内次于国家的子群体形成的地方复兴主义，其主体包括族群、民族、宗教、区域、亚国家组织等次国家集团。然而，随着全球化发展，这些主体也在发生变化，增加了诸如跨国的国际性组织、欧盟等超国家群体，它们也对国家的中心地位构成挑战。在"去中心化"过程中，次国家认同和超国家认同的出现，削弱过去形成的国家认同，尤其是以领土、主权、政治、文化为一体的"国家公民身份"逐渐解体，取而代之的是以"原生性"族群、语言、宗教以及其他以文化形态为基础的认同。这种"去中心化"一旦形成，它们就会以"差异政治"的理由鼓动人民另寻替代性认同。① 可见，在全球化大背景之下，国家被"去中心化"，致使国家认同出现危机，个人的超国家认同和次国家认同一起构成了对国家认同的新挑战。总之，全球化和"去中心化"导致国家认同纵向转移和横向分散，纵向的认同有超国家共同体认同、国家认同、次国家认同，横向的有族群、宗教、地域等多种认同。其实质是"去中心化"过程，即国家的中心地位被疏离，使国家认同被消解。

全球化背景下的国家认同危机有其特征，表现在：第一，国家认同危机是全球性的危机，几乎所有民族国家都存在不同程度的认同危机。第二，各国的认同危机会快速传播到全世界，产生国家认同危机的连锁反应或对全球各个国家的认同建构带来不利的影响，如"阿拉伯之春"等事件。第三，全球化对各国的经济、政治、文化等方面的影响也波及对国家认同的建构之中。可见，在全球化背景下研究国家认同危机问题具有现实意义，这一方面反映了这一议题的重要理论意义，另一方面表明认同危机对国家建设产生了致命的影响与冲击。

全球化是一把"双刃剑"，对地区和国家的稳定与安全带来巨大的挑战，甚至对自威斯特伐利亚会议以来建立的世界主权体系造成相当大的冲击，民族国家作为人类政治生活的核心共同体的地位也被削弱。当然，全球化也成为世界上不同地方的地方文化认同复兴的理由，强化了民族国家在维护政治价值、文化传统等方面的职能。因此，国家认同呈现出解构与重构、削弱与强化并举的态势。但是全球化不是国家认同问题的根源所在，全球化只是一个外部环境，它在时间和空间上改变了人们传统的交往方式，营造了全球一体化的"地球村"空间，交流、互动、传播在这里变得快捷、高效，辐射范围宽广。在这种外部环境影响下，国家的政治、经济、文化发展与其内部的次国家组织的利益需求出现不协调，国家与国家之间的交流、渗透和冲突日益增多，民族国家作为人

① ZOLO D. Globalization: An Overview, Colchester [M]. London: ECPR Press, 2007: 11.

类政治生活的核心地位被削弱，因而国家认同危机成为发达国家和发展中国家共同面对的难题。尤其现代国家绝大多数为多民族国家，他们的国家认同更具有多样性与复杂性。可以说，不同层次的认同交织在一起，形成了一定的张力。而且，由于传播的瞬时性，使得这种张力会瞬间转化为冲突。① 总之，自近代以来，随着资本主义生产和商品体系在世界范围内形成，全球化已经成为这个时代切身可感的特征，在此背景下，国家认同危机也呈现出种种征象。

（一）身份方面：呈现多元身份认同

身份认同，是人们对诸如出身、地位、阶层、族群等的判断和确认。一般来说，有什么样的出身，就会有什么样的身份标签，并被个体与集体所认可。② 事实上，一个人的身份首先是其血缘关系或族群。多元身份认同是多重认同混合的结果，比如，亚洲身份、基督教徒、少数民族等指称。作为一国国民，首先拥有公民身份。"公民身份是个人在民族国家中所拥有的、在特定的平等水平上具有一定普遍性权利和义务的被动和主动的成员身份。"③ 然而，随着全球化的发展，全球化带来了平权、民族、宗教意识等方面的不断觉醒，使人们拥有多重身份的可能性不断加大。例如，一个中国公民也许会在外企工作，或者离开中国，前往海外工作等，这使人们的身份出现了多样性和归属的多重性特征。但是，它使"国家特性/国民身份危机成了一个全球现象"④。譬如，土耳其为了实现加入欧洲联盟的夙愿，从 20 世纪 20 年代就开始打造欧洲身份认同。⑤ 但是，多元身份的认同是对国家公民身份的消解，使公民对自己国家的归属感变得模糊。

总体而言，多元身份认同有可能会弱化国家认同。第一，在经济利益或小团体利益的驱使下，在身份的包装下，可能做出有悖国家认同的选择；第二，导致跨境民族，思想游移，缺乏爱国之心和国家认同；第三，当世界公民概念和超国家身份存在时，国家公民身份概念逐渐模糊，就会出现分裂主义的风险；第四，激发次国家认同的复兴。可见，全球化时代公民的多重身份使其心理安全保障和情感依附难以实现，而且，一旦国家认同与人们身份角色转变的节奏

---

① 奈. 硬权力与软权力 [M]. 门洪华，译. 北京：北京大学出版社，2005：86.

② 陈茂荣. 全球化背景下多民族国家的国家认同危机 [J]. 中南民族大学学报（人文社会科学版），2012，32（05）：20-25.

③ 雅诺斯基. 公民与文明社会 [M]. 柯雄，译. 沈阳：辽宁教育出版社，2000：11.

④ 亨廷顿. 我们是谁？美国国家特性面临的挑战 [M]. 程克雄，译. 北京：新华出版社，2005：12.

⑤ 张学昆. 土耳其的欧洲身份认同与入盟问题 [J]. 欧洲研究，2006（04）：39-53，158.

不合拍时，认同危机也随之出现。

（二）政治方面：出现亚国家共同体和超国家主义

政治是指政府、政党等治理国家的行为。它是以经济为基础、以经济为表征、以国家权力为中心运行起来的社会关系和活动的总和。在全球化时代，出现了多重共同体认同，模糊了国家的中心位置。从政治共同体的角度来看，全球化最典型的表征就是组建了众多的国际组织，以及形成了许多超国家共同体。随着恐怖主义、环境污染、突发疾病等问题的全球化，传统的民族国家治理方式显得力不从心，全球性的国家组织应运而生，成为国际问题的主要组织者和促进者，使民族国家的公民对国家的政治、教育和经济等方面的治理能力提出疑问，削弱了国家认同感，同时，产生了地域性或世界性意识。除了国际关系主体的变化之外，全球化时代民族国家公民的国家认同危机的产生主要来自国内。"全球化使国家权力分层化和中空化，国家权力体系的中心地位受到一定程度的动摇。"① 而且，在全球化背景下，由于民主、人权、自由等思想在全球传播，激发了人们个体意识和参与政治欲望，一些社会组织或"小共同体"对这种意识进一步强化，迫使民族国家做出改变与回应，通过改革等手段提升其合法性。而更为危险的是，在全球化进程中，文化冲突引发族群认同、地区认同，与国家认同之间的张力具有潜在的颠覆国家的力量。

（三）文化方面：文明冲突、民族认同与分离运动

除了在公民身份和政治方面出现认同问题外，全球化也带来了文化方面的认同问题。

其一，多元文化交融对主流价值观的消解。价值是人主观需要对客观事物一定属性的追求和向往，体现了现实人的需求与事物属性之间的辩证统一关系。② 人之所以有价值追求，是因为人们对真善美的渴望与憧憬。对于真善美的判断标准不来自个人的喜好，而是一个文化群体对事物价值的统一认识。因此，它具有确定性和稳定性。但是，价值的标准也不是一成不变的，它随着事物属性的变化而变化，始终处于动态的演变之中。全球化加剧了世界各地的文化交融，丰富了人们的精神文化，同时也使人们的价值标准在文化碰撞中交融、解构与重构。特别是西方文化霸权的强势扩张，使发展中民族国家的文化生态和文化次序遭受破坏，它打破了社会主体原有的信仰、理想取向和价值选择，使

---

① 俞可平．全球化与国家主权［M］．北京：社会科学文献出版社，2004：40．

② 陈茂荣．全球化背景下多民族国家的国家认同危机［J］．中南民族大学学报（人文社会科学版），2012，32（05）：20-25．

其变得迷茫或趋从别国的价值标准。在我国，全球化带来了西方文化的渗透，享乐主义、个人主义、拜金主义等价值观不断侵入，影响着我们的灵魂、价值追求和判断。① 显然，多元文化交流会带来多元的价值认同，这既促使了人们对合理价值观的汲取，又会引起与本国主流价值观的激烈碰撞。一旦个人的价值观与国家的主流价值观发生矛盾，就有可能放弃或无视核心价值观，导致民众的向心力减弱，从而危及国家认同，这必须引起我们的高度重视。

其二，文化全球化困扰着民族文化认同。文化是指在一个社会中被人们所分享和接纳的观念、信仰和习俗。② 文化来源于生活，又被生活所表征。在生活中，人们的文化传统不断地积淀、传承与发展，其中的精神力量是巩固民族团结的基石。无论是原生民族理论抑或是现代民族理论都认为，一个民族最核心的要素之一就是拥有共同的民族文化。一个民族之所以被其民族成员认可，或者被"他族"认可，其核心与关键就是拥有独特的民族文化。随着文化全球化进程不断深入，文化全球化成为 21 世纪全球化的标志和重要特征。在此背景下，一方面，作为民族精神的民族文化在差异文化、霸权主义文化等的侵蚀下，不断地面临着冲击与挑战。另一方面，不同群体文化之间的张力加强了民族等国家子群体内部的认同建构。一旦民族认同与分裂主义结合，将对国家建设和认同造成严重威胁。因为，民族分裂主义惯用的文化策略就是强调差异性，他们夸大民族与民族之间、民族与国家之间的差异性，鼓吹要保持民族的原有传统，从而达到分裂国家的政治目的。③

值得一提的是，经济全球化引发的国家认同危机削弱了民族国家的主权基础。当今世界，各个国家除了重视政治建设、文化建构之外，无不重视经济的发展，但是由于国家的重视程度、地区的自然条件、政策等因素的制约，地区经济发展不均衡成为各个国家的常态，特别是发展中民族国家和后殖民国家的经济发展不均衡十分突出，严重影响一些国家的内部稳定。经济发展不均衡不单纯是经济问题，也可能引起政治危机。一旦经济发展不均衡引起民族对政府、政党的不满和信任危机，民族分裂主义就会乘虚而入，教唆民族自决，将对国家的安全与统一造成威胁，甚至出现国家分裂的危险。苏联的解体，除了发展

---

① 樊娟. 新生代大学生文化认同危机调查研究 [J]. 中国青年政治学院学报，2009，28 (06)：11-16.

② 朗文出版公司. 朗文当代英语辞典：英语版 [M]. 北京：外语教学与研究出版社，1997：330.

③ 张友国. 亚文化、民族认同与民族分离主义 [J]. 西南大学学报（社会科学版），2007 (04)：180-184.

模式的顽疾和改革方针失误等原因之外，还有国家经济发展不利因素的影响，体现在发展的比例失衡、体系失序、地区发展不协调等方面。

总之，从国家认同的内涵来考察其出现的危机，国家认同危机亦可以分为国民身份认同危机、政治认同危机和文化认同危机。全球化带来了个体身份的多元认同，在政治认同上也会出现源生地认同、超国家认同和次国家认同等冲击，文化认同出现多元文化交融，对主流价值观产生消解，对民族文化认同带来挑战，此外，还有经济方面的影响。这些因素在全球化时代被资本和利益裹挟，常常出现相互缠绕的态势，它极大地影响着国家认同和国家的稳定，也成为民族国家在发展和建设中试图解决的重大问题之一。

第二节　全球化时代民族国家建构国家认同的必要性分析

正如学者李捷所言，国家认同危机的发生有整合失效、治理危机、分裂势力作祟等原因，这些因素严重挑战着国家文化认同与政治认同的建构。[①] 国家认同危机的发生不是单方面原因造成的，而是由多因素共同作用的结果。只不过，在某些国家认同危机中某类原因占主导因素而已，而在其他国家的认同危机中另一类原因却成了引发危机的主要因素。

毋庸置疑，国家认同具有重要的意识形态功能，是构筑政治合法性的基础，是国家得以存在、维系和发展的重要力量。然而，伴随着全球化的不断深入，世界各国出现的国家认同危机给国家的统一和安全带来挑战，也给国家建设带来巨大的影响。鉴于此，现代国家无不把建构国家认同放在首位，建构国家认同成为国家建设中的具有必要性和紧迫性问题。

一、维护国家安全与统一的需要

现代民族国家本身不仅仅是历史和文化共同体，也是政治和经济的共同体，其首要目标是维护国家的安全与统一。如果没有国家的安全统一，就没有社会的稳定与和谐发展，也就没有人民的安居乐业。然而，在全球化背景下，民族国家的认同受到不同程度的冲击。周平教授在对美国国家认同问题分析后认为，

---

① 李捷，杨恕. 国家认同危机与认同政治：国家统一的视角 [J]. 兰州大学学报（社会科学版），2017，45（02）：20-33.

即便是曾经十分稳定的多民族国家，也会面临国家认同的挑战，甚至会在这样的挑战和威胁中遭到解体的厄运。① 因此，各个国家都试图利用各种手段来加强国家认同建构，这有益于国家的统一和内部的安定团结。

中国是一个典型的多民族国家，维护国家统一与安全是我党和全体人民首要的目标。然而，近年来境内外的分裂组织以及"藏独""疆独""台独""港独"等，在西藏、新疆、台湾和香港等问题上试图分裂国家统一，造成恶劣的影响。党的十九大明确提出"铸牢中华民族共同体意识"，其核心是不断增强"五个认同"，即对伟大祖国、中华民族、中华文化、中国共产党、中国特色社会主义的认同。中华民族共同体意识是国家统一之基、民族团结之本、精神力量之魂，② 在全球化背景下我国提出这一重要方略表明我党建构国家认同、维护国家统一与安全的决心，同时也反映出我国建构国家认同、维护国家统一的重要性和必要性。

二、促进民族认同与国家认同协调发展的需要

全球化具有一体化与离散化并存的特征，这也影响着国家认同的建构。民族认同问题是多民族国家内部离散化的体现。人类社会发展史表明，"族"与"国"的矛盾难以避免。因为，在人类的交往中历史与文化把人们聚合与分类为不同的族类群体，这是必然现象。③ 民族是由族群发展而来的，民族的形成是一个复杂的历史演进过程。在其进程中，因生活地域、文化风俗、经济交往、民族语言、宗教信仰等方面的差异，引起在民族交往中的矛盾与冲突。大多数民族国家是由多民族组成，在这种国家结构中，民族与民族之间要在差异中和平共存，同时也要在国家的框架下实现各民族的统一。就民族国家认同建构的本质而言，当国家认同出现矛盾和危机时，大多数情况是国家内部的族类群体与国家之间不和谐关系在特定条件下的反映。因此，建立以国家认同为中心的认同体系，使国家认同、民族认同等协调和谐发展，有利于民族团结和国家的长治久安。

三、促进社会良性发展的需要

维护国家安全与统一是建构国家认同的最低目标，也是最基本的目标。在

---

① 周平. 多民族国家的国家认同问题分析［J］. 政治学研究，2013，108（01）：26-40.
② 杨丹. 推动爱国主义教育走深走实［N］. 解放军报，2022-08-10（007）.
③ 周平. 民族国家认同构建的逻辑［J］. 政治学研究，2017（02）：2-13，125.

实现国家安全，以及领土、主权统一的基础上，实现国家结构体系的全面优化、促进社会的良性发展需要国家认同的支撑与保障。全球化引起现代社会结构和权力层次的变化，造成国家权力的分层化和中空化，使国家政治系统在调控国内事务时面临越来越大的局限性，这也影响着社会的良性发展。在文化方面，全球化是多种文明相互交织与融合的过程，文明差异使冲突在所难免。正如亨廷顿所言："在这个新的世界里，最普遍的、重要的和危险的冲突不是社会阶级之间、富人和穷人之间，或其他以经济来划分的集团之间的冲突，而是属于不同文化实体的人民之间的冲突。"① 特别是多元主义、民族主义等各种思潮此起彼伏，使民族认同从文化领域进入政治领域，严重影响民族国家的政治、经济、文化的发展。此外，经济全球化以世界市场、全球资本、跨国公司为主导，以利益为终极目标，这冲击着民族国家的国内市场、政治建设，影响了国民价值取向与日常生活。

全球化给民族国家的社会发展带来了积极的影响，同时也构成了严峻的挑战，如何使社会发展在价值观上积极向上，在政治和法律结构、机制上更加完善，在文化上保持和谐共融，在民族认同上保持与国家需要相统一，在经济上推进发展、繁荣和共享，这些问题都需要在国家安全与统一的大框架下，继续深入地推进国家认同建构，进而促进社会全面地、良性地持续发展。目前，中国还处于社会转型期，自改革开放以来，我国社会政治、经济发展等各个层面发生了急剧变化，但要顺利完成社会经济结构、文化形态、价值观念的转变，还需要根据局势继续加强国家认同的建构。

四、寻求个人本体性安全的需要

人是一种"类"的存在物，相互交往是人作为"类"存在的基本活动形式，在交往中识别"他者"，确认自我，寻求"我是谁"的归属感和心理安全感。在全球化前的社会，受到交通、信息技术等因素的限制，造成人类交往的社会空间比较狭小，交流基本局限于"在场"的方式，形成了熟人社会。而以血缘、地缘为纽带的社会结构，让生活在同一地域的人们有着相似的价值观念、文化生活、经济交往、宗教信仰等，因此，很少出现在民族关系、民族认同和国家认同方面的分歧。此时的个人认同比较简单，能够从心理上找到"族"和"国"的认同感和归属感，有较强的个人安全感。

① 亨廷顿. 文明的冲突与世界秩序的重建［M］. 周琪，等译. 北京：新华出版社，2010：6.

但是，在全球化背景下，交通的便捷和信息技术的高速发展，使人们的交往在时间和空间上发生了极大的改变，人们可以瞬时获得全球信息，可以方便地走出居住区域甚至是国家边界去旅游、工作。此时，每个人被置于"历史—当下""国家—世界"两个坐标轴之下，熟人的社会结构发生变化，"在场"被"缺场"所取代，人们不仅属于族群与国家，还属于某个社会组织、宗教、联邦甚至世界，这种身份的多样性、归属的多重性、认同的多元性挤压着人们，使人们产生了"我到底是谁"的本体性焦虑与迷茫，也失去了个体的心理安全保障和情感依附。因此在全球化时代，要通过积极的国家认同建构对个人的情感进行维系，进而增强个人的归属感和本体性安全感。

第三节　全球化时代民族国家建构国家认同的路径

一、从认识上，确立以国家为中心的认同体系

在民族国家特别是在多民族国家中，存在民族共同体、国内社会组织等小共同体、国内地方区域性共同体、宗教团体等，以及全球化进程中的超国家共同体。而国家认同和民族认同是否协调发展成为民族国家认同的主要问题，一方面，民族认同与国家认同相生相连，民族认同是国家认同的基础，关乎着国家的稳定与发展，而国家认同是民族认同的有力保障；另一方面，民族认同和国家认同的主体、客体、过程及认同的基础各自相异，这些差异在全球化、民族主义以及国家治理失效等多重力量的刺激下，引发认同的冲突。

因此，在多重认同的张力下，首先有必要从认识上厘清各层次认同的关系，确立以国家认同为中心的认同体系。因为，人民对国家层面的认同是国家得以存在和发展的重要力量，是民族国家稳定与发展的前提条件。对民族国家而言，国家认同是政府进行统治的合法性的来源与反映，是保证国家向心力和凝聚力的重要基础。因此，任何僭越国家认同之上的次国家认同、超国家认同都会给国家的稳定和发展带来威胁，建立以国家认同为中心的认同体系势在必行。从社会心理学来讲，国家认同是一个民族将自己归属于这个国家，并有为这个国家的利益与主权奋斗的意识。从个体建构国家认同来讲，要塑造国民文化的同质性，强调领土范围之内的国民对主权民族国家政治上、文化上的普遍认同。从这个意义上来讲，要以国家认同为中心，就是要通过教育和集体活动，强化公民的身份意识，使其对自身的政治身份认可从而产生对国家的忠诚感和归属

感，使其对国家的历史文化接纳而产生自豪感、文化自觉。

中国拥有 56 个民族，民族之间相互融合，形成了"中华民族"，这是在长期的历史发展中，汉族形成民族实体后，不断吸收其他民族的特性，并深入其他民族的聚居区，构建了相互联系的民族交往和渗透网络。而近百年来，在共同抵御外来侵略的战争中，中华民族更加稳定和团结，成为自觉的国族实体。①根据我国特殊国性，中华民族代表"中国"本性，是中国的"国族"，是区别于"他国"的重要标志。②

二、从制度上，强化国家治理效力

从认识上确立国家认同的中心地位后，要完善和规范政治、经济、文化等方面的制度，加强国家治理效力，激活国家认同建构与重塑，增强公民对国家的归属感、理想感和忠诚感，激发民族的内聚力。

首先，从政治制度来讲：第一，要推动政治体制改革，寻求治理民主模式，建立以国家认同为中心的制度体系。民族国家自诞生之时便与人民主权紧密相连。因此，推进政治体制改革、保障公民权利是建构国家认同的关键，其首要任务是建立和完善公民的责、权、利等制度保障体系，这也是宪法制度的核心内容，要通过妥善的体制与机制来实现这些制度功能，保障公民的政治权利。第二，寻求以建构民主社会为核心的国家治理模式。基于行政权与经济、社会发展，公民权益的密切关系以及以国家为主导的发展现实，构建以行政权主导的民主治理模式，这是合乎当下形势、具有高度操作性的可行性模式，它有利于公民实现参政议政，获取政治认同。③ 第三，完善民族区域自治制度。为了避免造成民族认同与国家认同的冲突与分离，保障少数民族政治权利，就必须在法律层面完善民族区域自治制度，完善少数民族选举制度和参政议政制度，为民族的政治、经济和社会的发展与进步提供制度保障。第四，执政党的执政理念和方式要得到公民的认可。因此，要更新执政理念，完善执政方式，改善执政党对民族工作的方式，争取少数民族的国家认同感。

其次，从文化制度来讲，国家认同和民族认同交织在一起，形成文化的多样性与统一性。但随着全球化和西方主流思想在全球的传播，发展民族文化，

① 费孝通. 中华民族多元一体格局［M］. 北京：中央民族学院出版社，1989：1-2.
② 孙杰远. 个体、文化、教育与国家认同：少数民族国家认同和文化融合研究［M］. 北京：商务印书馆，2019：56.
③ 王浦劬. 论中国社会公共政治的形成与实现［J］. 国家行政学院学报，2010，67（04）：28-34.

加强国家的价值整合尤为重要。民族文化是民族政治文明、经济文明和精神文明的集中反映，也是民族认同的核心内容。然而，如果民族认同僭越了国家认同，就会有国家分裂的危险。因此在我国，在充分尊重各民族文化发展的基础上，要不断加强核心价值体系建设和文化制度建设，建立统一的国家文化体系。达到以上目标可从下面三点入手：第一，推进和完善社会主义核心价值体系建设，使之成为国家性的文化建设基础；第二，完善公民责任与权力制度，增强公民的国家文化意识；第三，改善国家文化的整合方式，丰富公民的教育内容，创新教育方式，充分利用新媒体等传播途径，使不同文化群体获得多样的交流机会，加强融合，缩小其文化间的差异。

最后，从经济制度来讲，经济全球化使全球经济相互融合、快速发展。但是，也带来了全球国家之间、国家内的地区之间的经济竞争和发展不平衡，使公民个人追求利益最大化，形成了政治冷漠阶层。而政府部门为了发展经济往往屈从企业和个人的经济要求，过于强调经济利益，减弱了公共职能，这使公民对政府的经济管理能力产生信任危机，影响公民的国家认同。自改革开放以来，我国经济发展取得瞩目的成绩，人民生活水平得到明显的改善和提高。经济实力的提高强化了全国各民族对国家和政党的认同。然而，随着经济增长速度的变缓，长期隐藏的经济结构矛盾凸显，譬如，贫富差距扩大、物价不断攀升，都影响到人民生活的幸福感。因此，目前仍然需要进一步发展和完善社会主义市场经济，调整产业结构，从制度上引导和规范经济的稳定发展。第一，大力发展民生工程，完善教育、医疗、养老、住房、基础建设等制度建设，使国民享受国家经济发展带来的红利；第二，在注重经济效益提升的同时，强化公平正义，促进国民收入的二次分配；第三，要研究和创新国家金融体系，大力发展民族经济和支柱产业，加强对跨国公司和国际资本的规制与监控，在深入进行贸易往来的同时，提升应对全球经济危机的能力，保证经济的可持续性发展，只有这样才能提供建构国家认同的经济保障。

三、从实践上，可以利用大型体育赛事建构国家认同

体育运动，特别是大型的国际体育赛事能够强化、建构和维系国家认同。因为在国家与国家的比赛中，国家公民身份、国家话语、国家符号等使体育赛事仪式成为和平年代"战争的想象"，成为区分"他者"，建构"我者"的重要平台。这一点直到晚近才被人们发现和认可。1945 年英国人 George Orwell 在对苏联和英国的足球赛进行评论时，首次指出体育赛事蕴含着政治意义。他提出："国际体育比赛是对战争的直白模仿，其中最重要的并非参赛者的行为，而是观

众的态度，以及观众背后代表的整个国家。"① 到了 20 世纪 80 年代，西方学界开始重视对体育运动建构国家认同的研究。在我国，关于体育与国家认同的理论研究尚未完全地、系统地展开，但也有学者开始对其进行研究。例如，孙睿诒等人认为，"优秀竞赛成绩能够集中展示综合国力和民族优越性，最有利于唤起民族情绪，提振民族自信心与凝聚力"②。而马立明对足球世界杯分析后提出：大型体育赛事是一种复杂现象，杂糅了国家话语与资本逻辑，具有多维度政治光谱。③

可见，以国家为参赛单位的大型体育赛事对国家认同建构有着积极的作用。即便是强调"乌托邦"式平等与世界和平的奥运会也是如此，体现出"体育无国界，运动员有祖国"的境况。因为，奥运会营造了一个公平、共同参与的体育平台，有主权的国家都可以申请加入，它满足了主权国家对全球化的想象，"人们更愿意承认一个想象空间的存在，在这个空间中，中小国家对大国的体育胜利唤起人们对乌托邦式的世界新秩序的想象"④。这也正是在现实中无法实现的。因此在体育界，中小主权国家的胜利好似经历了一场"地位提升"或"地位逆转"的仪式，在此仪式中，人们无疑增强了对国家政治、文化的认可，强化了身份认同感。

习近平总书记曾指出："要建立和规范一些礼仪制度，组织开展形式多样的纪念庆典活动，传播主流价值，增强人们的认同感和归属感。"⑤ "2008 年北京奥运会和 2022 年北京冬奥会是我国重要历史节点的重大标志性活动，是展现国家形象、促进国家发展、振奋民族精神的重要契机。"⑥ 事实上，在复杂多变的国际形势下，利用体育庆典活动触发国民的认同感、展现新时代的国家形象已经成为我国国家建设中重要的目标。随着全球化的深入，大型体育赛事日益增多，尤其是世界杯、奥运会等成为全球亿万人关注的盛会，具有仪式的特征，

① ORWELL G. The sporting spirit［J］. The Collected Essays, Journalism and Letters of George Orwell, 1945, 4：1945-1950.
② 孙睿诒，陶双宾. 身体的征用：一项关于体育与现代性的研究［J］. 社会学研究，2012, 27（06）：125-145.
③ 马立明，万婧. 从"战争想象"到全球景观：足球世界杯的隐喻与嬗变［J］. 当代传播，2018, 201（04）：48-51.
④ 马祥房，高春明，董世彪，等. 奥林匹克全球化时代的体育民族主义［J］. 天津体育学院学报，2007, 22（05）：433-436.
⑤ 习近平. 习近平谈治国理政［M］. 北京：外文出版社，2014：165.
⑥ 习近平. 立足提高治理能力抓好城市规划建设，着眼精彩非凡卓越筹办好北京冬奥会［N］. 人民日报，2017-02-25（001）.

它将成为建构国家认同的重要场域。

四、从工具使用上，需要媒体的责任与担当

如今，媒介已经渗透到人们生活的每个角落，成为社会的中心，成为人们了解社会的窗口。这正如李普曼（Walter Lippmann）所言："我们主要通过新闻媒体来了解和理解外在的客观世界，从而在我们的头脑中形成一个关于这个外在世界的想象图景。"① 可以说，人们所看到的听到的大多是来自媒介作用的结果。特别是在互联网时代，人们可以第一时间看到千里之外正在发生的事件，倾听媒体对此的报道、分析与评论。媒体对事件的分析与态度倾向会影响人们的思维判断、价值观念、意识形态等。

值得注意的是，人类天生就有以自我为中心的倾向，人类中的群体也时常表现出以自我为中心的行为与思想。"群体自我中心主义"从所在群体利益去考虑问题，群体自我中心主义可能会畸形发展，变成群体的狂妄自大、唯我独尊、盲目自信，从而轻视异己、排斥他族、闭关自大，更有甚者可能成为对外侵略的文化心理。但是，群体自我中心主义也会强化家庭、单位、社团、群落、国家等不同层序群体的向心力、凝聚力、战斗力等。② 对媒体而言，它把事件信息转化成带有一定意义的文字、图像和声音，在此过程中要经过多个把关人的过滤与加工，这些"过滤"功能实则包含着媒体人的文化知识、思维方式、情感倾向以及对报道内容的政策性把握。在现实生活中，很少有媒体在报道中对自己的民族、国家进行苛刻的攻击，特别是在国际性比赛中，弘扬自己的民族与国家成为报道的主流方向。这种"群体自我中心主义"把报道固定在一个政治框架之内，以此来建构国家认同。因此，我们需要利用媒体这个宣传工具，引领社会主义主流价值观，促进国家认同建设。

（一）对内：承担构建和谐社会，促进民族复兴的责任

新闻媒体肩负着重要的社会责任。一方面，媒体有责任第一时间让新闻消息传递出来，还原事件真相，让公众知情。另一方面，媒体能帮助、监督政府部门依法行政。在民族国家建设中，在"群体自我中心主义"的影响下，媒体始终要牢记自己的使命，把建构和谐、温馨、民主的社会作为目标，引领民众幸福地生活。我国媒体是党、政府和人民的喉舌，宣传主流价值观、政治政策

---

① LIPPMANN W. Public Opinion [M]. New York：Macmillan，1992：29.

② 涂可国. 试论人类中心主义视阈中的自我问题 [J]. 华东师范大学学报（哲学社会科学版），2014，46（04）：93-100，154-155.

等是媒体的责任。官方媒体和政治经济题材的报道会更偏重于喉舌模式与干预模式，新闻报道体现干预式和评议式的表达样态。①

在国内的宣传报道中，首先，媒体要为建构和谐社会而努力。社会的和谐与稳定是国家建设最根本的保证，在建构和谐社会过程中，媒体至少要承担以下责任。第一，促进社会共识的责任。随着全球化的深入和民族国家的不断发展，社会出现了多样化的趋势，多样的社会要和谐发展，很重要的一点就是要使民众形成广泛的共识。如果民族与国家没有获得人民广泛的认可，没有凝结社会发展的诸多力量，将不利于国家的发展与兴旺。媒体拥有天然的宣传优势，在形成共识、凝聚力量中具有不可替代的作用。媒体报道的内容及其在传播中的立场、态度、情感等是引起民众达成共识的关键要素，要在多样中谋和谐，在矛盾中求和谐，在发展中保和谐。因此，媒体要知情、明理、识性，融入时代潮流，在国家发展中确定目标，找准自己的位置，切实承担起促进社会共识的责任。第二，宣传"正能量"为时代树立价值标杆的责任。坚持正确的舆论导向是媒体履行社会责任的核心，作为有社会责任感的媒体，要努力提高舆论的引导水平，适时选择一些重大事件进行正面报道，弘扬当代社会的主流价值观。要坚持正确的舆论导向，就要在政治上传播国家的路线方针政策，在经济上推进经济建设，提高人民群众生活水平，形成有利于发展社会生产力、构建和谐社会的舆论；形成推动事件本身向好发展的舆论；形成激励和鼓舞人们为社会进步而不断奋斗的舆论；形成帮助人们分辨是非、抵制低俗的舆论；形成有利于民族团结、社会稳定的舆论。② 正确的舆论导向能动员和激励社会成员的智慧，使其积极投身到国家的建设中，也有利于化解社会矛盾，形成社会共识。正确的舆论需要主流价值观的引领，能够促进事件真相与民众认知的统一。媒体应该在日常工作中塑造正面的自我形象，推动其舆论公信力的不断提升。第三，做好监督和自我约束的责任。美国现代新闻之父约瑟夫·普利策（Joseph Pulitzer）曾说："倘若一个国家是一条航行在大海上的船，新闻记者就是船头上的瞭望者。他要在一望无际的海面上观察一切，审视海上的不测风云和浅滩暗礁，及时地发出警告。"③ 这也说明了媒体具有监督的责任和义务。在民族国家的发展中，由于社会各方的认知水平的差异、利益驱使、社会环境等方面的影

---

① 王海燕，斯巴克斯，黄煜，等. 中国传统媒体新闻报道模式分析 [J]. 国际新闻界，2017，39（06）：105-123.

② 胡瑞挺. 从中国青年就业创业网看媒体的责任与担当 [J]. 新闻战线，2017（24）：133-134.

③ 海敦. 怎样当好新闻记者 [M]. 伍任，译. 北京：新华出版社，1980：119.

响，社会乱象时有发生。媒体需要积极开展舆论监督，对不利于构建和谐社会的言行及时提出忠告、提醒、批评、抨击等。同时，主流媒体也要避免泛娱乐化倾向，加强社会责任意识，加强媒体工作者的大局观素养，将举旗帜、聚民心、育新人、兴文化、展形象等使命任务真正落到实处。

其次，媒体也要担负起推进民族复兴的责任。每个国家的媒体都在试图展现自己民族与国家的灿烂历史、优秀文化和经济的腾飞等，并围绕大事件进行议程设置，组织主题报道，引导和影响公众的关注和认知。国外媒体也通过重大事件的直播、报道和具有引导性的调查，来树立和引发公民的爱国情怀。譬如，在2012年美国独立日系列宣传中，美国有线电视新闻网（CNN）设置了以下的议题与调查：美国可能不完美，但无论如何我们爱她。CNN收集了美国公民对各子话题的看法，例如："我们是第一大国吗？""美国是不是第一大国是不是很重要？""我们是不是对祖国要求太苛刻了？"在调查中，所有参与讨论的民众都表示对国家非常自豪。同样，英国广播公司（BBC）曾在2005年欧洲胜利日时举办了系列主题活动，包括直播纪念仪式、举办"二战60周年纪念演唱会"、展播《奥斯维辛》《战栗东方》等纪录片、播出关于二战60周年的民意调查等，① 这些宣传报道提升了国民对民族与国家的认知，加深了英国人对自己国家的情感。当前，我国正处在实现中国梦伟大征程的关键时期，因为，我们比历史上任何时期都更接近中华民族伟大复兴的目标，比历史上任何时期都更有信心、有能力实现这个伟大目标。在党带领着全国各族人民努力实现中国梦的时代潮流中，主流媒体应该把握好自己的角色定位，胸怀大局，履行好自己的职责。如今，我们站在两个一百年的交汇点上，一方面，主流媒体应当充分呈现出我国在第一个一百年的成就与巨变，例如，全面建成小康社会、经济的腾飞等，展现百年历史与人们的幸福自豪。另一方面，主流媒体需要呈现全面建设社会主义现代化，以及向第二个百年奋斗目标奋进的热情与实践，呈现新发展阶段的新气象、新成就。同时，主流媒体应该具备开阔的视野，立足于中华民族伟大复兴的战略布局，调动方方面面的力量，形成统一共识和全国的合力，推动中华民族伟大复兴宏伟目标早日实现。此外，主流媒体要帮助人们树立文化自信，其一，中华民族优秀的传统文化是中国最根本和厚重的软实力。在我国的政治、文化、经济、生态文明等各个领域都渗透着传统文化的精神基因，"自强不息、厚德载物""天下为公、大同世界""道法自然、天人合一"等治国处世智慧都可以成为媒体很好的宣传内容。其二，革命文化是坚韧不拔、

① 卜宇. 时代潮流下的媒体角色与责任［J］. 中国广播电视学刊，2017（01）：11-14.

自强不息的民族品格的反映。主流媒体有责任使革命文化有更广的辐射范围，教育和激励更多的年轻人。其三，宣传好社会主义先进文化。社会主义先进文化包括马克思主义、中国特色社会主义理想、民族精神、时代精神和社会主义核心价值观等。媒体要作为中国先进文化的引领者和实践者，更好地对优秀文化进行阐释、拓展、完善，努力提升中国文化辨识度，以文育人，以文化人，深化人们对文化自信的认知，积极为民族复兴做出努力。

（二）对外：维护国家统一与安全，确立民族国家意识

在对外宣传方面，各国媒体都以维护国家安全与统一为己任，引导公民确立民族国家意识，形成对国家的归属感和为国家事业奋斗的理想感。作为一个国家，只有在国家统一与安全下才能进一步地稳步发展。维护国家的统一以及国家的政治安全、文化安全和意识形态安全，是主流媒体应该担负的重大责任。面对全球化的传播新格局，主流媒体的传播能力和引导能力对维护国家安全是很重要的。主流媒体要进行供给侧改革，以高品质的内容报道满足人民日益增长的新需求，同时，要融入国际文化市场，参与其中，① 发出国家的声音。

在中国，主流媒体要善于发声，在维护国家统一与安全之外，要努力引导国际舆论，增强与确立民族国家意识，打造良好的中国国家形象。一直以来，中国的媒体在国际社会没有赢得过主流媒体的主动权，中国的故事往往被"别人"讲述。"中国人是不是在屋顶种庄稼？""中国人是不是还留着辫子？"等问询，国外媒体制造的关于"世界工厂，中国制造；能源危机，中国饿虎；军力大增，中国威胁；发展停滞，中国崩溃"等言论无不表明，中国媒体对外的声音太过微弱。因此，面对美国 CNN、英国 BBC、日本 NHK 等国际传媒集团对自己国家的大肆宣传和对别国的歪曲报道，面对西方价值观念渗透式传播狂潮，面对国际复杂的形式，我国主流媒体应当适时反思，深入了解和掌握国际传播动态与规律，积极探寻高质量发展之道，解决对外的低效传播和无效传播，实现有实效的精准传播。

"习近平主席曾强调，在对外宣传中，要讲清楚中国的历史传统、精神追求、优秀传统文化、发展进步的要求。所以，加强文化软实力的传播，应该是传递中国声音，确立中华民族国家意识和形象的良好途径。与经济、科技、军事为代表的硬实力相对应，软实力是以文化和价值观念、社会制度、发展模式、生活方式、意识形态所体现出来的国家综合实力。"② 例如，日本政府明确表

---

① 许敏球."国之大者"与媒体责任 [J]. 视听界，2021，219（01）：127.
② 王晓晖. 软实力时代的媒体责任 [J]. 中国记者，2008，410（01）：17-18.

示，21世纪是各国"软实力"较量的时代，日本餐饮业也率先响应政府号召，以"生鱼片"和"寿司"开启新的外交局面。经历了40余年的改革开放，中国经济取得腾飞，中国用了20年时间完成了欧洲用了200年才完成的工业化、城市化和社会化转型，还取得了脱贫攻坚战的全面胜利。然而，在这期间，中国人看的多是好莱坞大片、日本的动漫、韩国的电视剧……这些意识形态的侵袭值得我们深思。中国是一个文化大国，但不是文化强国，换言之，我们虽然是文化资源大国，但是文化产业欠发达，对外加强文化软实力的思路还不明晰。因此，中国主流媒体要意识到，如今，我们身处世界百年未有之大变局，世界的众多力量不断博弈，各种思潮相互交锋，各种杂音噪声在不断上演，主流媒体在做好对内宣传的同时，也要做好对外传播，要通过多种形式、多种渠道讲好中国故事，突出中国视角，表明中国立场，发出中国声音。打造具有代表性的中国文化产品，使其走出国门，走向世界，被海外受众接纳与喜欢。也要优化品质，加强推广，让"中国创造"引领国际潮流，让中国主张、中国方案、中国智慧赢得全球广泛认同。

第二章

奥运传播：一种可资塑造国家
认同的媒介仪式

"奥运"或"奥运会"是奥林匹克运动会的简称。"奥林匹克"是指古希腊时期在奥林匹亚地区举行的对天神宙斯的祭祀活动，祭祀活动包括诗歌朗诵、艺术展览、学术交流、商品推销、政治谈判和体育竞赛等。祭祀中的体育竞赛被称为"奥林匹亚竞技"，后来逐渐被称为"古代奥林匹克运动会"，也可以简称为"古奥运会"或"古奥运"，以便与现代奥林匹克运动相区别。[①]

现代奥林匹克运动会是国际奥林匹克委员会主办的、世界上规模最大的、具有广泛影响力的综合性运动会。狭义的奥运会，特指在夏季举办的奥运会。广义的奥运会包括夏季奥运会和冬季奥运会，有时还包括青年奥运会（在夏季举办）、冬季青年奥运会等。在奥运会中，夏季奥运会因参与人数多、规模大、影响广泛和各国重视程度高而更为引人关注。夏季和冬季奥运会每四年举办一届，每届会期不超过 16 日，目前夏季奥运会已经举办 32 届，冬季奥运会已经举办 24 届。

可以说，现代奥运自诞生之日起便与大众传媒结下不解之缘，离开传媒，再好的奥运方案也无法发挥作用。[②] 可见，传媒促成了奥运会的全球化进程。首先表现为奥运的各种报道覆盖全球的每个角落，吸引着人们积极观看或参与到奥运活动之中。其次，传媒的操作模式裹挟着政治、文化、经济，使奥运会进一步融入全球化的体系之中，而且，这种稀有的内容资源成为各种权力运作的场域，大众传媒也因此获得"代言人"的身份，建构起自身"社会中心"的权威性和合法性。从媒介仪式视角来看，奥运传播是媒体展示其中心地位的良好场域，是在媒体的精心策划下，形成的全球性的奥运观看仪式，它也成为歌颂、强化民族国家的整体感以及分类权力秩序的战略高地。[③]

---

①　罗时铭，曹守和. 奥林匹克学：第三版 [M]. 北京：高等教育出版社，2016：1.

②　贺幸辉. 视觉媒介、奥运仪式与文化认同 [M]. 北京：北京体育大学出版社，2018：1.

③　李春霞，彭兆荣. 奥运会与大众传媒关系的仪式性分析 [J]. 体育学刊，2006（06）：21-24.

第一节 理解奥运传播：奥运与传媒互利
共赢的媒介仪式建构

奥运会是一项以体育竞赛为主体的文化活动，其资源的稀缺性和传播的全球性决定了它具有巨大的价值，也成为众多组织乐意积极投入的领域。在大多情况下，人们无法抵达现场观看奥运会，只能通过媒介来了解奥运会，也正是由于媒介的介入造就了奥运辉煌的历史与成就。同时，在传播中，媒介也获得了权力、利益与自身的发展。从媒介仪式视角而言，奥运传播就是一个由媒体组织起来的仪式，奥运与传媒相互促进，共同发展，而且它反映出一个时代的政治、经济、文化、社会结构等诸多方面，也影响着时代的发展。

一、奥运会：一场令人"驻足"关注的全球体育文化事件

顾拜旦曾经指出，只有把现代奥运会办成一个神圣的体育祭坛，办成一个与多种文化形式合为一体的盛大文化节日，才能发挥奥运会应有的作用。因此，他一直致力于艺术、文学和体育之间的长期协作与共赢。前国际奥委会主席萨马兰奇也继承了这一思想，积极推进奥运会的文化活动，他认为："奥林匹克主义就是体育加文化和教育。"奥林匹克运动与一般体育竞赛的区别在于，奥林匹克是体育与文化的结合，文化是其灵魂。不论是奥运精神，还是有别于其他赛事的仪式，抑或是参赛国文化的展演，奥运会作为全球性的体育事件、文化事件、教育事件、经济事件和传播事件，吸引着人们的注意力，每当奥运会来临，人们就会放下手中的杂事，"驻足"欣赏奥运带来的盛大的体育文化盛宴。奥运会之所以能有如此大的吸引力，至少有以下三个原因：

（一）奥运会是全球参与和备受人们关注的体育事件

现代奥运会是以国家为参赛主体的综合性运动会，也越来越受到各国的重视，并积极地参与其中。奥运会伊始，其参赛的国家主要来自欧洲，随着奥运会的影响力越来越大，其参赛国也由原来的以欧洲国家为主向全球扩展。由于其参赛国家众多，包含项目广泛，吸引了全球体育爱好者、媒体、商界和政界的关注。从现代奥运会的发展历史来看，1896 年第 1 届现代奥运会在雅典举行，来自 13 个国家的 295 名运动员参加了 9 个大项的比赛。经过百余年的发展，现代奥运会的规模逐渐壮大。到了 2000 年第 27 届悉尼奥运会，参赛国家和地区达

到 200 个，有 11000 名运动员参加 28 个大项 300 个小项的比赛。此后的第 28～32 届奥运会，参赛国家（地区）都超过 200 个，人数也是过万人，小项达到 300 项以上。此外，奥运会的举办地也由欧洲地区向亚洲、大洋洲、拉丁美洲、非洲等地拓展；而且，参赛的运动员也打破了以男性为主的局面，男女参赛比例逐渐趋于平衡，在 2020 年东京奥运会上，女性参赛比例达 48.8%。由此可见，现代奥运会吸引了全球众多国家的参与，为推动国家和地区体育运动的发展起到了积极的作用。

奥运会以其独特的魅力得到大众的关注。关注本国运动员或国外自己喜爱的运动员成为一大表征，特别是有自己国家的运动员参赛时，本国的国民会报以极大的热情去观看比赛，形成国民集体观看的"狂欢仪式"，这也是奥运会吸引全球各个国家民众"驻足"观看的原因之一，且在我们的访谈中也有所体现，很多受访者表示喜欢观看自己国家运动员的比赛，身边的亲朋好友也是如此。例如，有受访者表示："我从 2004 年雅典奥运会时开始关注奥运会这项赛事，当时只记得铺天盖地的都是刘翔夺冠的消息。当时还在上小学，只能通过电视报道来获取新闻，回忆一下当时的早间新闻、午间新闻、新闻联播以及滚动的新闻字幕都是夺冠的报道。虽然当时年龄较小，但还是感到十分的震撼和骄傲。受刘翔夺冠的影响，从那时开始我就渐渐地关注并喜欢上奥运会这项赛事。最开始我关注田径比赛中的径赛类项目，最喜欢的就是男子 100 米这项运动，就是简简单单地觉得运动员们跑得真快，被他们的速度折服。到了 2008 年北京奥运会，那时的我已经成为一名初中生，受到多个媒体的大力宣传和身边同学以及亲友的影响，更加关注奥运会。从奥运火炬的传递到奥运会开幕式上款款走来的'烟花脚印'，以及各国家奥运代表队入场……其中印象最为深刻的就是，我国篮球巨星姚明挥动着国旗带领着中国奥运国家代表队压轴出场时的全场沸腾，我和家人们在电视机前也不由自主地站起来举臂呐喊，那种民族自豪感油然而生。也是从 2008 年北京奥运会开始，我开始真正地'非常关注'奥运会这项赛事，记住了'更高、更快、更强'的奥运口号，开始热爱运动、热爱体育、关注每一届奥运赛事和国家队的表现。"

另一位受访者也谈到特别关注中国运动员的表现。他表示，"印象最深的是 2008 年在家门口的比赛，中国跳水队的表现至今令人难忘。跳水队被国人自豪地称为'中国梦之队'，我对郭晶晶的 3 米板比赛现在还有印象。那届比赛我们拿了 51 块金牌，位居金牌榜第一，这是值得中国人骄傲的事情，至今记忆犹新。印象比较深刻的还有林丹近乎恐怖的超高球技。在后面几届奥运会中，对我国的一些运动员也有特别关注，2012 年的伦敦奥运会，我观看了中国乒乓球队的每一场比赛，女队李晓霞、丁宁等队员，以及男队王皓、马龙等队员都给我留下了很深刻的印象，还有游泳项目中叶诗文等队员的出色表现令我和身边的人都非常开心。2016年里约奥运会我国选手发挥得不错，傅园慧的'我已经用了洪荒之力'、中国女排从垫底到夺冠的逆风翻盘、丁宁'大魔王'等都令人记忆犹新。2020年东京奥运会时间上离现在比较近，记忆也很清晰，例如，清华大学杨倩获得的首金、陈梦的乒乓女单冠军、马龙的乒乓男单冠军、吕小军举重冠军、全红婵的10米跳水冠军，以及苏炳添的亚洲速度9秒83等。总体来讲，我一直比较关注的就是中国的一些优势项目，包括身边的朋友也是一样，比如，关注跳水、乒乓球、羽毛球等项目，也会特别关注一些明星选手，因为他们在自己所在的项目中'拥有统治地位'或突破了中国以往的成绩，这些看着过瘾，感觉运动员为我们争了光，也能感觉到中国的强大"。

（二）奥运会的人文精神激励和教育着广大民众

奥运会之所以能吸引大众和媒体的关注，除了全球的国家几乎都参加之外，还有其积淀深厚且影响深远的奥运精神，它指引着体育的发展方向，起到教化人类的作用。对《奥林匹克宪章》奥林匹克主义分析后可以看到，第一，"相互了解，友谊、团结和公平竞争"是奥林匹克主义的核心内容。因为，如果没有上述内容，奥林匹克主义就不可能得到贯彻，奥林匹克运动也无法实现促进世界和平以及建立美好世界的目标。第二，"更快、更高、更强"成为后来奥林匹克的传世格言和精神支柱，它指引着全世界运动员积极拼搏、努力进取，创造了人类一个又一个奇迹。2021年7月20日，这句格言得到进一步改进，在国际奥委会第138次会议上，通过投票表决把这一格言改为"更快、更高、更强—更团结"，国际奥委会主席巴赫（Thomas Bach）解释称：当前人类面临着各种巨大的挑战，为了实现更高、更快、更强，我们需要在一起共同应对，我们需要更团结。团结推动了我们的使命，通过体育让世界变得更美好，我们只有团结一致，才能更高、更快、更强。第三，"参与比取胜更重要"。这一名言是顾拜旦于1908年7月24日在第四届伦敦奥运会提出的，有人把其错误地理解为"重在参与""重要的是参加，而不是取胜"等。事实上，在顾拜旦看来，对人生，对奥运会而言，凯旋与战斗都重要，但是相比之下，战斗更为重要。它的精辟之处是不以争夺奖牌和名次作为唯一目标，而是要积极主动地参与其中，在追求"更高、更快、更强"的过程中，不断超越自己，超越他人，实现理想。在这一名言的号召下，无数运动员在没有希望拿到奖牌的情况下，仍然积极参与，努力拼搏，展示出奥林匹克所倡导的奋斗精神。另外，还有"和平、友谊、进步""体育为大众"等奥运理念一起组成了奥林匹克精神的内涵体系，这种精神体系不存在歧视，并按照互相理解、友谊、团结和公平比赛的奥林匹克精神来教育青年。① 其实，现代奥林匹克运动的发起人顾拜旦一开始就想通过奥林匹克精神来激励和教育青年一代。教育在每届奥运会都有所体现，正如熊斗寅所言：教育是奥林匹克运动的核心。② 总之，奥运会激励着运动员，也教育和指引着全球广大民众的生活，激发他们创造自身价值的热情。正因为如此，奥运会才能成为人们普遍喜爱的体育盛会。

（三）奥运会独特的系列仪式吸引着世人的目光

奥运会具有不同于其他赛事的一系列仪式，并一直从古代延续至今。古奥运会起源于宗教祭祀仪式，其程序性仪式大致包括：圣火周游各邦、裁判员运动员宣誓、竞技比赛、颁奖和圣餐等，其目的是娱乐神明、祈求平安。现代奥运会的仪式大多来自古代奥运会，现代奥林匹克运动发起人顾拜旦认为："正是由于这些仪式使奥运会有别于普通的竞技运动会。"③ 起初，顾拜旦提出的体育宗教思想，试图借助宗教的力量发扬奥林匹克运动。如今，虽然现代奥运会失去了宗教的意义，而成为独立于宗教之外的、人类最大的体育竞技盛会，但是，现代奥运会不仅传承了"奥林匹克运动会"的命名、以4年为一个"奥林匹亚"纪年方式、"公平竞赛"和"身心和谐发展"等思想，而且，最突出的特征之一就是它继承和发展出一整套独特的仪式体系，这也是现代奥运会最具魅力和特色的部分。经过时间的积淀，现代奥运会形成了圣火传递仪式、奥运会开幕式、竞赛仪式、颁奖仪式和闭幕式等固定模式，这些仪式也是吸引人们驻足观看的重要环节。

1. 圣火传递仪式

火焰象征着追求完美、和平、力争胜利和培养友谊。奥林匹克圣火是奥林匹克精神的最高象征，代表着梦想与希望、欢乐与光明、平等、友谊、和平以及奥林匹克精神所倡导的坚韧不拔等理念。④ 古奥运会开赛前要在宙斯神殿的"圣火坛"前点燃火炬，持火炬周游列邦。现代奥运会圣火传递仪式包括圣火采集、圣火接力和圣火点燃三个部分。圣火传递仪式最早开始于1936年的柏林奥

---

① 国际奥林匹克委员会. 奥林匹克宪章［M］. 詹雷，译. 北京：奥林匹克出版社，1993：7.
② 熊斗寅. 一定要把奥林匹克教育坚持下去［J］. 体育学刊，2008，15（7）：11-14.
③ 任海. 顾拜旦与奥林匹克仪式［J］. 中国体育科技，2001（03）：9-11.
④ 姚远. 现代奥运会火炬传递活动渊源考［J］. 武汉体育学院学报，2004，38（04）：44-45.

运会。首先，要在古奥林匹亚遗址的赫拉神庙前进行圣火采集仪式，然后，按照传递的路线和方案进行传递，并且，必须在奥运会开幕前一天到达主办城市。在开幕仪式上，主会场的主火炬被圣火点燃，预示着奥运会正式开始，而且从开幕至闭幕的整个奥运会期间，火炬将昼夜燃烧。[①] 火炬接力仪式在全球掀起了友爱、和平之风，成为奥运会中最令人期待、最具有影响力的仪式之一。[②]

2. 开幕仪式

1908 年伦敦奥运会首次举行开幕仪式，随着时间的推移，现代奥运会的开幕式不断地得到发展与完善。国际奥委会也对开幕式做出仪式上要求，它包括：(1) 运动员入场。每个国家的队伍都穿着国家特定的制服，列队于印有国名的引导牌后，其中有队员举着本国国旗，运动员们则跟在国旗之后入场。希腊是奥林匹克运动的发源地，因此希腊是第一个入场的队伍，主办国是最后一个入场的队伍，其余国家按照字母顺序依次入场。(2) 国际奥委会主席致辞、举办国最高领导人宣布奥运会开幕。(3) 升奥运会会旗。五环旗是奥运会会旗，是顾拜旦于 1913 年设计的，在 1920 年比利时安特卫普奥运会上首次使用。(4) 奏唱《奥林匹克颂歌》。《奥林匹克颂歌》在第一届现代奥运会上演奏，直到 1960 年罗马奥运会上被定为正式的颂歌。(5) 放飞和平鸽。在 1920 年安特卫普奥运会开幕式上首次放飞和平鸽，时至今日，这仍是开幕式的一个组成部分。(6) 运动员和裁判员宣誓。运动员和裁判员宣誓是古希腊奥运仪式的一部分，在现代奥运会开幕式上，运动员宣誓第一次出现在 1920 年奥运会上，而裁判员宣誓第一次出现在 1972 年慕尼黑奥运会上。在奥运会的发展中，也增加了升主办国国旗和奏国歌的仪式，还加入了主办国的文艺表演环节。

3. 竞赛仪式

许多学者把奥运会竞赛也看作一种仪式，竞赛也是整个奥运会仪式的主体部分。现代奥运会继承了古代奥运会的一些项目形式，比如，赛跑、拳击、标枪、赛马等。但现代奥运会竞赛仪式目的和古代奥运会有很大不同，古代奥运会是以娱神为目标，以诸如赛车等军事需要的技能为主要竞技项目。而现代奥运会是以人的发展为目标，是在一致的规则下，以"公平竞赛"为基础，以"更高、更快、更强"为宗旨，包含了挑战人类极限的众多项目。发展至今，每年奥运会由来自全世界最高水平的运动员参加 30 个左右大项，300 多个小项的

---

① 曹展，孙春艳. 奥运会圣火传递仪式的价值理论与实践探析 [J]. 武汉体育学院学报，2009，43（05）：22-25.

② 王成，田雨普. 奥林匹克仪式变迁及其当代价值 [J]. 体育文化导刊，2008（12）：42-44，55.

比赛项目。竞赛也涵盖了不同的项目与人群，比如，冬季奥运会的冰雪项目、青少年人群等。

4. 颁奖仪式

现代奥运会颁奖仪式来源于古奥运会赛后授予橄榄桂冠的仪式，只不过橄榄桂冠被换成了奖牌。在1986年第一届现代奥运会上，第一名的奖励是橄榄桂冠和一块银牌，第二名则获得铜牌和桂冠，到了1904年美国圣路易斯奥运会改为分别授予前三名金、银、铜牌，并一直延续至今。古奥运会颁奖时呼报城邦的名字，在现代奥运会被升国旗奏国歌代替。自1932年洛杉矶奥运会开始，举行获胜方的升国旗奏国歌仪式，而且，从此以后，颁奖仪式是在每项比赛后马上进行，而不是在闭幕式那天统一举行。

5. 闭幕式

闭幕式是在奥运会最后一天，全部比赛结束后举行。概括起来，闭幕式包括：（1）运动员入场。每个国家的运动员代表混合在一起，8~10人一排举行入场仪式，象征着奥林匹克运动友好团结的价值追求。（2）会旗交接仪式。奥运会会旗由主办方交给下一届奥运会主办城市。（3）国际奥委会主席致辞。国际奥委会主席号召全世界年轻人四年后再相聚。（4）文艺表演。由主办国主导的大型文艺表演，象征着友谊、团结，也展现了主办国的历史文化。（5）运动会结束仪式。国际奥委会主席宣布奥运会闭幕，在奥运会会歌的伴奏下，奥运会会旗缓缓降下，奥运圣火熄灭，运动会结束。

可见，现代奥运会是全球性的、备受关注的事件，具有广泛的参与度与深刻的精神内涵，它以高水平的体育竞赛为主体，把文化、历史、音乐、歌舞等融入其中，与媒介牵手创造出盛大的、全球性的"狂欢节"。

二、互利共赢：当奥运与媒介联姻

正如上文所言，奥运会是全球性的大事件。这种大事件也需要大众的了解与支持。媒介的出现，为实现奥运会的大众传播提供了可能。奥运会利用不同的媒介为其服务，从城镇到全国，从全国到洲际，从洲际到全球，媒介逐渐打破了空间的限制，把奥运会的各种资讯带到全球的各个角落，使奥运会成为全球都可以观看的媒介事件。而作为媒介而言，它需要收集新闻向社会发布，寻找好玩、刺激、重大、引人注目的报道内容才能吸引受众的关注。在传播方式上，媒介特别是电视媒介把传播的事件渲染放大，烘托出节日性的气氛。然而，美国奥运史学家约翰·麦卡卢恩（John mcclaren）则认为：节日意味着在场，有了距离就不是节日……由媒介来搞节日的想法是靠不住的。因此，他认为电视演出是降格的表演，观众则是二级观赏者。与此相反，戴扬和卡茨认为电视制造节日是可能的，媒介事件的观赏者也可能跨越阈限的分界而进入节日、仪式和比赛。的确，他是叠加在原发事件之上的电视的再现，但他也可以创造自己家里的节日和仪式，电视把奥运会征用到自己的传播框架之中，形成大众狂欢的、仪式性的传播和收视，这是对电视传播奥运会形成节日化传播的生动注解。事实上，奥运与媒介的联姻已经是不争的事实，从现代奥运会发端到现在，这种联姻在你中有我、我中有你的融合中不断发展。

（一）奥运与媒介联姻的历史演变

在奥运会发展的 100 多年历史中，奥运与媒介的融合形成了奥运传播，其大致经历了以下三个阶段：

1. 萌芽阶段（1896—1936）

现代奥运会与报纸的联姻始于奥运会诞生之初。从 19 世纪 30 年代起，由于近代印刷技术的发展，报纸成为传播体育信息的重要媒介。当时，"便士报"是体育新闻的摇篮，1830 年至 1865 年这个阶段成为体育新闻"被大众所认可的时期"①。到了 19 世纪 80 年代，为了吸引读者，各报纸对体育新闻尤为重视，促使体育新闻正式登上大众传媒的舞台。② 在 1896 年的首届奥运会期间，希腊的《信使报》是其报道的主要媒介，欧美的各大报纸也对其进行了宣传。除了报纸之外，海报是第 1 届奥运会的主要传播媒介之一。另外，为了弥补财政不足，希腊政府拨款 40 万德拉马克，邮政部门利用这笔资金发行了一套关于古奥运会的邮票，对宣传奥运起到了积极的作用。

广播出现在 1920 年，很快也被应用到奥运传播之中。在 1924 年巴黎奥运会和 1928 年阿姆斯特丹奥运会上，广播报道奥运会得到广泛使用，但其传播的范围仅仅局限于欧洲的部分地区。到了 1932 年洛杉矶奥运会上，本该广播大展拳脚，但组织者和好莱坞制片商出于自身利益限制广播大规模报道奥运会，因此，广播也没能很好地介入该届奥运会的宣传之中。

一般认为，1936 年 BBC 的正式开播是电视开始的标志。1936 年柏林奥运会上，首次把奥运比赛通过电视进行传播，电视台通过一个闭路系统，向柏林及附近的 16 万人播放了奥运会，开启了电视传播奥运会的历史。但是，作为一个新生事物，由于电视普及、远程传送等方面存在的问题，电视传播奥运会还处在探索阶段。1936 年柏林奥运会期间，广播是主要的传播媒介，也使广播传播

---

① 布鲁斯，马克．体育新闻报道［M］．郝勤，译．北京：华夏出版社，2002：17.

② 郝勤．体育新闻学：第 2 版［M］．北京：高等教育出版社，2011：22-23.

奥运会达到了顶峰。

总体来看，这个阶段奥运会传播利用的媒介主要是报纸和广播，传播的组织结构比较松散，传播范围比较小。在这个阶段，旧中国也有对奥运会的报道。《字林西报》在1896年第一届现代奥运结束后不久刊发了奥运会开幕和比赛的消息，而且还从1924年就开始关注历届冬季奥运会的情况。中国奥运报道与现代奥林匹克运动会的发展几乎同时起步。但是，由于《字林西报》是由英国商人奚安门在中国创办的，面对的人群大多是在中国的外国人群体和少数中国精英人士。因此，没有普及国内的大众受众群体，而且报道折射出东西方国家之间的政治倾向比较浓烈。① 相对来说，1932年和1936年的奥运会在中国的报道小有规模，一方面原因是这两届奥运会都有中国运动员参加，另一方面原因是中国对体育的认识有所改观。1932年第10届奥运会期间，《申报》每天用半个版面报道奥运会情况，并对我国运动员刘长春做了比较详尽的报道。1936年第11届奥运会期间，《申报》每天用一个版面报道比赛情况，《大公报》则推出了奥运特刊。

2. 有序探索阶段（1948—1988）

1940年和1944年的奥运会因为第二次世界大战而停办。在1948年伦敦奥运会上，广播还是主要的媒介，英国的BBC用40种语言对奥运会进行了解说。1952年和1956年是最后两届广播报道优于电视转播的奥运会。此后，电视技术的不断成熟和广泛使用，使电视本身的优势显现出来，电视也成为宣传奥运会的主要媒介。

当然，电视取得奥运传播的"霸权"地位也经历了曲折的过程，它包括电视的普及率、电视由转播实现直播、电视实现跨国传播、电视的慢动作回放等技术的进步。在1948年伦敦奥运会上，英国BBC公司对奥运会进行了64小时27分钟的转播，当时英国拥有8万台电视机，约有50万人通过这8万台电视机收看了奥运转播。首次进行奥运实况直播是在1956年科蒂纳冬奥会上，而首次向欧洲、北美洲及日本等国进行跨国电视直播是在1960年罗马奥运会上。以前的电视只能通过胶片和录像带这种物理形式进行传播，20世纪60年代，苏联和美国相继成功发射了人造地球卫星，使奥运会大规模全球电视传播成为可能。1964年东京奥运会上，首次利用卫星进行全球实况转播。当时的日本家庭的电视普及率达到93.5%，在日本队参加的排球决赛中，电视的收视率高达85%。

---

① 魏伟.《字林西报》奥运会报道始端及内容变化特征研究［J］.北京体育大学学报，2020，43（6）：53-64.

1972 年慕尼黑奥运会出现了电视慢动作回放等技术，为奥运会展示增添了更大的魅力。

在 1984 年洛杉矶奥运会上，共有 156 个国家获得了电视或广播的转播权，通过电视全球约有 20 亿人收看了此次奥运会。"超级慢动作"和多画面等技术也在这届奥运会中得到应用。在 1988 年汉城奥运会上，30 个场馆共设 1076 个摄像机位、1173 个解说席位用于电视直播，进一步提升了电视直播效果。

由此观之，在这一阶段，当电视及其传输技术不断发展，电视凭借其图像和仿真技术逐渐成为奥运会传播的主体媒介，声、影并茂地展示着奥运会，为大众了解奥运会以及推动奥运会的发展做出了积极的贡献。

3. 成熟阶段（1992 年至今）

从 20 世纪 90 年代开始，奥运传播更加多元化，形成了以电视为主，网络、报纸、手机等混合参与的模式。广播虽然已经不是主流媒介，但它也为不同需求的人群带去便利。2004 年雅典奥运会，上海体育广播成立了"奥运频道"进行 24 小时不间断播放。2008 年奥运会在我国北京举行，也得到多种媒介的联合报道。中国公众从电视、报纸、互联网获取奥运信息的比例占据前三位。而且，如表 2 所示，在北京奥运会期间，"京、沪、穗"三城市的受众接触媒介的行为具有重叠性，他们同时使用电视、报纸和网络的比例均超过 60%。除手机电视用户外，对电视媒体的重叠度均接近 100%。

表 2　北京奥运会期间受众对不同媒体接触行为的重叠率①

三城市	观看电视	收听广播	阅读报纸杂志	上网	看车载电视	看手机电视	看街面/楼宇电视	看户外电视	使用其他媒体
电视观众	100	25.6	59	56.3	32.5	2.1	7.2	13.1	6
广播听众	100	100	79.4	61	41.5	3.7	9.2	21.4	10.5
报纸杂志读者	99.8	33.9	100	60.8	43.6	3.2	10.6	17.6	9
互联网用户	99.3	27.5	64	100	38.8	3.3	7.4	15.9	8
车载电视观众	99.8	32.6	80	67.5	100	5	15.2	27.5	8.9
手机电视观众	94.8	43.1	87	83.5	73.8	100	31	40	40.2

① 王兰柱. 跨媒体传播中的受众选择——以奥运跨媒体传播为例 [J]. 现代传播-中国传媒大学学报，2009，（05）：38-42.

续表

三城市	观看电视	收听广播	阅读报纸杂志	上网	看车载电视	看手机电视	看街面/楼宇电视	看户外电视	使用其他媒体
街面 楼宇电视受众	99.2	327	87	57.9	68.3	96	100	54.9	15.5
户外电视观众	100	41.8	80	68.9	68.6	68	30.4	100	159
其他媒体受众	100	45	90	76.2	48.5	14.9	18.8	34.8	100

这一时期，电视继续保持自己直播的强劲优势，并通过售卖电视转播权等方法解决举办奥运会的经济困窘。例如，在 2000 年悉尼奥运会上，澳大利亚电视台播放了 3400 小时的奥运实况；2004 年奥运会共有 300 多个电视频道对比赛进行了 3500 小时的播放，每天平均节目播放量达到 200 小时，约有 39 亿人收看了比赛实况①；2008 年北京奥运会，通过电视收看开幕式的人数就达到了44 亿。

报纸是大众媒体中最传统和最常用的媒介，报社也在不遗余力地加强力量对奥运会进行报道。有资料表明，2004 年雅典奥运会期间，甘耐特集团的《今日美国》、今日美国网站和甘耐特新闻社共派出 70 余名记者去雅典；亚特兰大的考克斯报业集团派出 15 名记者；《达拉斯早新闻》派出 12 名记者；斯克里普斯报业集团派出 8 名记者到现场进行采编。在我国，报纸扮演着报道奥运会的重要角色。2000 年悉尼奥运会期间，上海三家主流媒体《文汇报》《解放日报》和《新民晚报》都开辟了类似"每日一评"的栏目。《文汇报》开设的栏目是"马申评论"；《解放日报》的开设栏目是"悉尼边鼓"；《新民晚报》开设的栏目是"秦天论道"。随着媒介的融合发展，出现了网络电子报纸，这极大地提升了报纸宣传的力度和影响力。

网络是 20 世纪末进入奥运会传播的。它的发展大致可分为：Web1.0、Web2.0、移动互联网三个阶段。1996 年亚特兰大奥运会，奥运信息网络传播开始进入 Web1.0，推出了奥运会的网站 www.atlanta.olympic.org；2000 年悉尼奥运会也建立了官方网站，这两届奥运会传播内容以文字和图片为主，更像传统印刷媒介在网络上的延伸；2004 年雅典奥运会，国际奥委会开始尝试通过网络传播奥运会的视频内容，但只是在很少的几个地区和国家实验性播放，例如，

---

① 郝勤. 奥林匹克传播：历程、要素、特征：兼论奥林匹克传播对北京奥运会的启迪 [J]. 体育科学，2007（12）：3-9.

欧洲的网络公司、美国的 NBC 等。自 2008 年北京奥运会以来，奥运传播开始向 Web2.0 转型。与 Web1.0 不同，Web2.0 的特点是参与性、展示性和信息互动性。在 2005 年之后，以优酷、土豆、博客、豆瓣、人人网等为代表的社交媒介兴起，它们是典型的 Web2.0 时代的产物。在北京奥运会上，国际奥委会开始加大网络视频的传播力度，在 YouTube 上建立了 "Beijing 2008" 频道，每天免费向无点播权的 78 个地区发送 3 小时的奥运集锦，但是，为了保护电视转播商的利益，没有进行奥运视频直播。2012 年伦敦奥运会，社交媒体扮演着重要的角色，这届奥运会也被称为 "社交奥运"，通过 YouTube 平台，国际奥委会第一次实现在网络上提供奥运直播服务。2008 年下半年，随着苹果 iPhone3G 的应用和开放 App Store，以及 Android 操作系统的发布，宣告移动互联网时代来临，带来移动互联网视频用户急剧攀升。根据第 37 次发布的《中国互联网发展状况统计报告》，截至 2015 年 12 月，中国网络视频用户达到 5.04 亿，使用率为 73.2%，其中手机视频用户为 4.05 亿，使用率为 65.4%。2016 年随着 4G 通信技术的发展和手机智能化的提高，越来越多的用户通过手机终端观看了里约奥运会的视频内容。在里约奥运会上，奥林匹克广播服务公司第一次用虚拟现实技术制作了 85 小时的直播信号，受众可以佩戴虚拟现实头戴式显示器体验 360 度的现场沉浸式效果。

在如今的互联网时代，新媒体使人们通过网络全面参与到奥运传播中，虽然互联网没能取代电视的地位，但奥运报道呈现出形式多样化和媒介融合的趋势。传统媒体（报纸、广播、电视）的内容已经在网站得到呈现，电视和网络视频的复播和重复性收看变成现实。例如，在 2021 年 7 月 23 日至 8 月 8 日举行的东京奥运会上，中国中央广播电视总台圆满完成报道任务。截至 8 月 8 日，相关赛事报道在总台的跨媒体平台总触达人次 479.05 亿次。其中，新媒体端用户总触达人次 170.53 亿次，电视端观众触达人次为 308.52 亿次。央视体育频道还策划了《奥运新闻》《全景奥运》等专题节目，讲述中国运动员奋斗的故事，其间，共制作新闻专题节目 900 余条，逾 1800 分钟。[①]

随着 5G 技术的不断成熟，人类社会进入数字 3.0 时代，加速了奥运沉浸式传播模式的构建，以大数据为核心的精准化算法提供多元服务，对受众进行精准画像，重构沉浸式场景体验。[②] 2021 年举办的东京奥运会，是唯一一届没有

---

① 孙楠. 中央广播电视总台圆满完成东京奥运会转播报道［J］. 电视研究，2021，381（08）：1，6.

② 莫湘文. 从 4G 到 5G：新媒体广告信息传播路径的变革与重构［J］. 出版广角，2020，371（17）：75-77.

现场观众的奥运会，这对奥运传播提出新的挑战，也为数字化介入提供了良好的契机。国际奥委会在《奥林匹克2020+5议程》中提出了数字化的发展方向，即以创新传播方式和以运动员为主的叙事，来实现运动员与受众的数字化互动，旨在增强奥运会的独特性和普遍性，这也是在数字3.0时代对奥运传播困境的新回应。① 在2022年北京冬奥会上，4K超高清电视全程直播、8K超高清实验直播，开启了奥运数字化传播的新篇章。

此外，手机可以随时接收相关资讯，观看视频录像，它的移动性和便携性使随时观看成为可能。因此，借助众多的媒介平台，现代奥运传播打造了一个由广播、报刊、电视、互联网等组成的超级传播系统。可以说，我们了解的奥运会都是来自传播的力量。如今，媒介已经从原有的地域传播扩展为全球性的传播，媒介已经成为"社会的中心"，它们控制着人们的周遭世界，建构着奥运会的"媒介现实"，使人们卷入媒介制造的大型狂欢之中，它扩大了奥运会的影响力，对奥运会的发展和壮大有着深远的影响。

（二）互利共赢：奥运与媒介联姻的目的体现

奥运与媒介的联姻不是一种偶然的结合，他们为了各自的目的走到了一起，进而形成了相互促进、互利共赢的局面。

1. 奥运牵手媒介的动因分析

奥运会牵手媒介至少有以下三个原因。第一，扩大奥运会在地区乃至全球的影响力。作为全球性的体育赛事，奥运会只有得到各国的认可才能吸引更多国家的参与，才能持续长久地发展。因此，借助媒介的向外辐射性进行积极宣传，使各国了解奥运会的举办情况、赛事的规则、奥运的精神等。其实，在现代奥林匹克初创时期，顾拜旦就主要利用演讲和报纸作为宣传手段与工具。他在《通讯》季刊里宣传奥运思想、报道组建现代奥林匹克运动最新进程，得到欧美新闻界的积极响应和大力宣传，这为现代奥运会的诞生起到了积极的推动作用。1900年和1904年的奥运会都是与世博会一起举办的，虽然奥运会借势成熟的世博会，宣传情况有了一定的改观，但是奥运会成了世博会的传播工具和附属品，生存状况不容乐观。到了1912年斯德哥尔摩奥运会，组委会成立了新闻专委会，使奥运会利用媒介宣传得到了很大的改观，这一届还首次出现了官方电影，一是起到宣传奥运会的作用，二是能保存奥运会的资料。② 从此以后，

---

① 张德胜，王德辉. 数字时代奥林匹克运动传播模式的迭代与创新［J］. 北京体育大学学报，2021，44（08）：9-18.

② 陈国强. 奥运与媒介的双生共荣［J］. 环球体育市场，2008（01）：38-41.

奥组委积极寻求与媒介的合作，从利用报纸、广播宣传到与电视联手，再到与互联网的深度融合，使奥运会在全球范围内形成广泛的影响力，扩大和巩固奥运会的认知度和参与度。

第二，积极宣传奥运精神，倡导共识、和平与团结。坚持奥林匹克精神对青年的教育是奥林匹克运动始终秉持的宗旨，注重对年轻人意志力、进取心、学习态度和团队精神的锻造，培养他们成为和平世界和文明社会的缔造者、推动者。因此，"更高、更快、更强""公平竞赛"等奥运精神鼓舞着一代又一代的人们，而且，现代奥运会继承和发扬了古代奥运会的"神圣休战"条约，利用媒体对奥运会休战条约进行宣传，是对战乱进行的和平干预，对奥运会期间违反休战条约的组织进行谴责与体育方面的处罚，从而通过媒体积极引导地区和世界的和平。而且，在奥运会举办期间，主办国也会提出口号，号召大家相互交流，团结进取。例如，2008 年北京奥运会提出"同一个世界，同一个梦想"的口号，激励了无数年轻人为奥运、为和平做出努力；2012 年伦敦奥运会提出"激励一代人"的口号，希望体育运动成为全世界青少年生活的一部分，激发他们创造自身价值的热情和团结精神；2016 年里约奥运会"一个新世界"口号，号召年轻人为创造一个新世界而努力；2020 年东京奥运会的"激情聚会"口号，表达了五湖四海的朋友相聚在奥运会上，相互认识，相互交流，进而团结凝聚起来；2022 年北京冬奥会提出"一起向未来"口号，强调利用集体团结力量，一起创造美好的未来，此外，北京冬奥会还积极倡导构建"人类命运共同体"，使全世界人们紧紧连接在一起，这也是奥林匹克的核心价值观体现。

第三，利用媒介，谋求举办奥运会的经济来源。20 世纪 70 年代，奥运会虽然在全球范围得到长足的发展，但难以为继的经济问题始终困扰着奥运会的发展。萨马兰奇就任国际奥委会主席后，为了摆脱奥运会的经济危机，倡导奥运会适度的商业化，他积极谋求与媒体的合作，让媒体了解和宣传奥林匹克运动，同时，利用奥林匹克运动的独特魅力，增加奥组委的经济效益。电视转播权和赞助收入是奥运会两个的主要资金来源，而这些又与媒介环境，特别是电视媒介的全球普及息息相关。1948 年伦敦奥运会上首次出现了"电视转播权付费"原则，英国广播公司给予组委会 3000 美元，获得了电视转播权。然而，电视转播权带来的商业归属问题日益凸显。为解决这一问题，国际奥委会在 1958 年《奥林匹克宪章》中首次对电视转播权进行了规定："现代电视转播权由组委会出售，同时需要得到国际奥委会的批准，转播权的出售流程需按照相关规定执行。"① 1978 年的《奥林匹克宪章》暂行版中规定了电视转播权费用的分配办法为：总收入的 2/3 归举办国家的奥组委，1/3 分配给国际奥委会。电视转播权收入是奥林匹克运动的最大单项收入，随着电视直播奥运会商业价值的不断挖掘，其电视转播权也逐步攀升。1980 年莫斯科奥运会，电视转播权费用为 1.01 亿美元；1984 年洛杉矶奥运会为 2.87 亿美元；1988 年汉城奥运会为 4.03 亿美元；1992 年巴塞罗那奥运会为 6.36 亿美元；1996 年亚特兰大奥运会为 8.95 亿美元；2000 年悉尼奥运会为 13.18 亿美元；2004 年雅典奥运会为 14.82 亿美元；2008 年北京奥运会，电视转播权收入达到 16.97 亿美元，到了 2011 年 NBC 投资 43.8 亿美元购买截止到 2020 年奥运会的独家转播权，可见奥运会的电视转播费用在不断地攀升。在奥运赞助商方面，同样存在着激烈的竞争，1984 年奥运会规定，一个行业只接受一家公司的独家赞助，可口可乐公司以 1300 万美元击败百事可乐成为这届奥运会最大赞助商。1996 年亚特兰大奥运会，可口可乐出资 1200 万美元拿到奥运火炬接力赛的主办权，亚特兰大奥运会也成为可口可乐奥运会，1996 年年底，可口可乐的销售占据海外软饮市场的一半以上。全球年度箱装饮料销量增加 8%，其中，在美国本土销量增加了 6%，赞助效果凸显出来。从 1988 年开始，国际奥委会在与企业合作的 TOP 计划中取得的收益从 9500 万美元增长到 2008 年的 8.66 亿美元。② 至此，国际奥委会不断完善赞助条例，为举办奥运会解决了经济来源问题，同时也获得了丰厚的收益。

2. 媒介征用奥运会的缘由分析

有一个值得我们思考的问题，为什么媒体会不遗余力地传播奥运会，它们难道只是想制造节日效果，娱乐受众？其实，这是"眼球经济"的作用。奥运会是全球性的事件，具有稀缺性、影响力的广泛性等特征，媒体利用传播奥运会吸引大量的受众，在传播过程中植入了赞助商的广告。受众被打包贩卖给了赞助商，媒体获得了赞助费，赞助商的产品得到了受众的了解，受众成为潜在的购买者。自 1984 年洛杉矶奥运会之后，奥运会吸引着庞大的受众群体，其引发的商业效益，使其成为商界和媒体关注的焦点。

报纸和电视在奥运会传播中吸引着各自的受众，创造出不菲的经济价值。如果说电视让人们享受到奥运直播的同步性和直观性，为人们提供了一场盛大

---

① International Olympic Committee Oympic Charter（1958）［R/OL］. 国际奥委会，2016-03-20.

② 黄志平. 奥林匹克运动会市场开发模式研究——第三方付费营销战略视角［J］. 生产力研究，2011（01）：107-109.

的视觉盛宴，那么，报纸则为消费者"烹制"了文化大餐，报纸用优美的文字、修辞的语言和图像等为人们勾勒出全景奥运。另外，报纸还具有对事件进行深度报道，挖掘事件背后的故事，抓拍生动活泼的图片，兼之百花齐放的评论，灵活多变的版面设计等特点。报纸的这些优势也是其最大的卖点，因此得到受众和商界的青睐。同时，电视吸引着大量的民众，高水平的竞技比赛似乎和电视广告是天造地设的一对，这也是广告商求之不得的广告领地。在国际奥委会的努力下，电视转播商和奥运会实现了"双赢"，也促使媒介进一步全面涉足奥运会传播。

网络媒介在传播奥运会中的角色似乎更为复杂。它能提供奥运视频，但其画质和网络稳定性不及电视；它有丰富的奥运信息，但电脑不像报纸那样随处可看，手机也不像报纸那样有合适的字体等。但是，网络也有其独特的优势，那就是资料丰富，而且想说就说。首先，网络通过搜索引擎，很容易地搜集 10 年前或更远时间的奥运报道，让受众随时想看什么就看什么。利用网络，我们可以看到错过的奥运精彩赛事，重温有现场感的精彩瞬间……这些都是电视和报纸所不能及的。其次，电视媒介是别人说你听，其间受众和媒体间交流互动很少。而网络媒介给人们提供了想说就说的空间，只要你想发表想法，就可以利用电脑、手机等媒介，在博客、论坛、微信、QQ、直播室等网络平台发表言论。正因为如此，这些网络媒介吸引了大量的受众，也成为商家关注的领域。不过，网络媒介的视频发布受到国际奥委会权力的限制。直到 2012 年伦敦奥运会，国际奥委会对于社交媒体发布奥运信息的态度从中立变为鼓励。首次制定的《社交媒体、博客和互联网使用指南》中规定：人们可以通过社交媒体发布他们的经历，但不是用于广告或商业。① 在 2016 年里约奥运会上，国际奥委会再次强调在进行网络发布时要尊重第三方权利和奥林匹克价值观，而且规定社交媒体只能代表个体，不是新闻形式，也不是赛事直播形式，只能使用第一人称和日记体的格式。② 但对赛场核心区域的音视频进行了各种限制，主要是保护电视转播商和赞助商的利益。

可以说，不同的媒介都有各自的优势和偏向，同时也受到不同权力的制约。但是，自 1984 年以来，媒体把每届奥运会都作为自己重要的报道内容之一，

---

① International Olympic Committee. IOC Social Media, Blogging and International Guidelines for participants and other accredited persons at the London 2012 Olympic Games [R/OL]. 国际奥委会，2016-04-20.

② International Olympic Committee. IOC Social and Digital Media Guidelines for persons accredited to the Games of the Xx oympiad Rio 2016 [R/OL]. 国际奥委会，2016-04-21.

"虽然离奥运会还有一年时间，许多企业已经开始增加广告费用，从而给各类媒体带来了巨大的商机，媒体只要能给受众'好看'的，那么财源就会滚滚而来"①。总之，从奥运会诞生开始，奥运会就利用媒体扩大其影响力，媒体也乐于征用奥运会，充实其报道内容，也带来不菲的经济收益，而且这种奥运会的全球传播也制造了一种仪式、一种节日的氛围，它把人们聚集起来，勾起人们的集体记忆，引发认同感。

三、奥运传播：超越现场的"奥运–媒介"仪式

一般认为，奥运传播就是奥运会的各种资讯通过媒体发送给受众的过程。不过，从媒介仪式的视角来考察奥运传播会有不同的意蕴。从上文可知，媒介仪式的思想渊源来自詹姆斯·凯瑞提出的传播的"仪式观"。凯瑞把传播分为两类，他认为，在"传递观"中，人们用"传授""传送""发送"等词来定义传播。而且，无论是电报、电视还是互联网都没有改变一直以来"传播源自运输与地理方面的隐喻"。然而，传播的"仪式观"则是从仪式的视角来理解传播。从本体论上讲，仪式与传播有着逻辑联系并且具有同一家族的特征。在古代，它们就具有同一性和共同的词根，都和"参与""团体"等词有关，体现出"沟通""共性""共有"与"共享"的意蕴。可以说，传播是以仪式为隐喻的，即传播等同于仪式，仪式是传播的实质②，这也成为分析传播的工具。

（一）奥运传播："奥运"+"媒介"形成的超现场时空

从上文可知，奥运与媒介的联姻始于现代奥运会诞生之际，之后它们的融合就越发紧密。奥运会利用媒体使自身有了长足的发展，而奥运会的场面宏大，影响深远，也成为各大媒体竞相报道的稀缺资源。通过报纸、电视、网络等众多媒介，奥运实况呈现在受众眼前。但是，它不同于现场观看奥运会，电视的现场，网络的海量，报纸的墨香，广播的遐想，构成了一个媒介的奥运会，③ 具有拟态性的特征。因为，人们不是真正在奥运现场，他们看到的只是通过媒体编辑，媒介传输，进而呈现的奥运"媒介现实"。一方面，这种媒介现实是以奥运会现场为报道基础的。另一方面，它是以媒介为载体形成的超越现场的时空。这种超越时空打破了到奥运现场观看的束缚，媒介跨越了地理边界，把"空间"

---

① 李光斗．媒体奥运传播的制胜之道 [J]．传媒，2007（09）：23．

② 刘建明．传播的仪式观：仪式是传播的本体而非类比 [J]．湖北大学学报（哲学社会科学版），2018，45（02）：152–158，169．

③ 陈国强．奥运与媒介的双生共荣 [J]．环球体育市场，2008（01）：38–41．

扩展到媒介所能到达的任何地方，召唤全世界的人们不同空间、同一时间、同一事件下共享同一个声音、同一幅画面、同一种表情。比如，2008 年北京奥运会，有 47 亿观众收看了该届奥运会的各项赛事活动，人数约占全球人口的70%，中国本土有 94% 的观众收看了奥运会。在北京奥运会开幕式上，中国国内收看的观众就有 8.42 亿人，他们聚集在媒介制造的"时空"下，享受着开幕式带来的视觉、文化盛宴。

（二）奥运传播："奥运"+"媒介"形成的仪式化行为

从媒介仪式视域来看，奥运传播是媒介精心组织的仪式化行为。奥运传播中形成的媒介仪式可以分为三个相互连接的层次，它们也是奥运传播的仪式化过程，表现为：媒介表达方式的仪式化、传播内容的仪式化和受众收视行为的仪式化。

1. 媒介表达方式的仪式化

在传播奥运会内容的过程中，媒介传播方式也具有仪式化色彩，成为奥运传播中又一结构性内容。具体来讲，媒介传播方式的仪式化表现在：

第一，媒介组织编排的程序化。媒介组织作为传播者，在传播中已经形成了惯例性和仪式化倾向，它们对媒体化的产品出版发行或演播都在固定的场所或时间段有规律地进行，如电视播放提前安排好了节目播放的顺序，中间休息也会配以相应的广告等内容，受众也了解节目的安排，并定时观看喜爱的媒介事件。雷蒙德·威廉姆斯（Raymond Williams）用"电视流"说明它的仪式化特征，即看电视的受众会无意识地陷入流水般的、不断重复的信息意义接受之中，其气氛犹如参加一场仪式。① 在每届奥运会开始之际，电视、报纸、网络等媒介早早就公布了奥运会的仪式时间，比如，圣火传递的时间、开幕式时间、闭幕式时间等信息，特别是电视已经做出了直播时间表，并在电视台、网络平台、报纸等媒介不断地发送，告知受众何时前来观看。

第二，媒介营造奥运仪式情景。媒体在对奥运会的传播内容经过精心挑选后，对其进行"传媒逻辑"和"议程设置"等处理，并利用叙事手法和修辞手段来营造仪式情景。例如，报纸利用文字叙事、图片修辞、版面设计等凸显奥运仪式；电视运用声音修辞（电视司仪的解说、专家的个人式解读）、视觉修辞（选手的竞赛和文化展演）以及象征器物（国旗、国徽、民族服装）等方式制造仪式感，使大众在欣赏传播内容时快速进入"媒介仪式情景"之中。拉扎斯菲尔德（Paul Lazarsfeld）和默顿（Robert King Merton）称其为媒介的

---

① 张兵娟. 电视媒介仪式与文化传播［M］. 北京：中国社会科学出版社，2016：49.

"麻醉功能"。

2. 奥运传播内容的仪式性

奥运传播是媒体对奥运会的报道。奥运会作为大型国际体育赛事是体育运动的表现形式。不过，体育赛事不只是一场纯粹的竞技活动，它更是一个体育仪式。① 从一般意义上来讲，"仪式是一个高度结构化的标准化的系列，并常常在自身也带有特殊象征意义的特定的地点和时间被上演。仪式行为是重复的，因此也是循环往复的，但这些都服务于重要的意义，并用于疏导感情、引导认知和组织社会群体"②。就体育赛事的典型代表奥运会而言，它符合仪式的非常规性、形式性、展演性、凝聚性③等特点。首先，奥运会有别于人们的日常生活，是在一定时间、一定空间进行的比赛，也具有四年一次的重复性等特征，其本身就是一种仪式。④ 其次，奥运会是以一系列仪式形式组成的展演活动。这些形式包括圣火传递仪式、开幕仪式、竞赛仪式、颁奖仪式、闭幕仪式等形式，在上述这些仪式中，又包含诸多更小的仪式。而且，在这些仪式展演中，参与奥运会的个体行为也具有仪式性色彩，⑤ 譬如，颁奖仪式中的唱国歌行为、获胜之后的身披国旗绕场庆祝行为等。这些仪式场面宏大、影响深远，也是各大媒体竞相报道的内容，人们则通过报纸、电视、网络等众多媒介了解其盛况，参与到仪式之中。可见，媒体对这些仪式进行选择和呈现，体现了奥运传播内容的仪式性。

3. 受众收视行为的仪式化

诚然，媒介有自己的运行规律，但是，媒介不仅能传递信息，也能树立起自己的权威，使其合理化、合法化，它不断巩固着自己的权力与边界，将其日常化和制度化，而且媒介及其构建的文本也已经成为一种仪式，进而影响人们对于媒介本身的感知。

第一，受众的收视习惯的养成。目前，媒介成为人们了解和感知世界的重要载体。通过媒介将遥远的人、事件和物体拉入我们的世界，它能再现历史，展望未来，也使人们对媒介产生了强烈的依赖感，当人们对某种媒介的消费已

---

① 李春阳. 体育仪式：国家认同建构的象征维度：以北京冬奥会为考察对象［J］. 体育视野，2022（15）：1-4.

② 王霄冰. 仪式与信仰［M］. 北京：民族出版社，2008：6.

③ 彭兆荣. 人类学仪式研究评述［J］. 民族研究，2002（02）：88-96，109-110.

④ 李春霞，彭兆荣. 奥运会与大众传媒关系的仪式性分析［J］. 体育学刊，2006（06）：21-24.

⑤ 胡全柱. 奥运仪式的结构及其象征［J］. 山东体育学院学报，2008（11）：14-17.

经成为生活惯例，就会不自觉地、重复地使用某种媒介。譬如，人们会订阅报纸，有规律地按时读报，会围坐在客厅定时收看新闻联播或某档节目。可以说，当代的大众媒介已经成为现代意义上的宗教，一种大众定时参与的仪式行为。如今，手机成为人们必不可少了解远方事件的重要媒介，缺少手机，人们就会难以适应。这就说明受众对大众传媒的消费已经成为一种惯常的行为，即受众对媒介的接近与使用已经具有仪式性的行为特征。① 在奥运会举办期间，人们根据不同的生活情境选择不同媒介来了解奥运会，在家的人们可以通过收看电视或上网来观赏奥运赛况，在上班路上，人们可以通过广播、手机、报纸来获取奥运信息。午间新闻和晚间新闻节目也备受人们的关注，因为从节目中可以集中、快速地欣赏到当天赛场的精彩瞬间。可以说，在十几天的奥运会期间，不管人们选择什么媒介，但进入媒介参加"观看仪式"已经成为人们每天必不可少的生活方式。

第二，观看中的互动，使受众获得"现场仪式感"。现代媒介特别是电子媒介增加了受众的互动环节，在观看奥运会节目时可扫描二维码参与答题与互动，网络直播平台上的"弹幕"功能使观看和聊天同时进行成为可能，受众的参与更容易将个体拉入"奥运-媒介"仪式之中，形成良好的仪式互动和情感体验。

由此可见，媒介仪式是由媒介事件的传播、媒介传播的仪式化方式、人们参与的仪式感等部分组成。首先，奥运媒介事件是传播的内容，它具有盛大性，可吸引众人的注意力。其次，媒介事件要通过媒介，媒介利用多种方式使其传播仪式化，进而创造仪式空间、仪式时间、仪式情景等吸引受众。最后，在仪式的时间和空间规约下，大众集体参与到媒介制造的仪式之中，这让每个人都感受着仪式的庄严与秩序，社会整合由此实现。换言之，"媒介事件带给我们的不仅仅是这种'虚拟的真实感'，它还为我们带来了一种'参与式的仪式感'"②。而且，这种由"奥运"+"媒介"形成的"奥运-媒介"仪式具有凝聚受众、表征国家认同的功能。

---

① 刘燕. 媒介认同论［M］. 北京：中国传媒大学出版社，2010：213.
② 邵静. 媒介仪式：媒介事件的界定与仪式化表述：以我国的春节联欢晚会为范本［J］. 浙江传媒学院学报，2009，16（04）：6-9.

第二节　表征国家认同："奥运-媒介"
仪式的重要功能

凯瑞认为传播也是一种文化，他把传播定义为"一种现实得以生产、维系、修正和转变的符号过程"①。而且，凯瑞将仪式作为传播的隐喻，其更大的意义也可能在于仪式与人类生活的同构性，仪式是人类生活重要的表达方式，是人类一种文化现象，从文化角度去阐释传播的意义更符合传播的本质。

"奥运-媒介"仪式是由奥运传播形成的仪式，是一种体育文化现象的表达仪式。涂尔干认为，仪式的唯一目的"就是要唤醒某些观念和情感，把现在归为过去，把个体归为群体"②。在"奥运-媒介"仪式中，除了全球认同外，还能引起人们对个人的认同，以及对国家的认同，它们相互交织在一起，共同组成"奥运-媒介"仪式的认同结构。对本书重点研究的国家认同而言，在"奥运-媒介"仪式构筑的时空中呈现着"国家在场"的意蕴。

第一，"奥运-媒介"仪式的组织安排彰显国家意识。作为仪式中的运动员，在本国比赛时能迸发出更大的激情，同时，国民通过观看也能强烈地意识到在我们的城市，我们的国家，我们的国家队正在进行比赛。在他国比赛时，我们的运动员远渡重洋，奔赴"他国"，肩负着国家的使命和国民殷切的希望。这种"本国"与"他国"的仪式空间是对国家地理空间的确认，是对国家领土的想象。

第二，象征符号所指承载国家意义。在"奥运-媒介"仪式中，象征符号的能指包括器物、人物、声音等，通过仪式现场和媒介的仪式化传播，使这些符号所指和国家紧密相连。在国家性的表征中，器物符号具有政治、民族、历史与文化等象征意义。例如，在奥运会中时常能够见到国旗的图案，国旗反映一个国家的政治特色和历史文化传统，是国家的象征；人是符号的动物，其本身也是一种符号，奥运会中出现的国家领导人、官员、球员、民众等都是重要的国家人物符号，这些符号都与国家相连，无形中强化了国家认同；从"仪式"这种人类活动诞生的那一刻起，声音就从未缺席，"奥运-媒介"仪式中出现的音乐和语言都是社会、文化、政治的体现，它携带着国家共同体的情感和共识

① 凯瑞.作为文化的传播：修订版［M］.丁未，译.北京：华夏出版社，2019：12.
② 涂尔干.宗教生活的基本形式［M］.渠东，汲喆，译.北京：商务印书馆，2011：495.

信息，其中，最典型的声音符号是国歌，当国歌奏响时，无论是本国球员、赛场上的本国观众还是电视机前的本国民众都会一起高唱国歌，这是一种国家仪式，是对"自己是谁"的国家身份的确认。另外，本国的语言、本国的特色歌曲等都不断强化着国家及族群认同。

第三，媒介话语能激发民众对国家的想象。奥运会是国家与国家之间的竞赛，在奥运传播中，各国媒体大多挑选有本国运动员参赛的项目，并利用单边专业信号充分曝光本国运动员及其国家符号，再配以本国解说铿锵激昂的话语，使国民义无反顾地站在本国的立场上，支持本国运动员，从而激起人们的爱国主义情结和对国家的认同感。而且，媒介在这场仪式中起到主导的作用，通过记者、解说员采用话语的立场、话语的隐喻、话语的语境等叙事策略激发受众对集体与国家"共同体"的想象。[1]

可以说，"奥运-媒介"仪式通过大范围的传播，带人们一同走进一个集体性的体验过程，这仿佛带着人们进入了神圣的仪式过程，让每个人都感受着仪式的庄严与秩序。同时，通过各国媒体的"议程设置功能"和群体自我中心主义的驱使，仪式被赋予浓厚的国家认同色彩。在媒介制造的"仪式时空"下，人们享受着奥运会带来的视听文化盛宴，对自己国家的悠久历史文化、政治体制、经济发展等感到无比自豪，人们的国家情感在此凝聚，政治认同、文化认同、社会整合由此实现。这正如凯瑞所言，"在那种场合下，虽然人们没有学到什么新的东西，但是特定的世界观得到了描述和强化"[2]。

一、强化情感凝聚

一般而言，凝聚是指用一种思想、情感或理想及文化实现观念上的统一。涂尔干认为，每一个社会的发展与生存，都"有必要按时定期地强化和确认集体情感和集体意识，只有这种集体情感和意识才能使社会获得其统一性和人格性。这种精神的重新铸造只有通过聚合、聚集和聚会等手段才能实现，在这些场合个体被紧密地联合起来，进而一道加深他们的共同情感"[3]。的确，一个社会所需要的道德统一植根在其成员在一起的情感体验。在这种情境中，人们围绕着群体共同的象征符号聚集到一起，置身于一种面对面的直接联系，并沉浸

---

① 李春阳，王庆军，俞鹏飞. 足球世预赛仪式传播与国家认同建构研究［J］. 成都体育学院学报，2022，48（04）：26-31.

② 凯瑞. 作为文化的传播：修订版［M］. 丁未，译. 北京：华夏出版社，2019：28.

③ 涂尔干. 宗教生活的基本形式［M］. 渠东，汲喆，译. 上海：上海人民出版社，1999：562.

于集体的兴奋状态,这些时刻激发鼓动了群体成员,而对这些时刻的记忆则促进了社会的凝聚力。"奥运-媒介"仪式促使人们对自己的国家产生归属感、自豪感、使命感和理想感,强化了民族自信心、自尊心和自爱心,在整个社会营造一种团结向上、万众一心的民族情感和民族凝聚力。因此,"奥运-媒介"仪式就像一剂极强的黏合剂,使每个国家成员在情感上都得到了联结,使国家情感得到聚集与强化。

二、勾勒政治认同

任何一个社会都有其政治取向,它给国家的政治意识形态、主流价值观和利益分配都带来深远的影响。在现代社会,秩序是政治的首要诉求。因此,国家的重大责任是建立一个合情、合理、合法的公共秩序,以此避免战乱和纷争,保证国家的正常运转和人民的安居乐业。然而,要想建立良好的秩序,政党的所作所为需要得到国民的认可,只有这样才能建立与唤起人们对国家以及政党合法性的忠诚,才能有效地建立社会和国家秩序。在"奥运-媒介"仪式中,往往承载着丰富的政治意义。其一,奥运会本身就蕴含着政治意义,是国家展现软硬实力的重要平台。在奥运会申办中,是以国家名义投身到主办国的角逐中,政府要进行全民动员,努力挖掘和整合本国的优势资源进行宣传,这无疑提升了国民和国际社会的认可度。获得主办奥运会的国家通过一系列的组织与宣传,来展现国家的实力与文化,促进了国家地位的上升,这能引发国家和政党的合法性认同,有效推进政治认同建构。例如,2008年北京奥运会的申办与举办是我国改革开放成果以及国家发展强大的体现,隐喻着大国崛起和中华民族的复兴,同时也表明了社会主义道路的正确性、共产党的英明领导等,这些无疑会带来国民的政治认同。其二,"奥运-媒介"仪式中的总统、主席、政治家、精神领袖等都是作为传统仪式中"神"的替代,他们所做之事、所说之话指向了现代政治及其合法性。其三,奥运英雄代表着国家,他们获得的奖牌不仅仅是体育发展的重要指标,更是国家政治制度优越、经济强盛、良好国家形象的有力体现,也成为国家合法性的有力佐证。其实,"奥运-媒介"仪式的政治建构无处不在,即使是表达国家辉煌的历史文化,也与政治权力的合法性密切相连,在向历史致敬中产生了一种新的权力关系:它不仅仅是对"我祖"的"立言立德立功",更是表现出继往开来的时代音符,隐含着"功在当代"的政治目的。

三、引导文化认同

对每个群体而言,认同问题是重中之重。认同是借助人的内聚力来维护本体身份的连续性，具有身份感和归属感的内涵。在现代社会，认同往往与文化紧密结合起来，形成特定的文化认同，成为个人和集体确认自我文化身份，区别他者的标志。世界上每一个民族都具有自己独特的文化价值体系，一个民族的文化体现在民族的意识形态、价值观念和道德理想等诸多方面，它构筑起一个民族的价值信仰体系，成为指引国民社会行动和生活的合法性依据。"奥运-媒介"仪式中有大量的国家历史文化符号以及国旗等图腾符号，这些符号可以使人们重温群体的共同过去，并建立美好的未来愿景，塑造人们的文化认同感。例如，北京奥运会集中展现了五千年悠久而博大精深的中国文化：中国灿烂的文明、"同一个世界、同一个梦想"的口号以及"人文奥运、绿色奥运、科技奥运"的理念等，这些无不反映了中华民族精神以及和谐共同发展观、价值观，为中华儿女提供了建构认同的记忆和想象空间，成为建构国民身份和民族文化认同的重要象征资源。总之，仪式和传播有逻辑联系并且具有同一家族的特征，它们具有监视功能、联系功能、娱乐功能和传承社会文化功能。其中，传承社会文化功能具有增加社会凝聚力的作用，通过仪式，共同体的文化价值体系得到传承，从而成为现代国家共同体建构身份与巩固认同的重要途径。①

四、聚焦社会整合

社会整合是涂尔干进行情感研究的基本社会向度，也是涂尔干社会学的核心概念。所谓社会整合，即社会的团结程度、和谐程度。社会团结和社会秩序是民族国家建设中必须面对的问题。涂尔干认为，仪式是一种促使社会团结的有效方式，具有凝聚社会的价值功能。同样，由媒介组织起来的"奥运-媒介"仪式对团结国民、维护社会秩序起到积极的作用。其一，区分你我，增强民族团结。奥运会作为一种象征体系，是以国家为单位的全球性竞赛活动，在本质上已经打上自我群体的独特性和差异性的烙印。因此，借由"奥运-媒介"仪式，人们可以强化"我国"的认识，区分"他者"的不同，并由此增进群体的团结与认同。其二，"奥运-媒介"仪式能加强民众的"集体意识"，有利于社会和谐的发展。涂尔干提出了"集体意识"的概念，他认为仪式和庆典是集合群体的有效方式，是社会和谐的强制力。人们在同一时间、不同地点，以"奥运-媒介"仪式的形式聚合与团结起来，共享奥运信息，其目的是带给人们精神和心灵的慰藉与满足，以维护一个"共同体"的和谐。其三，形成国家的向心力。"奥运-媒介"仪式通过对器物符号、人物符号、语言符号等的展演，使人

---

① 张兵娟.电视媒介仪式与文化传播［M］.北京：中国社会科学出版社，2016：21.

们对自己的民族和国家生发出浓厚而热烈的情感，使人们将自己的命运与国家紧紧联系在一起，实现意识形态的社会整合。

第三节 "奥运-媒介"仪式建构国家认同的结构

目前，奥运会通过媒介强大的流播功能，使奥运资讯传遍国家疆域的每一个角落，也为国家认同建构提供了重要的场域。戴扬和卡茨认为，现实事件想要成为令人关注的电视事件，需要有三个要素的配合：第一是事件组织者，他们在现场收集、策划，放入众多元素并拟定其意义；第二是电视台，通过对这些元素的重新组合、加工，甚至是添加新的意义完成了事件的再生产；第三是观众，他们在现场或在家里观看媒介事件。这三方必须相互认同，并拿出相当的时间和其他投入才能最终促成媒介事件的成立。①

同样，如图 4 所示，"奥运-媒介"仪式是仪式与传播的巧妙融合，遵循着从现场到媒介再到受众的路径，包含奥运会的仪式现场和媒体组织的不在场受众的观看仪式。其中，媒体组织的受众的观看仪式又可以分为媒体对现场信息的收集、加工与呈现，以及受众对媒体提供的"媒介现实"的观看与解码。一方面，正如上文所言，奥运会有别于人们的日常生活，是在一定时间、一定空间进行的比赛，也具有四年一次的重复性等特征，其本身就是一种仪式。② 在这种仪式中，双方队员的竞技表演、教练员的指挥、裁判的执法、演员的表演、观众的欢呼雀跃等符号呈现在看台观众的面前，与此同时，看台的观众用语言、行为等方式进行着直接、强烈且能动的现场反馈。另一方面，奥运会的各种资讯要通过大众媒体传达给受众。媒体通过收集奥运会信息，把加工后的奥运信息和意义呈现给不在场的受众，并试图通过媒体的各种表达感染受众。受众通过对其的解码，达到心理上的接受或拒绝，并表现出相应的语言和行为。以上两个仪式，前者是现实与基础，是媒介传播的信息来源，后者是影像文字，是派生的，而受众则通过"媒介现实"去了解仪式活动。如图 4 所示，受众的反馈环节至少包括两层含义：一是受众的精神在场。当受众看到奥运"媒介现实"时，特别是看到现场看台上的观众，有种那就是自己或者在场感。二是行为上

---

① 戴扬，卡茨. 历史的现场直播：媒介事件 [M]. 麻争旗，译. 北京：北京广播学院出版社，2000：64.

② 李春霞，彭兆荣. 奥运会与大众传媒关系的仪式性分析 [J]. 体育学刊，2006 (06)：21-24.

的影响。如果受众以后有机会来到奥运现场，他们也会模仿现场观众的造人浪、鼓掌等行为，而且，受众在新媒体中的评论、视频分享等也会影响到达现场观看的观众行为。

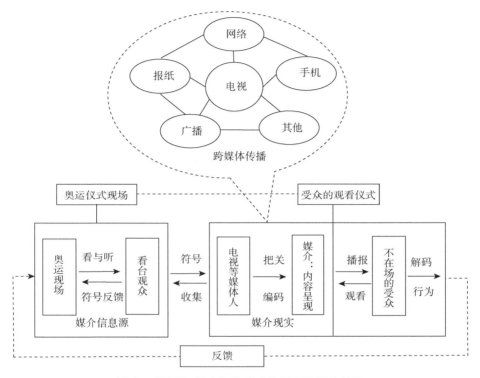

图4　"奥运-媒介"仪式建构国家认同的结构

当然，"奥运-媒介"仪式是由众多媒体共同组织起来的仪式，而且这些媒体之间也相互交融。例如，电视上播放的可能是报纸和网络上出现的奥运内容，网络也兼具了电视、报纸、广播等功能。可以说，在奥运会的舞台上，电视、报纸、杂志、广播等传统媒体重装上阵，而互联网、移动车载电视、户外楼宇电视、手机电视等新兴媒体亦争先恐后，在参与奥运传播中各显神通，显然，"跨媒体"已经成为奥运传播的一个关键词。① 不过，直到今天，电视依旧保持着奥运传播中的中心位置。这是因为，电视直播拥有转播版权而且受到国际奥委会的保护，同时，电视媒介本身也具有普及率高、超大屏幕、高清晰、信号稳定等优势，而且电视直播能在第一时间把奥运会的仪式现场声音与图像清晰

① 陈双. 北京奥运的媒体之争：众媒体奥运传播效果比较［J］. 湖南科技学院学报，2010，31（03）：215-219.

地呈现给不在场的受众，因此备受人们的青睐。事实上，在奥运传播中，电视、广播、报纸、杂志等主流传统媒体受众的平均满意度较高。而网络的主动性、参与性、互动性、更多选择性吸引了大量的年轻受众，手机"随时随地"观看的便捷性，带来了巨大的发展潜力。此外，在奥运受众的媒介使用选择方面也表现出多媒介组合的态势。在受众跨媒介组合使用中，电视、报纸和网络媒体的组合占据主流地位，也成为"基础媒体组合"，而电视的使用渗透性最为强势，除手机和电视组合使用的用户外，受众既选择其他媒介又选择电视的重叠度均接近100%。①

如今，通过报纸、电视、互联网等众多媒介，奥运信息能及时迅速地传播到全国乃至全世界，召唤"不在场"的大量受众在同一时间、不同空间会聚在一起，人们通过观看媒介发送的符号，参与到"奥运-媒介"仪式之中，它是"将传播看作植根于文化的仪式过程，其目的是通过仪式带给人们心灵和精神上的满足和慰藉，将人们团结起来，以维护一个有序的共同体的存在和运行"②，为现代国家建构国家认同提供了重要的场域。

一、奥运仪式现场：建构国家认同的现实基础

毋庸置疑，没有奥运会现场，就没有奥运会在媒介中的传播。因此，奥运仪式现场是媒介呈现奥运内容的主要来源之一，是媒介传播的信息来源，是"奥运-媒介"仪式传播的现实基础。奥运会仪式现场主要是由主办国家和体育赛事承办机构组织起来的，它吸引着赞助商、媒体、观众等众多群体的参与，其中也呈现出建构国家认同的元素。

首先，奥运会现场呈现了奥运会的多种仪式性活动。奥运会是以一系列仪式形式组成的展演活动，包括开幕仪式、竞赛仪式、颁奖仪式、闭幕仪式等，在上述这些仪式中，又包含诸多仪式。例如，开幕仪式中包含了升国旗仪式、宣誓仪式、运动员入场仪式、点火仪式等。这些奥运仪式具有凝聚的功能，一方面，奥运会有聚拢人群的功能，例如，2022年北京冬奥会开幕式吸引了5亿人观看，在社交媒体上超过20亿人关注此次赛事，这使人们在同一时间共享同一声音、同一画面，共享信仰与认同。此时此刻，奥运精神在人们心中激荡，而且，在国家与国家进行的"没有硝烟的战争"中，各民族与国家也达到了空

---

① 王兰柱. 跨媒体传播中的受众选择：以奥运跨媒体传播为例［J］. 现代传播：中国传媒大学学报，2009，（05）：38-42.

② 米莉. 传播仪式观：一种独特的传播研究方法［J］. 湖北广播电视大学学报，2011，31（03）：88-89.

前的"机械团结"。另一方面，在奥运仪式中有很多所示之物能引起人们的认同，比如，国旗、国家的名字等。因此，在此时空下，人们被聚拢起来，其思想感情、信仰、灵魂通过仪式的展演与"象征性"得以生产和升华。

其次，奥运仪式现场是由人组织和参加的活动。奥运会中出现的体育赛事组织者、国家领导人、媒体人、教练员、运动员、看台上的观众等都在其中扮演着不同角色。特别是赛场上的运动员、看台上的观众的行为都在展演国家认同。第一，体育赛事是以运动员为核心的仪式性活动，运动员是赛场上的主演者，是国家认同的主要建构者。在奥运会上，开幕式的入场仪式是体现各国或地区文化的主要仪式之一。在入场仪式上，运动员在国旗引领下入场，他们代表着各自的国家。在比赛场上，媒介对本国运动员进行特别关照，运动服上的本国国旗是运动员身份的象征，也有为国而战的隐喻。当获得好成绩时，运动员会动情地亲吻球衣上的国旗以表达爱国之情，也会身披国旗绕场庆祝；在颁奖典礼上，运动员手捂胸口、唱着国歌、眼含热泪看着国旗冉冉地升起。第二，现场的观众也是国家认同建构的重要力量。观众从四面八方赶来，早早来到现场，他们穿着和队员类似颜色的服装，敲着锣鼓、造着人浪、手中挥舞着国旗，为自己国家的运动员呐喊助威，队员胜利时观众笑容灿烂，失利时观众泪流满面，泪水打湿了脸上印有的国旗图案。而且，现场的观众也成为赛事转播的一部分，例如，在电视直播中，观众拥有双重身份，即作为观看现场赛事的人和被电视观众观看的对象，显然，他们和运动员一起成为"电视中的演员"，不仅获得亲临现场的体验，同时也在为观众确证媒介赛场体验的真实性。

总之，奥运仪式现场是"奥运-媒介"仪式传播的基础，因为在奥运现场中所发生的所有事件、所呈现之人物都可能成为媒介报道的内容，也成为"奥运-媒介"仪式建构国家认同的道具和原料。

二、媒体的编码与内容呈现：连接现场内外，建构国家认同

诚然，受众所看到的奥运会几乎都来自媒体的播报。可以说，媒体编写了什么，镜头对准了什么，受众就只能知道什么。因此，在"奥运-媒介"仪式展演中，"媒介现实"成为人们了解奥运会的主要途径。如图4所示，在"奥运-媒介"仪式中，媒体通过对奥运仪式现场的收集，进行加工、编码、把关等流程后呈现给观众。

当然，媒体制作的奥运资讯要想呈现在观众面前，必须通过媒介得以实现，媒介可以采用不同的表达方式，比如，报纸的文化墨香和修辞、电视的动态和蒙太奇、网络的兼容性和超链接等。可以说，众多媒介合力把精彩纷呈的奥运会展现在受众的眼前，它们是受众观看奥运会的窗口，是连接奥运会和受众的纽带。其实，在传播中，每一种媒介都可以看作把人们聚集到一起举行的仪式，人们利用自己喜好的一种或几种媒介对奥运会信息进行了解，也正是通过不同媒介的传播，使不在场的广大受众感受到奥运会的"真切"存在。

而且，在呈现的内容选择上，媒介组织对能引起国家认同的元素给予重点的关照。具体表现为：第一，媒体在报道内容的选择上呈现出对本国奥运信息的巨大堆积现象。在奥运会期间，媒介仪式打破了常规的报道秩序，奥运信息占用了大量的媒介资源、时间和空间，使各类与奥运相关的内容生产渗透到报刊、广播、电视等传统媒体以及新媒体之中。另外，由于有义务让国内受众全面了解奥运资讯、吸引受众眼球以及群体自我中心主义等方面，奥运会上本国运动员的表现等资讯成为媒体选择后报道的重点内容。在奥运会期间，铺天盖地的本国话题能引发所有媒介联动，跨媒体间共同打造奥运的国家奇观文化。譬如，在电视媒介上，当有不同项目同时进行比赛时，后台的导播会将比赛的画面切入有本国运动员参加的比赛现场，而且，解说员也会利用早已准备的资料进行解说。此外，在新闻节目中也会加入大量的奥运资讯，重点对本国的赛况赛果进行报道。同样，在报纸和互联网报道的内容选择上，本国运动员的报道占据半壁江山，也常常被安排在头版或醒目的位置。特别是对本国摘金夺银或实现重大突破的项目进行重点关照。例如，在 2020 年东京奥运会上，《人民日报》和《人民日报海外版》共发出了 47 篇对东京奥运会的报道，其中共有 27 篇的内容是对我国获得金牌情况的报道。

第二，对国家历史、民族文化的重点关注。在奥运传播中，特别是奥运举办国家，媒介组织会利用定格、放大、重复播放等方式对国家历史、民族文化等方面给予重点的关照。例如，2004 年雅典奥运会上的爱琴海、火炬、橄榄枝、半人半马神像等；2008 年北京奥运会中的兵马俑、古琴、水墨画、京剧、四大发明、长城等；2012 年伦敦奥运会中的田园风光、工业革命、披头士、猜火车、007、憨豆先生、哈利波特等；2016 年里约热内卢奥运会中的桑巴舞、摇滚、流行音乐、热带风情……这些令本国人引以为傲的文化符号通过媒体的选择、书写、放大，使国人产生了强烈的自豪感和爱国之情。

总而言之，在"奥运-媒介"仪式中，媒体的编辑与呈现是连接奥运现场与观众的纽带，在内容选择和编辑上，媒体体现出对本国相关资讯的重点关照，而且，从传统媒体的报刊和电视以及新媒体的微信、微博、门户网站等反复叠加报道，交叉传播，从而赢得国内用户甚至是国外用户的注意。当然，这种本国资讯的海量堆积，能连接人与人、人与奥运会、人与国家之间的社会关系，建构起意识形态的国家认同话语场域。

三、观看与解码：受众建构国家认同的方式

关于观看仪式，1982 年菲利普·艾略特就提出了"报刊仪式"的概念，这是媒介仪式的最早形态，艾略特认为阅读报纸"好比参加一次宗教的弥撒活动"，犹如在举行一种仪式。如今，受众能通过多种媒体观看奥运会，具体表现为：受众对报纸和网页的阅读与观看、对电视和网络视频的观看等，甚至可以扩展到对广播的收听而形成的仪式。在受众的观看方面，奥运传播满足了受众的视听需求，也整合了缺席现场的社会成员。不过，缺席的受众与在场的观众观看奥运会的方式有所不同。现场观众的视域是散点的，他们利用自己的眼睛，随意地凝视自己感兴趣的任何实况，只不过这些实况是一闪而过的，而且由于看台座位较远等，有的状况也未必能看得非常清楚。与之相反，不在场的受众甚至在仪式现场的千里之外，通过媒介的召唤，聚拢在媒介视框前。他们在视域上是高度聚焦的，并带有强烈的媒体效应。媒体的镜头就如受众的眼睛，媒介描述之处就是受众看到之物，即受众是对媒体提供的"媒介现实"的观看。相对来说，在所有受众中，电视观众看到的内容更具闯入性，媒介利用放大、特写、慢动作、回放等手法，并利用声音等符号，通过媒体把排除了信息噪声的赛场精彩瞬间清晰地呈现在观众面前。

当然，在观看奥运信息时，人们也会对其进行解码，进而实现意义的缝合。法国心理学家雅克·拉康（Jacques Lacan）认为，"缝合就是主体试图修复自我内部出现的区隔过程"①。不在场的受众本身是脱离奥运现场之外的，他们虽然不处于仪式的中心，但是，通过媒介提供的奥运"媒介现实"，使他们卷入"奥运-媒介"仪式之中，特别是电视传播转变了观众的角色。电视台运用多种手段，将奥运的意义与价值传达给受众。在此过程中，受众又被接收的视框信息重新塑造，成为电台所提议的那种角色，而电视观众早早围坐在电视机前，听着主持人分析关于赛事的预测，等待着运动员的出场，比赛开始时，他们聚精会神地盯着电视荧屏，为本国的运动员加油助威。面对荧屏，电视观众的"好球""射门啊""坚持住""加油"等话语不断地涌现出来；升国旗时观众庄严肃立、唱着国歌；听着主持人讲述运动员的奋斗史，受众也会泪流满面；看着现场观众的喝彩和跳跃，电视观众也会激动得手舞足蹈，就像自己也在现场，

---

① 伯顿. 媒体与社会：批判的视角［M］. 史安斌，译. 北京：清华大学出版社，2020：206.

现场的观众如同自己一样。此时此刻，荧屏把电视观众带入仪式现场，使执仪者和受众处于同一"奥运-媒介"仪式中，同时，受众感受着奥运现场和媒体建构的国家认同，共享着仪式带来的信仰与价值。

不过，随着互联网时代的到来，万众皆媒，人人都是传话筒成为现实，奥运传播不再是受众单向度地接受媒体传播的奥运信息，也呈现出"去中心化"的特征，受众开始有主动参与国家认同建构的行为，他们通过自媒体和社交平台发布着奥运信息和自己的感想，在建构国家认同时也呈现出多维度的样态。这将在后面章节中进行重点论述。

综合而论，在"奥运-媒介"仪式中，媒体的编码等表达技巧、编辑后呈现的媒介内容、受众的解码与行为是建构国家认同的模式结构，也成为本书的框架。可以说，受众看到的奥运会是媒介组织提供的"媒介现实"，即媒体对奥运国家认同符号的编码，这还包括媒介的话语、媒介制造的仪式情景、议程设置等表达技巧。媒介形成了诸如报纸、电视、电脑、手机等多种视框，并把内容置于其中，引起受众的凝视与想象。视框中的奥运现场认同符号与媒介的编码被结合起来，形成了一个带有"团结"意义的观看仪式。当受众进入仪式的"阈限期"，他们以一种平等的身份被拖入视框设定的国家认同的想象之中。

第三章

"奥运-媒介"仪式建构国家认同的
传播实践规律

"奥运-媒介"仪式构筑了一个共享认同的时空,其建构国家认同的实践遵循着从"现场到媒介再到受众"的路径。在此仪式中,受众看到的奥运资讯来自媒介对奥运现场的复现,同时,也加入了媒介建构的种种痕迹。在"奥运-媒介"仪式建构国家认同的传播实践中有三方面值得关注。第一,媒体采用什么样的表达方式促使国家认同的建构;第二,在媒介权力下,"奥运-媒介"仪式的内容是如何建构国家认同的;第三,作为"奥运-媒介"仪式参与者的受众是国家认同建构的目标群体,他们在仪式中对国家符号的解码,以及新媒体用户对国家认同的积极建构也是本章重点研究的内容。

第一节　技巧运用:"奥运-媒介"仪式中国家
认同的表达艺术

正如斯图亚特·霍尔所言,当代的媒体"不再是仅仅作为反射或维持舆论的机构,而是帮助生产舆论和制造共识的机构"①,而且它能够唤起和重申社会的基本价值并提供共同的关注焦点,为人们提供一种民族的,有时是世界的"事件感",使某些核心价值感或集体记忆醒目起来。② 在全球化语境下,媒介是通往社会中心的"中心",奥运会借助媒体得以广泛宣传,而媒体借用奥运会组织起全球性的、超大的"媒介仪式",而且,媒体利用艺术性的表达,把民族、国家等置于其中,构筑起了"认同空间",为建构国家认同提供了场域,注入了动力。

---

① 蒋原伦,张柠. 媒介批评第一辑 [M]. 桂林:广西师范大学出版社,2005:201.
② 安德森. 想象的共同体:民族主义的起源与散布 [M]. 吴睿人,译. 上海:上海人民出版社,2003:8.

一、奇观呈现：媒体营造国家在场的宏大氛围

莫里斯·洛奇（Maurice Roche）认为"奥运会俨然成为现代社会最具影响力的媒体奇观"①。　"媒体奇观"的概念是由美国学者道格拉斯·凯尔纳（Douglas Kellner）提出的，他认为："媒体奇观是指那些能体现当代社会基本价值，引导个人适应现代生活方式，并将当代社会中的冲突和解决方式戏剧化的媒体文化现象，它包括媒体制造的政治事件、各种豪华场面、体育比赛。"② 如今，每逢奥运会之际，从报刊到电视，从新媒体 App 到门户网站，各媒介组织使出浑身解数，报道奥运赛况，弘扬奥运精神，而与奥运会相关的国家话题也成为媒介报道的重点内容之一，这种多重媒介反复叠加报道，交叉传播，使海量的本国信息大量堆积，连接了人与人、人与奥运会、人与国家之间的社会关系，构筑了一个国家在场的"媒体奇观"。

（一）仪式的国家奇观表征

奥运与媒介的联姻，尤其在今天的媒体融合以及新媒介技术不断突飞猛进的境况下，媒介充斥着大量的国家与民族符号，其奇观所表征的内容丰富，种类多样，其中最主要的有三种：奥运英雄奇观、场景奇观和集体狂欢奇观。

1. 奥运英雄奇观

运动员是奥运会的主角，也具有代表国家的显著特征。在奥运会期间，不管是报刊广播，还是电视台，抑或是新媒体平台，都在联合打造优秀运动员，使其明星化、英雄化。媒体对赛场上优秀运动员的表现给予充分的肯定与赞扬，在大量的媒介联合报道下，运动员被加冕为"奥运英雄"，成为人们心中的偶像。其实，奥运会从来不缺乏英雄，每一届奥运会都成了制造偶像的场域，媒体通过挖掘优秀运动员的故事，运用议题设置和话语建构，大肆制造奥运偶像新闻话题，构建运动员媒介形象，许海峰、李宁、刘国梁、刘翔、傅园慧、苏炳添、刘诗雯、武大靖等一批又一批的奥运明星被符号化，他们具有榜样力量和民族英雄的象征意义，也塑造出奥运英雄的奇观文化。

2. 场景奇观

场景就是场地中发生的情景，也就是在一定时间、空间内发生的人的行为

---

①　ROCHE M. Mega-event and Modernity：Olympics and expos in the growth of global culture ［M］. London and New York：Routledge，2000：159-193.

②　凯尔纳. 媒体奇观：当代美国社会文化透视 ［M］. 史安斌，译. 北京：清华大学出版社，2003：2.

和故事。①"奥运-媒介"仪式的场景包括两方面，一个是媒介呈现的体育内容场景；另一个是媒介传播的场景。两者的结合形成了"奥运-媒介"仪式的场景奇观。回顾奥运传播发展历程，从报刊的奥运文字与图片到电视影像，奥运传播场景空间实现了从静态到动态的变化，如今，从电视影像到新媒体的全景化呈现、移动视频与沉浸式传播，颠覆了传统媒介对奥运的呈现方式。各家媒体都充分利用各自的优势和先进的制作及转播技术，打造全媒体、全渠道、立体化的报道方式，在媒体人的精心安排下，各种蒙太奇镜头的艺术运用，使超乎现实的现场气氛得以呈现，而且大量的国家符号也被放入其中，例如，运动员入场、运动员服装上国旗的特写、升国旗奏国歌的仪式、运动员的话语、观众的欢呼、弹幕上的加油与赞许、熟悉的民族音乐、国家的文化和历史符号都通过媒介活灵活现地展现出来，形成了激情的国家符号场景奇观。另外，智能媒介引发用户观看体验革命，沉浸式体验、全景化再现以及虚拟性存在，引发新一轮国家符号的场景奇观。

3. 集体狂欢奇观

"狂欢理论"是苏联思想家巴赫金（Bakhtin Michael）最早提出的，狂欢化、狂欢节、狂欢仪式是其主要内容。源自狂欢节的狂欢化表征出仪式性和集体性等特征，而平等性、无等级差别性是狂欢理论的核心。每到狂欢节来临，人们忽略了社会身份和地位的差别，一起在节日中忘情狂欢：作为一种节日，有一种特定的仪式。② 媒体的奥运报道为我们制造了一个节日，营造出一个集体狂欢的媒介奇观，在奥运会期间，人们的地位、职业、身份、收入等暂时被搁置，大家无差别地共同参与到"奥运-媒介"仪式的集体狂欢之中。这里的集体至少分为两个层面，一个是全球的广大民众，他们通过媒介集体见证全球最盛大的体育庆典；另一个集体就是以国家为单位的国民，他们为奥运会中自己国家的文化而骄傲，为自己国家的运动员祈祷与祝福，为他们的胜利而集体狂欢。例如，在2008年北京奥运会上，中国8.42亿观众通过电视实时收看，全球共有44亿人观看北京奥运开幕式，创下了电视打造"全民狂欢"的世界收视纪录。

（二）仪式的国家奇观建构策略

事实上，"奥运-媒介"仪式的国家奇观并不是自发形成，抑或是媒体随意产生的一种文化现象，而是媒介与商业的联合，并裹挟政治，刻意建构的媒介体育奇观。一般而言，"奇观"比"景观"更追求"视觉效果"，满足猎奇心理

① 沈贻炜. 影视剧创作 [M]. 杭州：浙江大学出版社，2012：162.
② 李铁. 世界杯报道的媒体奇观与反思 [J]. 体育文化导刊，2015，160（10）：189-193.

和夸张的、大肆的渲染与炒作。① 在奥运传播中，媒介利用制造话题、图像生产和仪式传播等方法，制造出令人眼花缭乱的奥运国家奇观。

1. 国家奇观的视觉建构

视觉是人类最重要的感觉器官之一，"人类的眼睛与其他器官一样，隐含着攫取快感的欲望"②。在视觉占据绝对统治地位的今天，它成为意义生产和竞争的场所。在此背景下，我们的日常生活也普遍视觉化，图像与影像成为视觉的主要表征形式，成为人们无法逃开的符号情景，借助于视觉，人们寻求信息与意义，视觉化的景观社会应运而生。这正如居伊·德波所言："在现代生产条件无所不在的社会，生活本身展现为景观的庞大堆聚。"③ 我国学者周宪从视觉的角度解释奇观，他认为，"所谓奇观，就是具有强烈视觉吸引力的影像和画面，或是借助各种高科技电影手段创造的奇幻影像和画面及其所产生的独特的视觉效果"④。

在"奥运-媒介"仪式中，国家奇观的视觉建构表现出两个特征：一个是图像和影像的海量生产，另一个是图像的修辞运用。在媒体时代，特别是有本国运动员或有关键比赛时，各大媒体为了追逐新闻的时效性和速度性，都试图抢先发表奥运资讯。刹那间，一场比赛的各种图像和影像在电视、网络、手机、户外投屏、报纸上席卷而来，吸引着全民的注意力。另外，媒体的图像选择和剪接具有多重技巧，"以影像的突出、错位、变形、幻构等特殊呈现手段，力求达到强化、扩展、深化或建构某种特定含义和特殊视听效果"⑤。同时，媒体注重对图像的语言修辞的运用，以及主题话语的突出，特别对运动员披着国旗等有助于国家身份和认同的图像给予关照与凸显，既兼顾图像本身的隐喻，又能通过图像修辞，营造国家在场的氛围，打造不同寻常的视觉效果。

2. 国家奇观的话题营造

当今社会是大众传媒社会。从鲍德里亚的视角来看，大众传媒使得消费领域物品的象征性与理想性得以形成与传播。在大多数情况下，媒介利用营造话题和提高曝光率等手段来"生产"奥运明星。从奥运明星训练情况和赛场的表

---

① 董青，洪艳．"体育媒体奇观"研究：以世界杯足球赛为例 [J]．北京体育大学学报，2010，33（12）：23-26.

② 郑婉姗．文学在异质媒介间的转向与承续：以电影为例 [D]．广州：暨南大学，2004：6.

③ 德波．景观社会 [M]．张新木，译．南京：南京大学出版社，2017：3.

④ 周宪．视觉文化的转向 [M]．北京：北京大学出版社，2008：256.

⑤ 李显杰．电影修辞：镜像与话语 [M]．北京：文化艺术出版社，2005：4.

现，到他们顽强拼搏的精神，再到爱国主义话语。媒体从多方面精心地对奥运明星进行打造，使奥运明星形象和精神得到充分的宣扬和强化。电视、网络视频等媒介，运用镜头的定格特写，慢镜头反复回放，镜头的跟踪，蒙太奇剪辑等技巧，再配上煽情的解说、观众的欢呼等场景从而烘托出赛场明星高大的形象，进而引发其国家象征意义。另外，为了营造看点，一场普通的奥运比赛也会被赋予一定的国家象征意义。譬如，在 2016 年里约奥运会的足球决赛中，对阵双方是东道主巴西队和德国队。这场比赛在赛前就被媒体赋予重要意义，媒体称：巴西男足虽然五夺世界杯冠军，但在奥运会上还从未夺冠，而且在 2014 年世界杯半决赛上，巴西队被德国队 7∶1 羞辱，这场比赛是巴西国家足球"复仇"和复兴的时刻。总之，媒体就是这样无所不及地实现对奥运事件的全方位挖掘，并在多媒体、多时段反复播报，使关乎国家的奥运事件充分曝光，从而增强了奥运传播中国家奇观的效应。

3. 国家奇观的仪式建构

媒体之所以能制造奥运国家奇观，引发几亿甚至数十亿人的共同关注和参与，尤其是在新媒体交互性的群体传播时代，制造出大型的媒介事件与奇观，是因为媒体善于运用媒介仪式效应。前文讲到，"奥运–媒介"是一种仪式，包含仪式现场传播、媒介仪式化传播和媒介三部分。首先，"奥运–媒介"仪式是对奥运会仪式活动的传播。奥运会本身就是一个大型的仪式活动。古代奥运会是祭祀仪式的一部分，也有着自己的仪式程序。如今，媒介全程报道奥运会的火炬接力、开幕式、比赛颁奖、闭幕式等仪式活动，这些仪式活动中都包含着国家符号，在传播活动中"使共同体的文化价值体系得到传承，从而成为现代国家共同体建构身份与巩固认同的重要途径"①。其次，媒介仪式化传播的渲染效果。除了图像、声音、色彩等符号的运用，在传播中，媒介还渲染了各国之间龙争虎斗的"竞赛"氛围，突出国家文化和的征服霸气，营造优胜者"加冕"的国家认同。再次，媒介仪式利用媒介技术的发展扩大了仪式空间，让天南海北不同人群共同聚集在媒介前，共享奥运信息，建构共同的价值观，形成亿万人观看、参与，传播国家在场的奇观文化。

综合而论，"奥运–媒介"仪式中的国家奇观是多种力量和权力交织的产物，也是媒介技术发展、经济需求以及民众心理多种维度共同结合的结果。特别是在"群体自我为中心"的引导下，各国媒介对全球公用信号进行编辑，加入本国的单边信号，重点对本国运动员的故事、国旗的出场、国歌的奏响等进行图

---

① 张兵娟. 电视媒介仪式与文化传播［M］. 北京：中国社会科学出版社，2016：21.

像化、仪式化描述，勾勒出一幅本国运动员积极进取、奋勇争先的画面，即使是赛场失利的悲情故事，通过媒介的叙事，也能激发本国民众的团结情绪。

二、叙事运用：媒体建构国家认同的技巧体现

关于"叙事"的学说发端于柏拉图（Plato）对叙事进行的模仿/叙事二分流学说。作为一门学科，叙事学是在 20 世纪 60 年代结构主义兴起的大背景下，以及受到俄国形式主义影响才得以正式确立。我国学者彭刚提出，叙事是指一种话语模式，它将特定的事件序列依时间顺序纳入能为人理解的话语结构，从而赋予其意义，它往往被等同为"讲故事"①。热拉尔·热奈特（Gérard Genette）则认为，叙事是一种话语，它提供了人们谈论特定话题、社会活动以及社会中制度层面的方式，并以此来引导人们。② 由此可见，叙事是一种话语表达，是一种方法、手段和工具，这些叙事技巧能把人们引入"事件"中来，让人们身临其境地聆听、观察事件，与此同时，体验事件中的意义，辨别善恶美丑，激发人们的情感。

在奥运传播中，叙事无处不在，无时不在。媒介竭尽所能，利用各种技巧述说奥运故事，使其表演更具有动人心弦的魅力，表达出"更快、更高、更强、更团结"的奥运精神，人与自然和谐共处、天下一家的大同理念。对于国家来讲，运动员的拼搏精神、民族团结、国家昌盛的奥运故事表征着爱国主义情怀，它们集聚着情感能量，影响着仪式中的人们，使广大仪式参与者得到涵化。

（一）利用宏大叙事建构国家形象

人类在思考和探索自己与世界关系的过程中，通过叙事的方式了解过去、掌握现在、开启未来。利奥塔（Jean-Francois Lyotard）认为，任何一个时代都存在某些占主导地位的叙事，他把它们称为"大叙事"或"元叙事"。一个时代的基本特征是由大叙事构成的。③ 宏大叙事"以其宏大的建制表现宏大的历史、现实内容，是一种追求完整性和目的性的叙述方式"④。在以前，宏大叙事常常被应用于影视作品、小说、艺术创作等文艺领域，在文艺领域中是以重大历史事件和历史人物为中心的叙事方式。如今，宏大叙事也被应用于政治学、传播学等领域。从本源来讲，宏大叙事往往与较大范围和纵深的时空有着关联，

① 彭刚. 叙事的转向［M］. 北京：北京大学出版社，2009：2.

② 霍尔. 表征：文化表象与意指实践［M］. 北京：商务印书馆，2003.

③ 李蓉. 现当代文学史的大叙事与小叙事［J］. 江汉论坛，2008，355（05）：93-95.

④ 邵燕君."宏大叙事"解体后如何进行"宏大的叙事"？：近年长篇创作的"史诗化"追求及其困境［J］. 南方文坛，2006（06）：32-38.

描述着全面的、统一的、完整的叙事内容，它主要是指"启蒙运动以来所构建的一种关于世界和人类社会发展的理性主义神话的'大叙述'"①。因此，它具有普遍性、总体性、宏观理论性等思想特征，是现代社会合法性建构的有效方式，起着表达政治、阶级、国家、民族等社会意识形态的作用。

"奥运-媒介"仪式具有宏观叙事的特征。究其原因，大致有两方面。一方面，在现代社会，大众媒体成为人们进入社会中心的窗口。在奥运会这种国家间的竞赛中，各国媒体无疑都是以"群体自我为中心"，维护本国的价值观和利益体系，体现国家意识形态的。另一方面，正如前文所言，奥运会是一场盛大的"国家仪式"，它本身就具有宏大的叙事功能。奥运会与媒介联手，形成了媒介仪式，奥运会的宏大叙事也被编辑、加工、放大，媒体也因此加强了权威性，受众也在媒介仪式中得到了国家意识形态的熏陶与涵化。因此，"奥运-媒介"仪式包含着价值观、国家意识形态，也通过宏大的叙事聚集民心，建构良好的国家形象，体现出国家的强盛、国家的软硬实力。

当然，和其他国家一样，中国也在利用奥运会契机加强国家意识形态建设，特别是在 2008 年北京奥运会和 2022 年冬奥会上利用宏大叙事方式建构良好的国家形象。例如，北京冬奥会是全球关注的体育赛事，也是我国在实现第一个百年奋斗目标基础上向第二个百年奋斗目标迈进之时，开启中国体育事业、凝聚向心力、建构国家形象的又一历史时刻。北京冬奥会传播通过电视、网络、广播、报纸等媒介，使在场与远距的、分散在五湖四海的观众处在"共同情境"的"神圣典礼"中，在仪式中运用宏大的叙事手法，借助国家、民族、社会甚至人类等概念，刻画了新时代中国自信的文明大国、社会主义大国、负责任的大国形象以及积极倡导构建"人类命运共同体"的大国等多元的国家形象。

1. 自信的文明大国形象

北京冬奥会距离 2008 年北京奥运会已过去了 14 年，两届奥运会不仅仅是举办季节的不同，也有更深意蕴的变化。2008 年北京奥运会举办之前，还有许多国家不了解中国，对中国的印象仍旧停留在贫穷、落后上。因此，2008 年北京夏季奥运会开幕式采用人海战术和宏大的叙事手法，以时间为线索向世界解释"我是谁"和"我的强大"。如今，经过 14 年的发展，中国已经有了翻天覆地的变化，我们不需要向世界解释"我是谁"了。正如美国《纽约时报》在北

---

① 张华. 作为电视仪式的春节联欢晚会［J］. 宁波广播电视大学学报，2008，21（03）：94-97.

京冬奥会后所言，"中国不再像以前那样，需要证明自身的崛起"①。2022 年，在北京冬奥会开闭幕式上，大量采用高科技手段和人工智能技术，在平和、包容的理念下，讲述新时代文明大国的故事，彰显中华优秀传统文化的内涵、传承、发展及其现代意义，体现出国家的繁荣与文化自信。

2. 社会主义大国形象

面对全球肆虐的疫情挑战，大型体育赛事纷纷停摆，但中国抗疫成效非常显著，而且，作为社会主义大国，在党和政府的关心与领导下，科研人员和建设者们团结一心，克服重重困难，保证了大会如期举办；在冬奥会举办期间，我们采用"闭环式"管理，有效遏制了新冠病毒的交叉感染；克服冰雪运动基础薄弱的难题，最终，中国实现了冬奥会历史突破，以 9 金、4 银、2 铜的好成绩位列金牌榜第三名。奥委会主席巴赫认为，在疫情肆虐之际"北京 2022 年冬奥会取得了超出预期的巨大成功"，这是一场"中国制造""中国速度""中国智慧""中国科技"的完美结合。可见，北京冬奥会之所以能圆满举办，是我国集中力量办大事的社会主义制度优越性以及党的英明领导的有力体现。而且北京奥组委注重同国际奥委会保持开放的合作关系，尤其注重赛会遗产的转化、众多民生工程的落地，让人民群众共享社会主义建设的新成果，都体现了社会主义大国形象。②

3. 负责任的大国形象

习近平总书记曾经指出，"办好北京冬奥会、冬残奥会是党和国家的一件大事，是我们对国际社会的庄严承诺"。通过不懈努力，中国成功实现了安全、精彩、简约的办赛目标。而且，通过实现"带动三亿人参与冰雪运动"的申奥承诺，遵循《奥林匹克 2020 议程》和《主办城市合同》的办赛规约，宣传和积极践行"一起向未来"的共同发展口号，坚守中国向国际社会做出的坚持绿色低碳的承诺，积极参与全球环境治理等，秉承"可持续·向未来"的诚挚愿景，充分展现了我国诚实可信、维护国际法则、积极促进全球共同发展的"负责任大国"形象。

4. 积极倡导构建"人类命运共同体"的大国形象

人类命运共同体关注全人类的发展，体现了东方大国对全世界人民"共同创造人类美好未来"的向往与倡导。在北京冬奥会开幕式和闭幕式上，利用宏

---

① 环球网.外国媒体的第一波反应来了［EB/OL］.环球时报-环球网，2022-02-21.
② 肖丽斌，王润斌.2022 年北京冬奥会与我国国际传播能力建设［J］.体育研究与教育，2020，35（01）：19-24.

大的艺术叙事，在唯美、祥和的画面中讲述中国倡导"构建人类命运共同体"的愿景。开幕式上，象征和平的橄榄枝把一个个书写着参赛国家和地区名字的"小雪花"共同汇聚在冰雪五环下，组成了一朵硕大的雪花，象征着拥有不同语言、样貌和文明的各个国家组成了一个共同体。在《五环破冰》环节，奥运五环从凝结成冰的黄河中一跃而出，意味着世界各国打破隔阂、化解矛盾，在奥运五环的和平象征下相互理解，彼此团结走向未来。此外，闭幕式上的《欢乐颂》、连接世界的"中国结"、《我和你》歌曲中的深情告白、空中出现的由焰火组成的"天下一家"的字样都"是人类命运共同体价值观下奥林匹克精神、办赛理念和奥运愿景的中国解读、中国诠释和中国表达"①。一直以来，谋求和谐发展是新时代中国一直强调和践行的主题。北京冬奥会提出的"一起向未来"的主题口号，是 2008 年北京奥运会"同一个世界，同一个梦想"主题的延续。2022 年北京冬奥会又一次为奥林匹克精神写下新的注脚，表达中国始终不渝地走和平发展的道路，② 关注人类共同发展的愿景。北京冬奥会媒介仪式通过唯美的宏大叙事，在视听盛宴中述说着"世界大同，天下一家"的故事，也是中国对"构建人类命运共同体"的积极践行。

（二）利用叙事框架集聚国家情感能量

没有情感，就没有真实可靠的认同。国家认同是公民对国家的热爱、赞许，是人们从心理层面对国家的政治、经济、文化等方面的认可，也正是因为对国家产生了良好的情感，才能触发国家认同感。否则，人们即使感受到国家的存在，也不会产生拥护感、归属感以及为国家而奋斗的使命感。在奥运会期间，无论是宏大叙事还是微观叙事方式，各国的媒介都形成了特定的叙事框架，把对国家的情感注入其中，这能有效地建构国家形象，引发国民的集体记忆。总体来看，虽然各国的叙事框架不完全相同，但都普遍采用了视角框架、历史框架等方式呈现情感，使国家情感能量在此汇聚。

1. 视角框架中的国家情感集聚

传统上的"视角"一词至少有两种所指，一个是结构上的，即讲述故事时所采用的视觉或感知角度；另一个是文体上的，即叙述者在叙事时通过文字表达或流露出来的立场观点、语气口吻。③ 我们主要选取后者之意并认为，视角框

---

① 钟新，金圣钧，林芊语."一起向未来"：人类命运共同体视域下冬奥口号倡议的意义嬗变、价值追溯与国际诠释 ［J］.武汉体育学院学报，2022，56（02）：12-19.

② 胡建秋.2022 年北京冬奥会筹办与国家形象建构 ［J］.体育文化导刊，2020（11）：1-6，19.

③ 申丹.叙述学与小说文体学研究：第二版 ［M］.北京：北京大学出版社，1998：197.

架是叙事主体在述说事件时所持有的立场。在叙事过程中，每一个叙事主体的视角不尽相同，这主要取决于他们的价值观、意识形态、人生经历和叙事目的。

媒体作为奥运会的叙事主体，有着全面通报信息的新闻性，同时保持着叙事的民族性，引发民族情感。首先，在对奥运会的报道中，媒体在遵循客观性、真实性、时效性的基础上试图再现奥运盛况，把正在发生的事情呈现出来，让受众全面了解赛事的全貌，感受奥林匹克精神与文化。其次，正如上文所言，对本国运动员的拼搏精神、获奖运动员、相关的爱国主义精神进行重点关照，媒体进行了庆祝式的叙事，引起观众的集体狂欢，同时，对国家在赛场上遇到的不公进行解读。例如，在2020年东京奥运会的体操男子个人全能决赛中，日本选手桥本大辉在跳马比赛中出现失误，一只脚迈出界外一大步，不过仍然拿到了14.700的高分，最终获得冠军；在女子水球小组赛中，日本选手直接压在中国选手身上游，也没有得到裁判的判罚；在乒乓球比赛中新增了两项规定：不能用手擦球台，不能用嘴吹球。我国选手严格遵守规定，但有些国家的运动员没有按规定执行，也没有得到裁判的处罚。这些事件得到了媒体的高度关注与大量报道。简言之，奥运会事件通过媒体的融合报道，形成了庆祝、委屈等叙事的情感框架，这些事件也被新媒体用户在微信、微博等平台上转载，形成了多级传播的话题，这无形中聚拢了国民，使民众的心紧紧相连，激荡起强烈的民族情感。

2. 历史框架中的国家情感集聚

戴扬和卡茨在《媒介事件》一书中表明：传媒对重大事件的描述，采取了特定的历史叙事。而且，历史叙事沟通了所报告的事件和我们惯用的叙事情节结构，使我们熟悉事件，并告诉人们如何思考事件。因此，历史叙事话语具有阐释因素，无论它看起来是多么的"冷静"和"中立"。① 可以说，历史叙事是叙事中的一种手段，是利用回顾历史的方式来呈现价值，或是用回顾历史的方式来对比、解释、解读正在发生的事件，而且，无论人们是否承认，传媒都在意识框架下进行叙事，它能够唤起人们的情感，在建构民族主义认同中，起到非常关键的作用。

显然，讲好一个故事需要有动人之处，平铺直叙只能让故事乏味无趣。在奥运的叙事中，媒介往往采用述说历史的方式来增加故事的曲折性，增强吸引力和感染力。

第一，对本国运动员或运动队的曲折经历进行叙事，以体现其意志精神，

---

① 宣慧敏. 传媒叙事与民族认同建构［D］. 上海：上海外国语大学，2009：19.

引发认同。其历史叙事的脚本往往是这样的：痛苦的经历—卧薪尝胆的训练—"加冕"的不易—对国家的情感表达—触发国家认同。例如，巩立姣是奥运赛场的"四朝元老"，但一直与奥运冠军无缘。2008年北京奥运会，19岁的她初次踏上奥运赛场便获得季军，4年后的伦敦奥运会上，她又收获了一枚银牌，2016年里约奥运会因发挥失常仅获得第四名。在经历痛苦、失落之后，她调整自己，一坚持又是4年。怀着对奥运夺金、为祖国争得荣誉的渴望，她克服伤病等挑战，在2021年举行的东京奥运会上，32岁的巩立姣终于圆梦奥运冠军。

第二，对获得历史性突破的成绩进行宣扬，表达出其对国家的贡献。这种历史叙事的脚本常常表现为：历史成绩不佳—历史性的突破—国家和民族的荣耀。譬如，在东京奥运会上，印度选手乔普拉（Niraj Chopra）在男子标枪比赛中夺得金牌，被媒体称为"创造了印度奥运会的历史"，这是本届奥运会印度的首枚金牌，也是印度历史上第一枚奥运会田径金牌。为了这枚金牌，印度足足等了100年。印度媒体、总统、总理都对乔普拉给予高度评价，称这枚金牌，让印度同胞心中充满了无限的喜悦和骄傲，为印度带来了荣耀。同样，在我国也有大量奥运成绩突破性的事件，1984年洛杉矶奥运会，许海峰获得射击项目的金牌，实现了中国奥运会历史零奖牌的突破；2002年盐湖城冬季奥运会，杨洋获得了女子500米和1000米的冠军，实现了中国奥运代表队在冬季奥运会上零金牌的突破；在2004年雅典奥运会上，刘翔获得了110米跨栏的冠军，以及2020年东京奥运会上，苏炳添获得了100米预赛第一名，都开创了中国人乃至亚洲人在速度项目上的历史。诸如此类的事件通过对过往成绩不佳的历史回顾，反衬出取得历史突破性成绩的弥足珍贵，激发了国民的自豪感。

第三，在历届奥运会上，媒体都对国家的历史文化进行宣传，特别体现在奥运会主办国通过全方位的历史叙事，呈现出国家厚重的历史底蕴、丰富多彩的文化样貌、科技的进步与变迁、经济的发展与繁荣以及人民安居乐业的美好景象。这无疑是一次历史的梳理和对现代人民生活的描写，通过媒体的叙事，把对国家的情感传递给人们。一方面，加强了他国对主办国的了解；另一方面，调动了本国国民对国家的集体记忆以及对国家的情感，国民的身份感、归属感、自豪感油然而生，从而引发强烈的国家认同感。

三、修辞渲染：媒体建构国家认同的艺术追求

在国家认同建构中，修辞起着重要的作用，能够引发人们对国家的情感，提升国家认同的效果。修辞由话语修辞发展而来，在西方修辞学出现之初，其研究对象是如何"说服"别人，而新修辞学提出"认同"的概念，使修辞学的

观念发生转变。但无论如何,在"奥运-媒介"仪式中,媒体利用图像修辞、语法修辞、声音修辞等艺术表达方式述说国家情感,引导受众,促进国家认同建构。

(一) 图像修辞的运用

后现代报纸媒介体育的发展迈向了读图时代,伴随着信息泛滥以及人们阅读时间的减少,人们不再过于追求报纸的新闻信息,而是热衷于观看富有视觉感知力的图像。报纸正是利用了人们获取信息喜好的变迁,把图像充分地运用到报道中。这正如维兰·傅拉瑟(Vilém Flusser)在其著作《摄影的哲学思考》中对报刊图像的评论时所言:"以往是文章主宰,现在是照片主宰。在技术性图像主宰的这种情况下,文章有了新的意义。"① 一方面,报纸把大量具有国家代表性的建筑、城市、历史文化、优秀运动员、国旗等图片符号应用于版面之中,来突出国家形象等意义。另一方面,这些国家级符号会在头版醒目的位置摆放,尺寸比较大,色彩也比较艳丽。譬如,《东方体育日报》在报道东京奥运会时,每一期头版中图像几乎占据了大部分版面,以两个及以上的图像拼图为主,也会出现单幅图像的情况。在 2021 年 8 月 5 日,中国女乒 3:0 战胜日本队,获得女乒团体冠军。《东方体育日报》发文报道时,采用的大幅图像是女乒团队获胜后的合影,他们手上展示着五星红旗,脸上流露出自豪的微笑,图片上配以黄色加粗的文字"横扫日本"。在版面设置上,这幅图片明显地占据整个版面中心的位置,而且尺寸也远远大于其他报道,给人以强烈的视觉冲击,这无疑凸显了中国乒乓球项目的强大,提升国家认同感。同样,大幅单图中苏炳添的坚毅表情、衣服上的 CHINA 字样和国旗图案、9 秒 83、亚洲飞人等文图,能充分调动国人的自豪感。

此外,色彩是图像的基本与核心元素,能带给人们强烈的视觉感受,同时,也具有象征意义。譬如,在中国,红色常常代表着民族独立、人民解放、繁荣振兴等概念和价值取向。② 红色是中国传统庆典的专用色彩,常常被用作运动员的领奖服颜色,也是国旗和国徽的主色调,体现出强烈的国家意识。运动员红色的服装、衣服上的国旗,以及手拉国旗庆祝胜利的画面成为图像呈现的重点内容,那一抹鲜艳的红色,代表着中国,在图像的修辞中表征着中华民族的崛起、强盛与复兴。

---

① 弗卢塞尔. 摄影的哲学思考 [M]. 北京:中国民族摄影艺术出版社,2017:78.
② 刘畅.《人民画报》(1978—2012) 封面图片对国家形象的建构与传播 [D]. 昆明:云南大学,2015.

电视和网络视频应用影像技术，使静态的图片叙事转变为动态的影像。它再现了奥运会各种场景，更能调动观众的多种感官，使人们有身临其境的"在场感"。可以说，电视制作人在服从社会总体文化逻辑的基础上，将体育及其文化信息等内容经过拆解、刻意甄选、重组、剪裁、放大和超文本链接等手法，营造出一种紧张的、刺激的、狂欢的、好看养眼并有"意味"的电视体育作品。① 这些影像综合了画面、色彩、蒙太奇等特征，把运动员的画面快慢交替、远近结合制造出超真实的奥运世界，并把人们的情感调动起来，与民族和国家紧紧地联结在一起。可以想象，当镜头推向颁奖仪式，我们可以看到奥运英雄掌心虔诚地放于胸前、眼含热泪、高唱着国歌、凝视着徐徐升起的国旗，此时此刻，情感的联结使国民的心和英雄融为一体，他们为英雄而自豪，为自己的国家感到骄傲。

（二）语法修辞框架的呈现

"语法框架"指叙述主体采用的叙事规则和手法，并以此组织整个事件，包括叙事的策略、风格、结构、逻辑等。在2020年东京奥运会上，中国媒体人充分运用语法修辞对事件进行解读，在逻辑起承转合和立意风格上体现出中国特色。譬如，击剑运动员孙一文夺得金牌，被媒体描述为："桃花影落飞神剑，一剑光寒定九州。"这在语法上运用了包含山东与九州的地域指示符号，将观众与国家地理边界联系在一起，激发了国民的民族自豪感和身份认同。同时，优美的、蕴含丰富象征的中国古诗的运用，描画出了恰似中国"古代剑客"的勇敢与豪迈。在东京奥运会，这些经典的话语随处可见，用古诗古韵体现出运动员的拼搏与成就。杨倩夺下首金，被描述为"除却君身三重雪，天下谁人配白衣"；32岁高龄的苏炳添，以9秒83的成绩打破亚洲纪录，成为首位冲进奥运会男子百米决赛的中国人。媒体就此评论道："功不唐捐，玉汝于成，岁月不负追梦人"；张家齐、陈芋汐，两位"00后"小将出战，被誉为"雏凤清于老凤声"；中国女子四人双桨的选手被描述为"一棹逍遥天地间"。在这些引经据典中，运用了大量的唐诗宋词、文言古语，让人们感叹汉语如此博大精深，它既可以像羽毛那么轻逸，也可以像石头那般厚重。这勾起了国民的集体记忆和爱国情感，凝聚了国家的向心力。

（三）声音修辞的运用

虽然，声音符号只能听到却看不到，但自从"仪式"这种人类活动诞生的

---

① 王庆军. 消费时代的电视体育批判与重构 [M]. 北京：光明日报出版社，2020：17.

那一刻起，声音就从未缺席。"奥运-媒介"仪式中声音符号的产生有两种情况，一种是媒体录制并进行播放的现场声音，另一种是媒体在编辑时加入的声音，如解说、音乐等。有学者认为，声音有极具价值的编辑作用，比起电视画面本身，声音能更好地辨别出画面中那些精彩的部分，足以让没在关注电视画面的观众重新回到电视前，关注电视。声音修辞是相对于视觉修辞而言的，电视声道是讲话、声效和音乐的组合，而其中的解说词、串语、音乐、语言的音质、音长、音强和音高等，都有其修辞的价值，例如，当我们离开电视走进厨房，仪式的情感语言会立刻凸显出来，环绕全屋，① 这也为建构国家认同提供了另一种仪式情景。这些声音通过修辞的功能表现出了社会、文化、政治的内涵，也携带着集体的共同情感和共识信息。

在"奥运-媒介"仪式中，能引起国民对国家的情感和认同的声音修辞大致可以包括解说语言修辞、音乐修辞等。在这里，我们对解说语言修辞做重点分析。从词源意义上来看，新修辞学中的"认同"与国家认同中的"认同"是同一含义，通过修辞手段提升国民对国家的情感和认同是每个国家解说员通用的范式，解说员首先应该具备民族意识和情怀，然后通过解读视频画面来引导民众的集体意识，反之，一旦解说员出现违反集体意识的话语，就会遭到民众、政党等的指责，甚至面临下岗的命运。2022年北京冬奥会，沙桐和梁毅苗等人在电视解说中通过声音修辞，活灵活现地诠释与叠加了视频画面的唯美和意义。

梁毅苗：中国向世界发出诚挚邀约，传递出14亿中国人民的美好期待，让我们一起在歌声中共同等待开幕式的正式开始。

沙桐：北京冬奥会的主题口号是"一起向未来"，这是中国向全世界发出的携手共创未来的新时代之音。

梁毅苗：成功举办北京冬奥会、冬残奥会将增强我们实现中华民族伟大复兴的信心，见证我们致力于推动构建人类命运共同体，展示新时代中国阳光、富强、开放的良好形象。

沙桐：从2008年的"同一个世界，同一个梦想"到2022年的"一起向未来"，中国积极参与奥林匹克运动，坚持不懈弘扬奥林匹克精神，是奥林匹克理想的坚定追求者、行动派。世界期待中国，中国做好了准备。

可以说，奥运会开幕式是主办国举行的一种盛大而隆重的"国家仪式"。北

---

① 陈文敏. 复现中的迷思：电视节庆仪式化传播及其认同研究 [M]. 北京：中国社会科学出版社，2018：167.

京冬奥会开幕式上，解说员用字正腔圆的普通话，其铿锵有力、抑扬顿挫、充满喜悦与自豪的声音吸引和感染着广大的观众。其解说内容与修辞演绎出"人民—家—国—全世界"的动人篇章。在解说中呈现出普通民众积极参与冬奥会、各族人民喜迎冬奥会、欢欢喜喜过大年以及人民安居乐业、积极向上的精神风貌。同时，在整个解说中，勾勒出国家地理图景以及家国的意识形态。此外，还表达了中国欢迎各国朋友，并携手世界"一起向未来"的美好愿景。

第二节　内容呈现："奥运-媒介"仪式中国家认同的话语生产

　　国家没有稳定而自然的认同。相反，国家认同通过话语被不断地协商。① 关于话语，学者有不同的理解。在福柯（Michel Foucault）看来，话语包括符号类别和叙述模式，是一组陈述。然而"尽管话语是由符号构成的，但话语所做的，不只是使用这些符号以确指事物，正是这个不只才是我们应该加以显现和描述的"②。福柯从权力的视角去看待话语。他认为，"话语是由社会中某些权力集团系统地组织起来并反映该社会集团意义和体现该社会集团价值观的言语构成，这些社会集团通过限定、描述来赋予话语意义并控制关于它自身什么是可以说的，什么是不可以说的，不管是边缘的还是中心的"③。也就是说，话语和权力紧密相连，在任何社会里，话语一旦产生，就受到若干程序的控制、筛选、组织和再分配。没有纯粹的、不计功利的话语，存在的只是权力制约下的话语。在一定条件下，话语本身可以转化为权力。因此，研究不同形态的话语，就是要探讨它们如何被作为有效的工具，用以对现有社会形式的重现，对社会自身的建构、解构、和再建构。④

　　本书认为，话语是指在一定语境中由社会某些权力集团组织的表达意义的陈述。大致包括以下方面：其一，它是通过符号来表达意义的，这里的符号不

---

① 布鲁纳. 记忆的战略：国家认同建构中的修辞维度［M］. 蓝胤淇，译. 北京：商务印书馆，2016：7.
② 福柯. 知识考古学［M］. 谢强，马月，译. 上海：上海三联书店，2003：50.
③ 黄敏. "新闻作为话语"：新闻报道话语分析的一个实例［J］. 新闻大学，2004（01）：27-34.
④ 姜飞. 从媒体（media）转向媒介（medium）：建构传播研究内生话语系统［J］. 新闻与传播研究，2011，18（04）：35-42，109.

仅仅指语言符号，还包括文字、行为、文本、事件、图像等；其二，话语在形成过程中存在话语的掌控者，掌控者具有选择的权力，只有符合话语意义表达的内容才能出现在话语系统中，否则将被排除在外；其三，这些符号在特殊的语境中表达着权力集团的意义，它受到文化、政治等条件的影响与制约，反过来也对社会建构有一定的作用。

在"奥运-媒介"仪式中，人们所看到是在媒介权力下复现与建构的语言、文字、文本等符号系统，这些符号表达的意义与"国家身份、文化、民族、国家"等联接，并不断强化国民的集体记忆，激发其共属一体的想象，最终增进国民的国家认同感。在"奥运-媒介"仪式中，通过"竞赛话语""加冕话语""文化话语"来建构国家认同。

一、"竞赛"话语：建构国民身份认同

"竞赛"是戴扬和卡茨提出的媒介事件中的一种脚本。"竞赛"仪式强调竞争双方的对抗性与挑战性，如总统竞选、世界杯足球赛、奥运会等。现代奥运会是以国家为主体的全球性竞赛活动，因此，在其内容呈现中汇聚着许多关于国家竞赛的话语，它能有效地引起国家认同，特别是能对公民的身份认同建构起到积极的作用。

（一）确立认同边界：呈现"他者"，强调"我者"

认同本质上是一个比较性的概念。关于这一问题，赵汀阳曾经提出：尽管"我是谁"是一个看似深刻的问题，但是，如果世界上只有一个人，那么，谈及"我是谁"或者"我是什么样的人"等问题就显得毫无意义。① 同样，国家认同也是在他国存在的前提下才能更好地被建构。艾瑞克·霍布斯鲍姆（Eric Hobsbawm）就曾指出，"集体认同是从与其他人对立的视角来定义的。如果不存在与我们相区别的'他们'，我们就不必称'我们'是我们自己"。

1. 呈现"他国"存在，建立异同感

现代奥运会是国家与国家之间的比赛。通过媒体的单边专用信号和大量报道，人们可以了解到本国运动员的竞赛情况。不过，在整个比赛期间，甚至在比赛前我们都能看到或听到关于他国运动队的信息。特别是对本国有重大影响的比赛时，媒体会利用对竞争对手的报道，增加比赛的悬念，也有大战一触即发的紧张感、压迫感，这调动了观众收看的欲望，也触发了国民的认异与认同感。

---

① 赵汀阳. 认同与文化自身认同［M］. 北京：中国人民大学出版社，2005：63-66.

　　在中国，乒乓球是我国的国球，深受我国民众的喜爱，也是奥运赛场上展现我国竞技运动风貌的优势项目之一。当然，在奥运赛场上赢得金牌也不是件容易的事情，因为日本、韩国、德国等国家队的乒乓球水平不容小觑。2021年7月24日《人民日报海外版》刊发了题名为"中国队力争再创佳绩"的文章，文章称："首次进入奥运会的乒乓球混双项目备受关注，中国队派出经验丰富的许昕/刘诗雯出战；日本组合水谷隼（Mizutani Jun）/伊藤美诚（ITO Mima）同样惦记着这枚新增的金牌，跃跃欲试。"① 近年来，日本队通过参加中国的乒超联赛、请中国教练、研究最先进打法等方式，使其后备人才的数量和质量均有明显的提高，他们成为中国夺冠路上的强劲对手。而且，在东京奥运会上，日本女乒主教练马场美香（ばばみか）直言：我们的目标是打败中国队，夺得冠军……我认为它可以在所有（乒乓球）项目中实现。伊藤美诚也在东京奥运会开赛前表示，要拿下3枚金牌。② 在这里中国媒体呈现了一个蒸蒸日上的、雄心勃勃的"他者"形象，它将是我们奥运会征程上的有力竞争对手。

　　同样，日本媒体也在塑造"他国"的身影。日本Rallys网对日本乒乓球选手与中国选手对阵胜率进行了统计和分析（如表3所示），以此推论谁在东京奥运会最适合代表日本队与中国队交战。

表3　日媒统计的日本乒乓球选手对中国选手的胜率③

男子队员	胜率	女子队员	胜率
张本智和	45.9%（17胜/37战）	早田雏	37.1%（13胜/35战）
户上隼辅	36.4%（4胜/11战）	伊藤美诚	33.7%（29胜/86战）
宇田幸矢	36.0%（9胜/25战）	桥本帆乃香	33.3%（7胜/21战）
森菌政崇	28.6%（8胜/28战）	芝田沙季	23.8%（5胜/21战）
吉村和弘	28.6%（2胜/7战）	石川佳纯	16.8%（19胜/113战）
神巧也	27.3%（3胜/11战）	佐藤瞳	16.7%（6胜/36战）
大岛佑哉：	23.5%（4胜/17战）	平野美宇	10.8%（8胜/74战）
丹羽孝希	23.0%（17胜/74战）	加藤美优	9.3%（4胜/43战）

---

① 刘峣. 中国队力争再创佳绩［N］. 人民日报海外版，2021-07-24（005）.
② 快资讯. 伊藤美诚放出狠话！直言要带回3枚奥运金牌，享受比赛拿下胜利［EB/OL］. 快资讯，2021-06-26.
③ 東京五輪金メダルへ 卓球王国・中国に強い日本選手は誰だ！［EB/OL］. yahoo，2019-09-17.

男子队员	胜率	女子队员	胜率
松平健太	22.2%（12胜/54战）		
水谷隼	20.8%（16胜/77战）		
吉村真晴	17.9%（5胜/28战）		

据日媒统计，排在第一位的男子选手是张本智和，他对中国选手的胜利率是45.9%，曾经战胜过中国选手张继科、樊振东、马龙等。日媒称，在东京奥运会上，17岁的张本智和向乒乓王者中国队挑战的情景令人期待。女子方面，早田雏、伊藤美诚和平野美宇都有不错的表现。最终，日本队选了和中国选手交手次数最多的6名运动员（张本智和、丹羽孝希、水谷隼等）参加东京奥运会比赛。在东京奥运会上，日本组合水谷隼/伊藤美诚在乒乓球男女混双比赛中收获冠军，女子团体也成功进入决赛。2021年8月5日媒称："日本将与宿敌中国队在乒乓球女子团体决赛上相遇。在2012年伦敦奥运会，日本女团在决赛中负于中国队，本次东京奥运会，日本女团将再次挑战女子单打金牌获得者陈梦、银牌获得者孙颖莎等强敌，这将备受瞩目。"

可见，在"奥运－媒介"仪式中，不同国家的媒介都在呈现着"他者"。"他者"是后殖民理论中的一个核心概念，是作为"本土"或者"我们"的对应物出现的。"他者"的存在一方面构成了与"我们"的差异，另一方面，它也成为"我们"的参照系，使"我们"与"他们"之间的二元关系建立起来。在这场仪式中，"他者"作为"我们的竞争对手"这一角色出现，促使了异同感的形成与强化。

2. 凸显"国家"称谓，强化"我者"身份感

在"奥运－媒介"仪式中含有大量的"国家性"称谓，比如，"中国""韩国""我国"等词语，这些词语能引起个体对所属群体的认同，特别是在与"他者"紧张激烈的比拼中，更能有效地使国民深切地感受到自己的群体归属。首先，国家名称是区分国家（运动员）与国家（运动员）的重要标志。从奥运会开幕式到奥运会竞赛，从颁奖仪式到闭幕仪式都有国家名称出现，国家名称常常与运动项目或运动员相连，以表明是哪个国家的代表队或运动员。比如，"古巴女排""俄罗斯游泳队""中国乒乓球选手樊振东"等。其次，"我国"和"我们"常常被用来代指本国，也是大部分国家媒体常用的词语。譬如，"比赛在我国举行""我国选手挺进决赛""我们赢了"等话语，立场鲜明地表达了"自我"和"他者"的区分，引起受众对自我身份的再确认和强化。再次，"我

们"一词也常常被官方使用。在 2021 年 8 月 14 日，白岩松在央视"新闻 1+1"节目中对东京奥组委主席桥本圣子进行了专访，在采访中桥本圣子 11 次用了"我们"一词来代表日本之意。

　　在中国，除了用上述词语外，"祖国"一词也被经常使用。"祖国"一词是中国文化特有的词语。我国的《四库全书》中就有关于祖国的论述。据考证，中国人称呼自己的国家为"祖国"是从清末留日学生开始的。① 根据《现代汉语词典》的解释，祖国就是自己的国家，是祖先开辟的生存之地，人们崇拜、爱惜和捍卫这片生生不息世代相传的土地。在 1949 年之后中国的现代化进程中，"祖国"与"母亲"建立了牢固的隐喻关系，使"祖国"一词不仅具有明确的国家归属感之意，而且还带有对国家强烈的感情色彩，这种感情包括对国家的固定疆土、国家主权、灿烂文化、大好河山以及骨肉同胞的爱恋。因此，在我国，人们和媒体的言说中"祖国"一词经常出现，比如，在东京奥运会上，钟天使在场地自行车女子团体竞速赛中夺得冠军，赛后她直言："感谢强大的祖国，感谢我们身后的团队，没有他们，我们站不上冠军领奖台。"2021 年 8 月 8 日，新浪网发表《为祖国争光，为奥运增辉——东京奥运会中国军团素描》的文章，总结了中国军团在东京奥运会上的动人时刻。另外，我国官方也经常使用该词。2021 年 8 月 8 日，在东京奥运会闭幕之际，中共中央国务院致电中国代表团，电文如下：在第 32 届奥林匹克运动会上，全团同志表现出色……为祖国和人民赢得了荣誉。……祖国和人民热切关注着你们在赛场上的良好表现，为我国体育健儿取得的每一个成绩感到高兴和自豪……祖国和人民期待着你们平安顺利归来！② 在短短的贺电中，"祖国"用了 3 次，"中国"用了 5 次，还用了"中华儿女"和"中华民族"等凝聚国民情感的词语。

　　综上所言，"奥运-媒介"仪式中到处都有"他者"的存在，但是，"他者"的存在只是表明"他们"和"我们"有所区别。然而，一旦"他者"和"我们"发生了竞争或矛盾，那么，人们群体的归属感就会油然而生，支持我方群体，也是"群体自我中心主义"的必然选择。在"奥运-媒介"仪式中，各国的国名、"我们""我国""祖国"等代表国家共同体的词语频繁出现，再加上奥运会是国家之间竞赛的本质，促使了国民对"自我"身份的确认。

---

① 杨慧，王向峰. 中华民族共有的最高诗情："祖国母亲"考辨 [J]. 社会科学辑刊，2007（01）：220-225.

② 中共中央国务院. 中共中央国务院致第 32 届奥运会中国体育代表团的贺电 [EB/OL]. 人民网，2021-08-08.

（二）国旗在场：国家竞赛的突出表征

顾拜旦在现代奥运之初就积极寻求能取代宗教功能的奥运符号。他认为，"在这个世俗化的世界，有一种信仰可以用来实现世俗化的目标——这就是国旗，它是现代爱国主义的象征"①。

1896 年首届现代奥林匹克运动会上，允许运动队伍和运动员展示本国国旗和其他象征物。从此，在世界范围内，形成了奥林匹克运动会和国家独立主权之间的重要联系。② 在奥运会中，国旗是国家的标志性旗帜，是作为国家表征的典型图腾符号。图腾是具体的和可视的某种物质或某个人，并代表着某种不可视的东西——部落本身或是国家，是崇拜它的种族群体的象征性化身。每个部落与国家都有区别于其它部落的图腾（哪种动物、哪个徽记或是哪面旗帜）。③ 在奥运会上，作为图腾的国旗无处不在，"被定位为动员与唤起国家观念最核心的象征之一"④。

开幕式上，参赛运动员由举着国家名字的引导员引领，每个国家护旗手手执国旗列队入场，在团结、友谊的主题下，也暗含着国家竞争的比赛即将开始。在东京奥运会举办期间，运动员必须佩戴口罩参加开幕仪式，许多国家代表团把国旗印在口罩上，这也成为特殊时期奥运会开幕式上的一道风景线。

赛场上，运动员的服装上都印着自己国家的国旗，这是身份的象征，披上国家队战袍的运动员为能代表国家比赛而感到无比骄傲，他将效忠国家，有为国而战的隐喻；在看台上或家里，观众挥舞着国旗为自己的国家队呐喊助威，运动员胜利时人们笑容灿烂，失利时他们泪流满面，泪水打湿了脸上印有的国旗图案。

比赛获胜后，国旗成为运动员表达喜悦和自豪的常用器物。获得好成绩的队员会动情地亲吻球衣上的国旗图案来表达爱国之情，他们也会身披国旗，为自己和国家获得荣誉而欢呼庆祝。美联社在 2021 年 8 月 6 日发表了题名为"美联社照片：奥运选手们自豪地展示他们的国旗"的社论，在最激动人心的时刻，奥运会运动员展示了他们的民族自豪感。奖牌获得者在庆祝胜利时，通常会拿

---

① 顾拜旦. 奥林匹克理想：顾拜旦文选［M］. 詹汝琮，邢奇志，译. 北京：奥林匹克出版社，1993：47-48.

② HILL C R. Olympic Politics：Athens to Atlanta，1896—1996［M］. Manchester：Manchester University Press，1996：2.

③ 哈乌雷吉. 游戏规则：部落［M］. 安大力，译. 北京：新华出版社，2004：219.

④ 小野寺史郎. 国旗、国歌、国庆：近代中国的国族主义与国家象征［M］. 周俊宇，译. 北京：社会科学文献出版社，2014：150.

着他们国家的国旗。有些人把自己裹在里面哭泣。有些人则将它们披在头上，或将它们披在背后，来庆祝胜利。①

颁奖仪式上，看着祖国的国旗缓缓地在赛场上升起，听着激昂的国歌，领奖台上的英雄们手捂胸口、眼含泪花地吟唱着国歌，这是经历多年艰苦训练和赛场拼搏的回报与释放，是为国争光后的无比自豪感，是在国旗下对祖国忠诚感的表达与强化。

由此观之，国旗"在场"是这场仪式的突出表征。国旗作为国家重要的图腾与器物符号，能使人们自然而然地联想到自己的国家、民族及其历史文化与发展变迁，在民众心中激起神圣的情感，这种情感又反作用于象征符号，使国旗更加神圣，此时国旗成为集体的象征与民众精神的图腾。在此过程中，无论是运动员还是国民，都聚拢在国旗之下，唱着国歌，从心底迸发出对国家的忠诚感与身份的归属感。

（三）"竞赛"话语的认同指向："我是谁"的身份认同

本尼迪克特·安德森认为：一个民族国家就是一个想象的政治共同体。也就是说，国家是以"想象"的方式建构的。对公民而言，国家概念或意识在日常生活中常常被搁置起来。只有当出现了他者或矛盾时，国家意识才有可能被唤醒，国民身份也因此被强化。身份是个复杂、重要的概念。身份本身的意义是指这个人是谁，是什么样的人。在人类社会之初，它给予了社会以秩序和结构，人们以身份识别个体差异。在现代社会，身份可分为客观身份和主观身份，前者如原籍、年龄、辈分、性别、职务、职业等。后者则内含着身份认同：内部人和外人，熟人与陌生人，君子与小人等。在与他者的关系中，身份表示与他人或群体的关系，如父子、同事、江苏人、中国人等。在所有身份中，最重要的一种就是国家公民身份，它是人们生活的基础。

关于公民身份，哈贝马斯认为，它"具有双重特征，一种是由公民权利确立的身份，另一种是文化民族的归属感"②。也就是说，公民身份存在两种形式，一种是公民因国家赋予的权利与义务而确定的身份，也被称为政治—法律公民身份；另一种则是公民为了"了解自己并给自己在世界上定位"③，可以称之为"文化—心理"公民身份。前者是国家统治者赋予公民的法律意义上的准

---

① AP PHOTOS. Olympians proudly display their national flags［EB/OL］. AP，2021-06-08.
② 哈贝马斯. 包容他者［M］. 曹卫东，译. 上海：上海人民出版社，2002：133.
③ 拉彼德，等. 文化和认同：国际关系回归理论［M］. 金烨，译. 杭州：浙江人民出版社，2003：250.

则，后者则是人们的心理感受，即获得文化和心理的归属感，是回答自己归属于哪个共同体的问题。在全球化时代，民族国家的地理边界被打破，但人们寻找精神归属无法消解，这是因为寻求共同体的归属、精神家园是人类本能的驱使，同时也是人们对本体性安全焦虑的必然结果。现代性使个体安身立命的意义世界被摧毁，人的本体性安全体系变弱，因而，公民更能深刻地感受到归属难以确定的焦虑和不安。①

显然，"奥运-媒介"仪式的"竞赛"话语，为唤醒国家意识提供了良机，激起了人们对"文化—心理"公民身份的认知，强化了"我是谁"的国民身份认同。在国家"竞赛"话语中突出地呈现了"他国"的存在，与此同时，也加强了对"我国"的报道，区别奥运赛场不同群体，特别是"他者"和"我们"发生了竞争或矛盾时，一种"同仇敌忾"的情绪促使集体身份的强化，观看比赛的同时伴随着强烈的集体归属感、国家认同感，这是因为国家不仅仅是历史和领土的结合，也是由拥有共同的命运、情感、集体记忆等族群组成的同胞共同体。在竞赛中，哪些运动员是我的同胞、我属于哪个同胞群体的认知被无限加强，在对祖国的认同中，一方面，公民表现出自己的国家情怀，另一方面，渗透着对同胞手足的休戚与共之情，这促使他们支持本国运动员，渴望自己的"国家队"在体育赛场的"战役"中击败对手站上领奖台，使国旗冉冉升起。此时，他们已经把自己纳入同胞组成的国家之中，形成了强烈的公民身份认同。

二、"加冕"表达：引发国民政治认同

"加冕"是媒介事件的另一脚本。戴扬和卡茨认为，皇室婚礼、就职、颁奖典礼等都属于加冕事件。戴扬和卡茨在《媒介事件：历史的现场直播》一书中借鉴了范热内普的"过渡仪式"理论，提出"加冕"就是一场"大人物们所经历的过渡仪式"，"'加冕'事件反映的是过渡礼仪的秘密"，也是包括"就职"在内的"英雄的过渡礼仪"②。

在奥运会的竞赛中，优胜者扮演着"开创者"的角色，得到社会、媒介和观众的持续关注与赞誉。可以说，奥运赛场为运动员提供了展示的平台，是运动员向"体育英雄的过渡仪式"，也是体育英雄的"加冕"仪式。在这场仪式中，媒介、观众、运动员等角色通过不同话语，制造和提升了奥运英雄的光辉

---

① 钟智锦，王友．"王者"的意义：奥运冠军报道的特征与话语中的国家意识（1984—2016）[J]．新闻记者，2018（07）：73-83.
② 戴扬，卡茨．媒介事件：历史的现场直播 [M]．麻争旗，译．北京：北京广播学院出版社，2000：37-40.

形象,实现了奥运英雄神话般的"加冕"。

(一)"加冕"话语的表征

现实中,有两类奥运选手容易获得"加冕"。第一类是获得奖牌,特别是获得金牌的运动员;第二类则是对原本处于弱势项目有所突破的运动员。这两类运动员会被精心塑造成国家级的英雄。他们获得好成绩的那些瞬间,将通过传媒的"英雄叙事"成为体育传播的经典时刻。一般而言,英雄是指那些在任何行动中,或在与其关联的追求、工作及经营中表现出非凡勇气、坚韧、刚毅和崇高精神的人。① 英雄往往能克服人性的弱点,忍受常人不能忍受的苦痛,去实现某种人类的愿望。② 奥运英雄是在体育界具有上述特点的人,往往是指通过努力拼搏,取得金牌或实现某个项目突破的品格优异的运动员。在呈现奥运英雄的文本中,奥运英雄不仅仅是一种光环,他们更是具有深刻内涵的符号。古希腊人的英雄观影响深远,也成为现代体育英雄的衡量标准。

1. 突出奥运英雄本身具备素质的描述

首先,具备近乎完美的体格。以健为美,是古希腊人审美的标准。因为古希腊有着对神崇拜的传统,而神的身体是完美的,比如,奥德修斯、阿喀琉斯等人是通过体育运动塑造出来的战神,健硕的身体和超强的耐力是他们的基本素质。因此在体育运动中人们不断完善自己的身体,是与神的不断接近,是取悦神、对神尊敬以及与神精神交流的最好表达。在现代奥运赛场上,娱乐神的观念已经消失,但是运动员要想在高手林立的竞争中脱颖而出,必须具有超强的体格。例如,在跳马比赛中,运动员上下肢肌肉发达,具有超强的爆发力和控制能力,有利于完成该项目的加速、腾空和平稳落地。即使在技巧类、球类等项目中,运动员通过长期的运动训练形成了项目所需的身体能力,也造就了力与健的结合。

其次,精湛的技艺是运动员成为体育英雄不可或缺的元素。在"奥运-媒介"仪式话语中,英雄是某一个运动项目中的佼佼者,拥有精湛的技艺和获胜的身体能力,是强者中的强者,一般都能在竞技中夺取冠军抑或是获得很好的成绩。在古希腊历史上被尊为英雄,有明确记载的运动员几乎都是冠军。在现代奥运会赛场上,有许多令人记忆犹新的体育英雄,他们创造了辉煌的成绩。

---

① OXFORD. The Oxford English Dictionary [M]. London: Oxford University press, 1989: 171.

② 王以欣. 神话与历史:古希腊英雄故事的历史和文化内涵 [M]. 北京:商务印书馆, 2006: 1-4.

例如，牙买加最为著名的运动员博尔特（Usain Bolt）至今仍保持着男子短跑界的多项世界纪录，他是人类超越自身极限的代表，也是对"更高、更快、更强"的奥运格言的完美诠释。在中国，有许许多多值得称道的奥运英雄。1984 年洛杉矶奥运会上，许海峰夺得中国奥运史上的首枚金牌、以郎平为代表的中国女排夺得奥运会冠军，被永远载入中国奥运史册；2004 年雅典奥运会，刘翔获得短距离项目 110 米跨栏的金牌，打破了我国没有运动员参加奥运短跑项目决赛的历史，也成为整个亚洲的骄傲；2020 年东京奥运会巩立姣夺得奥运会上中国田径赛的首枚金牌。另外，还有在乒乓球、羽毛球、跳水、举重等优势项目中，中国有大量的选手可以成为这些项目的"世界霸主"。

最后，拥有多重优秀的品质。奥运英雄不仅仅是"身体的标杆"和"技术英雄"，他们同时还是道德的楷模，拥有多重优秀的品质。比如，勇敢、不屈不挠的拼搏精神。勇敢是遇到困难敢于迎难而上，是知其艰难而永不退缩，它是创造卓越和打破纪录的前提。对古希腊的奥运英雄而言，勇敢与死亡、命运、荣誉等紧密相连，战车和拳击比赛可能会危及生命，但他们敢于争胜的行为与个人、城邦的命运以及荣耀紧密相连。因此，他们必须具有将生死置之度外的气概，必须经过激烈的角逐，顽强的拼搏甚至是殊死的搏斗才能获得加冕。在现代奥运赛场上，有的项目也是比较危险的，譬如，举重项目，当运动员试图举起自己的极限重量时往往会面临着腰腿等部位受伤的风险，甚至可能会瘫痪，但他们往往勇敢地选择超越自我，赢得桂冠。体育赛场不可能一帆风顺，也不是心想就能事成，要有"十年磨一剑"和越挫越勇、不屈不挠的精神。即便是"短跑飞人"博尔特也是如此。博尔特辉煌的职业生涯其实也不是一帆风顺，伤病、失利常伴左右，但是博尔特有着不屈不挠永不放弃的信念，正是这种信念的支撑使其更加刻苦训练，并成就了"体育飞人"的英雄称号。

2. 通过奥运英雄自身的话语提升自我形象

在奥运会赛场上，有许多动人的故事，而且奥运英雄的集体主义话语随处可见，这无疑提升了英雄的自我形象，也感化着国民。例如，中国的乒乓球男团和女团在 2020 年东京奥运会比赛中都获得了四连冠。赛后运动员们激动地表示，"为国家争得了荣誉，将向下一个目标继续迈进"。2020 年东京奥运会上，在女子三对三篮球比赛中，中国队获得宝贵的铜牌，当被问及未来是否继续为三人篮球国家队参加大赛时，女篮队员杨舒予毫不犹豫说道："祖国需要我，我必定出战。"这成为网络上被大家传诵的奥运金句。再如，巩立姣在东京奥运会夺冠后，无比激动地指着服装上的"CHINA"字样，然后，双手高高竖起大拇指，大声叫喊着："China，牛！"随后，镜头再一次切换到她身披国旗、戴着口罩,用几乎嘶哑的声音吼叫着:"中国最牛,中国最牛!"在接受媒体采访时,她坦言:"好多人也问我会不会退役,但是只要祖国需要我,我肯定会一直练,练到我练不动为止。"这是无比煽情的庆典和爱国仪式,观众的情绪就此点燃,此时此刻,在"我们都是中国人"的心理暗示下,巩立姣、中国和中国人紧密地联系在一起,国民为"我们国家的人"获得金牌而欣喜,心中的自豪感油然而生,也唤起了对祖国的热爱。

同样,在国外,奥运英雄的话语也彰显国家意识。伊藤美诚在东京奥运会开赛前一个月接受日媒采访时表示:"中国队实力很强,是主要的对手,但我要拿下3枚金牌。"在东京奥运会上,日本选手水谷隼和伊藤美诚在乒乓球混双项目上战胜中国选手,获得金牌。赛后水谷隼在接受采访时说:"在奥运会这个特别的舞台上,我觉得中国选手也同样是人,我只是想超越中国。"显然,水谷隼的言辞充满战胜强大中国队的喜悦和为日本争得荣誉后的自豪感。还有,德国队39岁的老将罗纳德·劳厄(Ronald Rauhe)在皮划艇四人组项目中获得金牌,在他即将退役之前能在东京奥运会上赢得胜利使他喜极而泣,还有令他无比激动的是,闭幕式上将由他担任德国队的旗手,他表示"以前没参加过奥运会,举着国旗出场是我职业生涯的最高荣誉"。

作为仪式表演者的奥运英雄,运用行为符号、语言符号等表征出其优秀的品质,以及对祖国深深的热爱,而且有为国家奋斗的激情。这些话语提升了奥运英雄的良好形象。他们的言行极大地感染着仪式的膜拜者,在仪式中,国民与运动员共享国家共同体的荣辱与成败,仿佛运动员就是他们自己,这些拥有共同的信仰、历史、文化与梦想的群体成员在仪式中变得更加团结,也在很大程度上增强了国民的爱国情怀。

（二）颁奖典礼：英雄的"加冕"仪式

体育英雄的形成有许多因素,至少他们具有优异的个人成绩或是英雄的特质。不过,体育英雄除了身体优异的表现外,也需要一个大型的展演舞台,能让他们恣意挥洒身体的天赋。奥运会提供了全球竞赛的平台,并通过媒体的播送,将体育英雄淋漓尽致地表现,深植人们的脑海,其中,颁奖典礼成为令人难忘的英雄"加冕"仪式。

1. 颁发奖牌仪式

现代奥运会在每项比赛结束后,立即在比赛举行的场地进行颁发奖牌仪式。当颁奖音乐响起时,获得前三名的运动员身着领奖服,按照季军、冠军、亚军的顺序排列,在礼仪小姐的带领下站在领奖台的后面。领奖台最早出现在1932

年第 10 届洛杉矶奥运会上，同时为第一、二、三名设置了不同的高度，冠军站在亚军和季军中间的最高台，亚军在冠军的右方，季军在冠军的左方。主持人最先呼报获得第三名的运动员及所属国家，第三名的队员登上自己的领奖位置，由国际奥委会主席等颁发奖牌、鲜花或吉祥物。随后对第二名、第一名进行颁奖。

2. 升国旗奏国歌仪式

升国旗奏国歌是颁奖仪式中最重要的环节。在对运动员颁发完奖牌后，要进行升国旗仪式，获得冠军的运动员国家国旗被摆放在中间，亚军和季军的国旗放在两边，并低于冠军国家的国旗。当三面国旗缓缓升起之时，要奏响冠军国家的国歌。这是个无比庄严的时刻，面对国旗，奥运英雄们有不同的表达方式，在 2020 年东京奥运会上，中国举重 59 公斤级的侯志慧、3 米板跳水冠军王宗源和谢思埸、女子 200 米蝶泳冠军张雨霏、羽毛球女单冠军陈雨菲等运动员，在升国旗奏国歌之前，都放下手中的花束、整理好自己的衣服、庄重地面对国旗站立。而有的运动员面向国旗、手捂胸口、眼含热泪、唱着国歌表示对国旗的尊重和对国家的热爱。

3. 绕场庆祝仪式

在升国旗仪式结束后，奥运英雄们会绕场进行庆祝。骄傲、自豪与微笑洋溢在英雄们的脸上，他们在媒体的聚光灯下走走停停，摆出多种姿势进行拍照。观众大声呼喊着英雄们的名字，而奥运英雄们享受着观众的欢呼与祝福，也向观众招手示意，以示感谢。他们也会接过观众递来的国旗，披在身上。此时，英雄与国家、国民紧紧地联结在一起。

总之，加冕类型的媒介事件可以完全看作一种仪式，表达并引导观众对事件的象征意义进行解读。[①] 奥运颁奖典礼是一种"社会行为"，其展演在标准化的程序下，由一个个具体的行为组成，这些行为由于被仪式的场域、氛围、规矩所规定，其意义效力大多体现于仪式性场合，并通过语言符号、行为符号、物质符号表达仪式的社会象征意义。比如，2004 年雅典奥运会上刘翔获得 110 米跨栏奥运冠军，被誉为跨时代的胜利，是中国乃至整个亚洲的突破。而高举国旗跳上领奖台以及虔诚面对国旗唱着国歌的那一刻，刘翔完成了奥运英雄的现场加冕。这一荣耀时刻，也通过现场直播、复播、新闻报道等多种形式传至全国乃至全世界，同时，网络、报纸等媒介把英雄拼搏和优秀的品质进行挖掘和宣传，实现了民众对刘翔的加冕，刘翔成为"飞人"，成为那个年代中国体育

---

① 高子桓. 媒介事件的仪式传播研究［D］. 郑州：郑州大学，2020.

精神和政治优越的象征。

（三）加冕话语的认同指向：政治认同

1. 奥运英雄的加冕是国家荣誉的体现

运动员的加冕同样也是所属国家的荣耀与加冕，因此受到国家的重视。在 2021 年 8 月 4 日美国有线电视新闻网（CNN）刊发一篇题名为"拥有 13 亿人口的印度，到现在在东京只赢了 3 块奖牌（没有金牌）"的文章。文章称：印度是世界人口第二多的国家，但参加东京奥运会的运动员人数却很少……印度无法成为奥运强国。不过，在东京奥运会结束前的倒数第二天，印度选手乔普拉在男子标枪比赛中夺得金牌，赢得了印度各方的高度关注。印度新德里电视台（NDTV）自豪地向全国通报，印度已经获得 7 枚奖牌——1 金 2 银 4 铜。《印度时报》等报纸称：为了这枚奥运会田径金牌，印度足足等了 100 年，乔普拉创造了印度奥运会的历史。印度总统科温德（Ram Nath Kovind）、副总统奈杜（Muppavarapu Venkaiah Naidu）和总理莫迪（Narendra Damodardas Modi）也在推特上发文祝贺，他们认为，在 2020 年东京奥运会上，乔普拉书写了历史，他以非凡的激情和无与伦比的毅力赢得了比赛，让印度同胞心中充满了喜悦和骄傲，为印度带来了荣耀。

然而，为什么运动员在奥运比赛中获得胜利，会被认为是一个国家的荣耀与加冕？这是因为：一方面，运动员是代表国家参加比赛的，他们的训练、参赛和取得的成绩都离不开国家这个框架。另一方面，这也是由人们认识和思考问题的方式决定的，在生活中，人们常常会"以部分代表全部"，这就是所谓的"换喻"功能。约翰·费斯克（John Fiske）认为："换喻的基本定义是用'部分代表全部'，在对现实的再现中必定有换喻的参与，换喻是它所代表的事物其中的一部分，包含了一种高度任意性的选择。但选择的任意性通常是被掩饰的，或至少是为人所忽略的。"① 就此而言，在"奥运–媒介"仪式中，运动员的胜利经过换喻被转化为民族、国家甚至洲际的胜利。例如，印度运动员乔普拉的夺冠被喻为印度的胜利；我国女排在比赛中获得"五连冠"，被誉为中华民族的伟大胜利，这就是用几个运动员和教练员组成的小团体代表了整个民族国家；同样，在 2004 年雅典奥运会上，刘翔打破 110 米跨栏世界纪录并夺得冠军；以及 2020 年东京奥运会上苏炳添在 100 米决赛中获得第六名，被誉为中国的乃至亚洲的胜利。

由此可见，奥运英雄具有国家属性，他们代表国家参加比赛，有"为国而

---

① 费斯克. 传播符号学理论［M］. 张锦华，译. 台北：远流出版公司，1995：127-128.

战"的表征。而英雄的成功加冕，使他们成为民族英雄，他们的"完美形象成为共同体的标杆，英雄的成就不仅属于他（她）自己，更是共同体的财富，是集体品质的见证"①。可以说，加冕仪式是英雄与国家的地位逆转和地位提升的"过渡仪式"，也隐喻着国家的崛起与强盛。

2. 奥运英雄的加冕提升国家形象

国家形象是指国内外公众通过媒介传播，对一个国家的外在表现与内在品性所形成的总体印象和评价。② "奥运-媒介"仪式通过电视、网络、广播、报纸等媒介，使在场与远距的、分散在五湖四海的观众处在"共同情境"的"神圣典礼"中，并通过运动员的加冕与个人品质提升了国家形象。

奥运英雄的加冕通过媒体强大的流播功能把运动员的名字及所属国家的名字传向全球的每一个角落，受到各界的高度关注。由于英雄奋斗的经历、专业的能力与特有的品质，使其能更好地得到国际社会的信赖，改变其他国家的态度，也能有效凝聚国内民众，形成良好的国家形象，使体育英雄成为国家的"名片"。作为国家的形象大使，奥运英雄的话语、行为、形象等经过媒体呈现在世人的眼前，让人们从中窥见一个国家的精神风貌，为提升国家形象起到积极的推进作用。奥运英雄用他们的一言一行诠释着当代中国青年的价值观、生活态度与综合素质。他们作为国家的"窗口"，生动、鲜活、直观地感染着世人，对内实现国家精神的再生，对外架起沟通的桥梁，为改善外国人对中国的偏见起着积极的促进作用。

3. 奥运英雄的加冕推进政治合法性认同

任何一种政治系统，如果它不抓合法性，就不可能永久地保持住群众（对它所持有的）忠诚心。这也就是说，就无法永久地保持住它的成员们紧紧地跟随它前进。③ 对国家而言，政治合法性是指国家政治统治的正当性和合理性。现代民族国家的合法性一方面是通过宪法、主权等法律形式表现出来；另一方面，则主要是通过公民对国家政治系统的支持与认同而获得的。合法性的建立有助于推进政治认同。政治认同是指人们在政治生活中产生的认可、同意的情感倾向和亲近、接纳的心理归属，在本质上是社会成员对政治权力的认同，具体表

① 赵琼，吴玉军. 历史记忆与国家认同：基于美国国家认同教育中历史英雄人物符号的塑造问题分析 [J]. 思想教育研究，2017（07）：101-104.

② 黄莉，万晓红，陈蔚，等. 北京冬奥会期间中国国家形象的塑造研究 [J]. 武汉体育学院学报，2021，55（05）：5-11.

③ 特纳. 象征之林 [M]. 赵玉燕，欧阳敏，等译. 北京：商务印书馆，2006：19.

现为人们对政策、执政党、政府、国家、政治制度、政治价值观方面的认同。①
不过,政治认同建构在于国家有政治合法性,因为不具有政治合法性的国家与
政权,就得不到广大民众的认同与支持。②

在奥运赛场上,从普通的运动员到奥运英雄的政治建构,都离不开国家行
为。这种政治建构的实质在于向世人宣示其政治合法性。事实上,民族国家的
竞争是全方位的,包括军事、科技、文化、教育、经济、体育等领域,而且,
奥运会本身就是国家之间的比赛,政治的渗入在所难免。此外,每个民族国家
体育事业的发展都需要国家的支持,奥运会中运动员的加冕表征了国家政策制
度的优越性。正因为如此,许多国家在奥运比赛中奉行锦标主义,形成了"金
牌情结",金牌也成为展现其民族意识与民族强盛的重要元素。因为,对民族国
家来说,奥运会是和平时期"无硝烟"的国家之间的战争,更是不同国家制度
之间优劣性的比拼。因此,当运动员在比赛中获得胜利时,他就会被奉为民族
英雄,进而被推向世人、推向世界。借助奥运英雄的加冕,民族国家的制度合
法性再次得到宣示和确证,从而巩固和强化了制度合法性。③ 正是由于奥运英雄
的夺冠与加冕能够体现政治的合法性和优越性,因此,在 2020 年东京奥运会
上,当中国金牌数量超过美国跃居金牌榜首位时,美国媒体按照自己的规则,
依据获得金牌、银牌、铜牌的总和来进行排位,使美国奥运会的排位上升至第
一位,这幕闹剧的背后也表明了获得奖牌和排名的政治意义。

总之,在奥运加冕话语中,利用奥运英雄这一象征性资源,展现出国家和
政府的政策方略、政治秩序的正确性和权威性、国家近年来所取得的成就、体
育事业的飞速发展等,体现出强烈的政治意识和国家意识,象征着政府的英明
领导、国家的和谐有序发展等意识形态。奥运英雄的加冕对外建立起良好的国
家形象,对内振奋了国民士气、凝聚了民族向心力,彰显着国家和政府的合法
性。而且,在这些象征意义的不断建构中,让国民产生自己就是"政治共同体
一员"的归属感,以及甘愿为其效忠的强烈情感和政治认同。

---

① 黑格尔. 美学 [M]. 朱光潜, 译. 北京: 商务印书馆, 1979: 10.

② 曾楠, 张云皓. 政治仪式: 国家认同建构的象征维度: 以庆祝中华人民共和国成立 70 周年大会为考察对象 [J]. 云南民族大学学报 (哲学社会科学版), 2020, 37 (06): 5-11.

③ 胡全柱, 乔超. 青少年体育明星崇拜的社会学分析: 基于"国家-市场-社会"理论视角 [J]. 体育与科学, 2014, 35 (04): 64-66, 100.

三、"文化"策略：提升国民文化认同

"文化"一词在汉语中古已有之。在汉语语境中文化有两种含义：一是指人类的智慧、意识、精神及其创造的成果总称；二是指以"文"教化之意。在国外，不论是德文的 Kultur，还是英文的 Culture，都来源于拉丁文中的 Culrus，为开掘、耕种、居住、培育等含义。古往今来，不少哲学家、人类学家、历史学家、社会学家和语言学家一直努力，试图从各自学科的角度界定文化的概念，因此，关于文化的概念种类繁多。英国人类学家泰勒在《原始文化》一书中对文化的定义被广为引述，他认为"文化或文明，从其宽泛的民族志意义上来理解，是指一个复合体，它包含知识、信仰、艺术、道德、法律、习俗以及作为社会一个成员的人所习得的其他一切能力和习惯"①。我国学者刘梦溪认为：传统文化不仅涵盖哲学、史学、文学、医学、民族学、人类学、考古学，以及音乐、绘画、伦理、道德、教育、社会习俗、宗教信仰等精神方面的内容，也包括诸如农业、手工业、商业、建筑、交通乃至饮食、服饰等外显或内隐的行为特征和现象。从广义上来看，中国传统文化就是指中国传统社会下的中华民族的整体生活方式和价值系统，其精神学术层面，应该包括道德、信仰、宗教、艺术、知识、哲学、法律等。② 总之，本章中所指的文化是与政治、经济等分在同一层次的"小文化"。

可以说，除了宗教以外，奥林匹克运动是历史上最为悠久的社会文化现象。特别是在开幕式的入场仪式中，展现了不同民族、不同国家的文化风貌，而开幕式的"文艺表演"环节成为奥运主办国展示其民族文化的盛大舞台，而且，奥运传播呈现出的媒介变迁、文化交流与文明演进，对于促进本国文化影响力，提升国民的文化认同产生积极影响。

（一）入场仪式中各国服饰的民族文化呈现与建构

奥运会开幕式是体现国家或地区文化的主要仪式之一，其中，各代表团的入场仪式受到全球关注。但是，在入场仪式上，运动队没有机会进行语言表达，也没有多少行为方式的展演空间。那么，如何在短短的十几秒视频直播时间里向全球展示自己的文化，成为每个国家和地区都难以回避的问题。在入场仪式中，为了使自己的代表团既能识别度高，又能体现自我的特色，"所示之物"成

---

① 泰勒. 原始文化［M］. 连树声，译. 上海：上海文艺出版社，1992.

② 杜悦. 什么是国学，什么是传统文化：中国文化研究所刘梦溪所长访谈录［N］. 中国教育报，2007-05-23（005）.

为各国展示"自我特色"的主要符号，特别是入场服饰成为各国重点打造的对象，成为呈现民族与国家特色的"展演仪式"。在展演过程中，入场服饰的"本土"色彩使用和传统特色服装样式成为展现自我特色的两大方式。

1. 服饰的"本土"色彩运用：国家文化特色的体现

色彩符号可以通过视觉传达一个民族与国家的特性。在奥运开幕式运动员的入场仪式中，许多国家都选取代表本国或地区特性的颜色来制作服装，比如，荷兰的橙色、西班牙的红色、意大利的蓝色、克罗地亚的红白色格子组合等都是代表本国的经典颜色。而且，每个国家的经典颜色常常就是国旗的主色调。国旗的颜色是民族、国家历史和文化的聚合，它蕴含着非凡的意义，同时也受到国民的喜爱。近年来，中国将国旗上的红色和黄色用于设计中国队奥运会队服，中国国旗上的红色象征革命，五颗星的黄色象征光明，而且，在中国的历史文化中，红色也代表着激情、活力与喜庆，黄色代表着尊贵与希望。因此，从 2008 年北京奥运会到 2020 年东京奥运会，"中国红"与黄就成为中国奥运代表团入场服的主色调，成为辨识中国队的特色符号。在 2008 年北京奥运会和 2016 年里约奥运会上，中国队采用女队员上衣为黄色、男队员上衣为红色的颜色组合方式。而在 2012 年伦敦奥运会和 2020 年东京奥运会上，中国队采用男女队员上衣为红色来彰显中国特色。

以国旗颜色为主色调的奥运入场服装比比皆是，我们统计了参加 2020 年东京奥运会的 205 个代表团后发现，除了难民代表团、柬埔寨、几内亚、关岛、新西兰、孟加拉国、毛里求斯、毛里塔尼亚、老挝 9 个代表队没有使用国旗的任何一种颜色（其中关岛、毛里塔尼亚和老挝是因为选取了具有民族特色的服装），其余 196 个国家和地区代表团都不同程度地使用了国旗的色彩，占参加奥运会代表团总数的 95.6%。值得一提的是，有 114 个国家和地区在服装上使用了国旗的全部颜色，占比达到 55.6%，他们用不同的颜色配比和组合展示了国家与民族的特色（如图 5 所示）。

按照国旗的样式和颜色拼接起来的奥运会入场服。例如，摩纳哥国旗是上红下白的条形形状，他们的奥运入场服是按照国旗的式样和颜色做成的，采用上身红西服下身白裤子的搭配。意大利也是按照国旗中间白色，两边分别是绿色和红色设计的，而且他们的鞋子也是采用前面红色中间白色后面绿色的样式。另外，匈牙利、也门、乌克兰、丹麦、黑山、格林纳达、巴哈马、牙买加等国家也都采用了这种设计思路，运动员分别穿着不同颜色的服饰，但不同的颜色聚集在一起就代表了国旗的整体色彩。例如，卡塔尔、瑞典、利比里亚、安提瓜和巴布达、纳米比亚、巴巴多斯、越南、法国等国家；有些国家甚至直接把

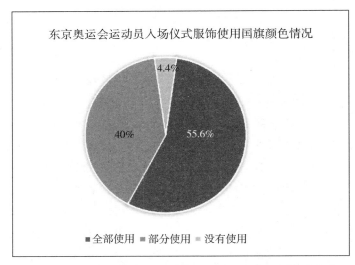

东京奥运会运动员入场仪式服饰使用国旗颜色情况

4.4%

40%   55.6%

■ 全部使用 ■ 部分使用 ■ 没有使用

图 5　东京奥运会运动员入场仪式服饰使用国旗颜色情况统计图

国旗印在衣服上，比如，圣卢西亚、格林纳达、吉布提等国家。

2. 民族传统服饰：国家历史文化的展现

一个国家的传统服装能代表和体现国家的历史与文化，而国家传统服装往往与民族特色联系在一起。因此，代表国家的民族传统服装是民族国家在长期发展过程中形成的、相对稳定的、被各民族群体认可的、能代表本国历史文化的图案、样式与颜色等符号。

我们在 2020 年东京奥运会运动员入场服饰的统计中发现，有 59 个国家和地区选用了具有民族特色的服装，有的国家和地区把具有民族特色的符号用图案、帽子、围巾等方式展现出来。其中，有 31 个国家和地区穿着民族式样的服装，并在服装上展现了国旗的全部色彩。当然，这些服装符号具有明显的民族特色，是民族国家主体民族文化或主要宗教信仰的反映，是全国或地区人民共同认可的"国服"。比如，信奉伊斯兰教的巴林和阿联酋、信奉藏传佛教的不丹、信奉伊斯兰教和天主教的布基纳法索、信奉基督教的莱索托、信奉基督新教的汤加等国家都是以宗教信仰的服装参加奥运会入场式。

通过对东京奥运开幕式中各代表队入场仪式服饰的呈现，我们可以发现，奥运会入场式就是一场盛大的国家服饰"展演仪式"，在奥运入场式的大型舞台上，在全球的瞩目下，各国把最能代表"自我"本真的符号刻画于服饰之上，这些符号是在权力运作下的国家文化的表达。

（二）"文艺表演"中主办国的文化展演

国际奥委会委员何振梁先生认为：开幕式是对奥运会的集中考验，也越来越成为东道主展示本国文化、民族精神的平台。任何一届奥运会的东道主都在试图通过开幕式传播符合自己国家政治环境和国家形象的艺术表达，"文艺表演"是其中的重中之重。① 一个多世纪前，顾拜旦谈到对奥运会仪式的憧憬与希望时也提到了艺术的魅力，这为奥运会中实施文艺表演提供了可能。

迄今为止，夏季奥运会已经举办32届，"文艺表演"也经历了较大的变迁。奥运会初始阶段（1896—1912）是以合唱、乐队演奏为主要形式，团体操表演崭露头角。从1920年至1936年，表演的基本形式是合唱、简单的民族舞蹈和军事化团体操。1948—1980年，以大型团体操为主要表演形式的形象，由于第二次世界大战结束，团体操表演的军事化显著减弱。随着广播与电视的出现，以及与奥运会的联姻，扩展了奥运传播的广度，促使大众化、娱乐化的民族特色舞蹈等艺术形式加入文艺表演中。从1984年后，文艺表演受到各主办国的重视，并呈现以下特征：第一，文艺表演的结构包括一个总主题和多个分主题，以多个分主题来诠释总主题。譬如，在1992年巴塞罗那奥运会上，其总主题要表达的是"灿烂的地中海文化"与"奥林匹克精神"，诠释性的分主题包括"巴基罗那城史""欢迎曲""奥林匹克回顾"和"西班牙音乐文化"四个部分。第二，注重对本国历史文化的挖掘与展演。例如，洛杉矶奥运会文艺表演中的"新大陆的发现""开发西部"等分主题；汉城奥运会的"仙鹤传说"；亚特兰大奥运会的"世纪在召唤"等都展现了主办国的历史与文化。第三，新时代高科技介入文艺表演。到了21世纪，文艺表演的主题思想艺术化不断加强，表演开始具有戏剧化特征，再加上大量的声、光、电等高科技的运用，使开幕式的文艺表演成为一个多元化的、高度整合的巨大舞台，也给观众带来前所未有的视听盛宴。②

1. 过去、现在与未来："文艺表演"中的线性叙事呈现

如今，文艺表演已经成为奥运会开幕式中不可或缺的元素，成为全球瞩目的焦点。其实，无论奥运会在哪个国家举办，自我的文化表达都成为文艺表演最主要的表达对象，这正如2008年北京奥运会开幕式导演张艺谋所言，奥运会的开幕式是"用世界的语言"来"演绎中国的历史与文化"，或者是"讲述中国人的故事"。在叙事过程中，以时间为轴的线性叙事已经成为现代大型赛事的表现方式，这种叙事方式往往分为三个环节：国家的"诞生""新时代的到来"

① 邵培仁，金苗. 美、日、澳北京奥运会开幕式文艺演出电视解说框架分析［J］. 浙江大学学报（人文社会科学版），2009，39（05）：46-55.
② 肖红，肖光来. 现代奥运会开幕式表演的历史变迁、机制和启示［J］. 北京体育大学学报，2015，38（03）：28-34.

"成熟"。① 如今的文艺表演正是按照这样的逻辑关系，以线性的时间为总体构架②，用国家的过去、现在与未来的经典事件呈现国家的历史与文化。比如，2012 年伦敦奥运会的文艺表演分为田园牧歌、工业革命的喧嚣、快乐和繁荣、童话与国家、迈向未来五个部分，讲述了英国发展初期的美好乡村生活，再到影响深远的工业革命历史，然后呈现了从工业文明中复兴，直至走向新未来的国家故事。这种叙事方式也在随后的里约奥运会和东京奥运会中有所体现。

同样，2008 年北京奥运会开幕式在整体叙事结构上也采用线性的方式。从叙事方式上来讲，北京奥运会的文艺表演名为《美丽的奥林匹克》，分为上下两篇，上篇名为《灿烂文明》，分为画卷、文字、戏曲、丝路和礼乐五个部分；下篇名为《辉煌时代》，分为星光、自然和梦想三个部分。下面是北京奥运会文艺表演的节目表：

[画卷] 中国画卷打开惊艳全场 水墨书写中华历史

[文字] 3000 孔子弟子手执竹简 高声吟诵《论语》

[戏曲] 京剧木偶活灵活现 世界"第八大奇迹"亮相

[丝路] 画纸幻化无边沙漠 敦煌舞者在沙漠上漫舞

[礼乐] 五幅长卷画现礼乐之邦盛世 颂吟春江潮水

[星光] 郎朗携手女童献演开幕式 五彩画卷展新姿

[自然] 李白名句诗意表达 2008 名演员展太极魅力

[梦想] 梦幻般的地球冉冉升起 航天英雄传递梦想

[主题歌] 刘欢 莎拉布莱曼高唱主题歌《我和你》

北京奥运会开幕式文艺表演以中国画轴拉开序幕，以线性叙事为总体结构，以时间为轴，以各时期具有代表性的符号展示了中华民族的悠久历史、灿烂文化、改革开放的建设成就和中国人民良好的精神风貌，以及现代科技进步和未来美好图景。

2. "文艺表演"中的国家符号运用

在"奥运-媒介"仪式中，主办国利用线性的时间叙事方式述说着"自我国家和民族"的过去、现在，勾起其国民对美好未来的憧憬与向往。同时，在叙事过程中，又充分运用物质符号、行为符号、语言符号等进行言说。值得注意的是，不管是哪类符号，媒介仪式都极其注重视听觉效果，以"看"为主导

---

① DANFORTH L M. Is the "world game" an "ethnic game" or an "Aussie game" Narrating the nation in Australian soccer [J]. American Ethnologist, 2001, 28 (02): 363.

② 胡亚敏. 叙事学 [M]. 武汉：华中师范大学出版社，2004：130.

的视觉文化表达也影响着仪式的符号系统。特别是直播满足了人们"看"的欲望。2008年北京奥运会被誉为史上"无与伦比"的一届奥运会，它很好地呈现了中国国家符号，受到全世界的关注。

第一，物质符号的呈现。在北京奥运会的文艺表演环节，具有国家代表性质的大量物质符号通过视频、图像展现在人们眼前，这些器物都代表着中国传统文化的缩影。具体来看，首先，文艺表演在一首气势恢宏的"击缶而歌"乐曲中拉开了序幕，"击缶而歌"的演奏器物是我国流传年代久远的"缶"。这种远古的器物运用在现代科技的光影变幻中焕发出独特的民族意蕴和视觉魅力。其次，表演仪式以中国特有的"绘画长卷"为线索，以中国式的美学展现中国五千年历史底蕴。当巨大的卷轴慢慢打开时，"太古遗音"、四大发明、汉字、戏曲、丝绸之路、长城等中国国家符号，依次在这幅巨大的长卷上神奇展现。在开幕式表演中还出现了京胡、锣鼓等传统乐器，让世界人民进一步了解中国文化的博大精深。此外，中国的四大发明指南针、造纸术、印刷术、火药，文房四宝之笔墨纸砚，还有水墨画、汉字、长城、竹简、兵马俑、太极八卦图等代表中国文化的器物也都在表演中得以呈现。

第二，行为符号的展演。北京奥运会的成功之处除了对民族传统文化的物质符号展示外，也有大量的行为符号展演。其一，众多演员在整体统一行为下完成了仪式中的角色，体现了中国的集体主义精神。参加北京奥运会开幕式表演的演职人员共有22000多名。2008名击缶者服装统一、动作整齐，引出开幕式倒计时；3000名孔子的弟子手执古代常用的竹简，一起吟诵《论语》篇章；舞旗的演员身着兵俑服饰；移动的戏台上，4个京剧木偶和800名演员欢乐的表达凯旋场面；高科技的画卷幻化出漫无边际的沙漠，敦煌舞者在沙漠上翩翩起舞；897位演员变换出不同字体的"和"字；当2008名太极拳表演者以"动静结合、刚柔相济"的拳风一边打着太极，一边有序、准确地形成"天圆地方"和"八卦"图的形状，NBC解说员称其为"不可思议之举"。可以说，数千名演员在每个仪式环节的服装相同，队形保持完整，肢体动作整体划一，这些都体现了东方人的集体主义精神。① 其二，通过人和情景展演，演绎历史事件的概貌。孔子的"三千弟子"，高声吟诵着《论语》诗句，把人们带入儒家思想形成与发展的历史阶段；造纸和印刷的表演，把我们带入古人的发明现场；敦煌舞者用沙漠之舞，展现出古"丝绸之路"的情景；上千名水手，手持黄色的巨

① 汤筠冰.视觉在场：伦敦与北京奥运会开幕式视觉传播比较研究 [J].现代传播（中国传媒大学学报），2012，34（10）：86-88.

桨，聚合成巨大船队，再现"郑和下西洋"的海上丝路盛况；古老的画卷在星光中延展，用人物和场景描绘出昌盛繁荣的现代图景。

第三，语言符号的表达。在北京奥运会开幕式文艺表演中，语言符号包括人的话语和文字。除了主持人铿锵有力的解说和屏幕下方的字幕外，表演里也充满丰富的语言表达。演员们演唱的昆曲、京剧等曲目呈现出了我国戏曲艺术的深远文明与种类的多样性；对"飞流直下三千尺，疑是银河落九天"等诗句的吟诵，引起了人们对中国美好山河的想象；吟诵《论语》中的名句："四海之内，皆兄弟也""有朋自远方来，不亦乐乎""知之为知之，不知为不知……"展现出中华民族的好客和古代文明；在表演环节中，一个古代的"和"字与现代的"和"字在时空转换中呈现出来，反映出中华文明的源远流长，也展现了从古至今中华民族"以和为贵"的价值理念。

无疑，北京奥运会开幕式的文艺表演通过对符号的呈现，表征出了现实的意义。其一，勾勒出中国的灿烂文化。其二，表达了中国的世界观和发展观。"天圆地方"太极阵、绿水青山等符号旨在告诉世界中国人"天人合一"的世界观。丝绸之路、郑和下西洋等符号是对"和"的强调，主题歌《我和你》以及"同一个世界，同一个梦想"的口号都是对中国发展观的述说，它以隐喻的方式告诉世界，中国要融入世界，以及与世界人民共建美好家园的祈愿。

（三）文化话语的认同指向：国民的文化认同

国际奥委会主席萨马兰奇曾经说过：奥林匹克运动就是体育加文化。古代奥运会体现了希腊人的宗教、体育和文化生活。而现代奥运会是全球性的体育庆典，各国运动员在尽力展现出竞技能力的同时，也呈现了本民族的文化特征。可以说，每个民族和国家在历史的长河中都形成了自己特有的文化，而各个民族与国家独特的文化通过各种类型的符号得以呈现，这些符号是文化外在的表现形式，同时，也承载着每个国家独特的意义。显然，奥运会是人类重大的仪式活动，同时又是一个巨大的、展现民族文化的符号系统，一个意义高度浓缩的"新闻聚像"，人们通过对这些民族文化符号意义的探寻，增强了文化认同。

第一，文化话语能引起国民的集体文化记忆。集体记忆是凝聚群体思想，建构群体认同的重要基础。民族与国家的文化认同有赖于个体从集体记忆中获得认知，并通过象征的再生产提升了民族的文化认同。特别是在奥运会的开幕式中，展示了大量具有代表性的民族文化符号，这些符号是经过长期历史积淀形成的，与国家历史文化紧密相连，或与宗教信仰、价值观、生存环境息息相关，它们可以复活和再现民族与国家的历史文化以及现今的发展与未来的美好蓝图，成为引起国民回忆民族过往、感受民族强盛与复兴的仪式。第二，文化话语能聚集国民的情感，也能引发国民的归属感和自豪感。开幕式中民族与国家符号对国家历史文化的回顾和赞许，强化了民族国家共同体成员的情感共振与意义共鸣，在这种情感聚合中，人们通过对文化共同体的想象，使"我属于哪个文化群体、我们的文化和其他群体不同"的文化身份逐渐清晰起来，也使人们对本民族的文化充满了自豪与认同。

综上所述，奥运会是一场充满民族与国家文化符号的展演仪式，尤其在开幕式中，各国利用国家性文化符号充分表征民族与国家文化特性，国民则通过对这些符号的"观赏"，进入民族与国家的集体记忆，通过记忆的文化"寻根之旅"与对文化共同体的想象，进一步强化了国民的文化归属感与认同感。

第三节　功能延伸："奥运-媒介"仪式中新媒体用户国家情感能量生产

"奥运-媒介"仪式是由媒介组织建立起来的仪式性活动，但在新媒体时代，新媒体用户也主动地参与到仪式活动中，这使"奥运-媒介"仪式的传统形态和功能得到了极大的延展。在"奥运-媒介"仪式中，"观众"是指纸媒和网页的阅读者、电视等影视的观看者，有时也包括广播的收听者。以"观众"为中心，媒体和学界对其角色与功能进行了关注，可以说，报刊的兴起标志着大众传播时代的到来，此后，大众传媒就与我们朝夕相伴，在人们社会生活中扮演着越来越重要的角色。最初传播学把"观看仪式"中的"观众"称之为"受众"，对"受众"的研究出于传播集团对收益的预测。伴随着媒介技术的飞速发展，电视时代、互联网+时代、移动网络时代的更迭出现，不仅使媒介的形态与功能发生了巨大的变化，也使人们对媒介的依赖日渐加重。为了增加受众的黏性，让其时时关注各种信息、还能发布自己的随想感言，媒体人利用各项技术增加受众的话语权，使受众参与信息互动的功能有所增强，促使受众向"用户"的转向。这些利用媒介技术，围绕"观众"的行为也带来了传播模式的改变，同时，也直接影响着人们参与奥运传播建构国家认同的方式。可以说，传统媒体的受众通过对媒体的国家符号编码和媒介内容的解读，增强了对国家的情感，新媒体用户通过直接参与评论、发布信息，更能表达自己的爱国之情，同时，也影响着自己圈层人们的国家情感。

一、从受众到用户：媒介技术发展带来仪式参与方式的变革

在"奥运–媒介"仪式中，所谓的"受众"变成了仪式的膜拜者与参与者，是仪式内容的接受者、解码者，甚至是建构者。回顾传播学历史，从传播学诞生开始，何为传播的中心一直存在争议，其中对受众的看法也不同。早期的受众与我们现在的理解不同，并不是指现在传播学中传播活动中的对象。正如麦奎尔（Denis McQuail）所言，"媒介受众"起源于两千多年前公开的体育比赛的观众、先哲演讲的观众、早期公共戏剧与音乐表演的观众。① 由于当时人们的交流仅限于面对面的人际传播和群体传播，因此，受众指参与一切活动的观众。伴随着报纸、广播、电视等大众媒介的出现，受众的含义发生了变化，特指那些在大众传播过程中信息的接收者，包括读者、听众、观众等。

现代奥运会从举办之初就与媒体结缘，并凭借媒介技术的不断发展，吸引了越来越多的受众。首届现代奥运会上，欧美多国的各大报纸对其进行了报道。但由于报纸的发行范围有限，此时的受众群体仅限于欧美的局部地区。在 1924 年和 1928 年奥运会上，广播报道奥运会得到广泛使用，但其传播的范围也仅仅局限于欧洲的部分地区。同样，电视应用到奥运传播初期也遭遇了同样的尴尬，但随着电视的全球普及、通信卫星技术的突破，进行全球奥运实况转播成为可能。1984 年洛杉矶奥运会全世界约有 20 亿人通过电视进行了观看。在北京奥运会开幕式直播中，全媒体受众接触率高达 98.1%，开幕式创下了国内电视收视率最高纪录，而且，在各类直播媒体中，电视以其强大的覆盖面和影响力吸引了 97.7% 的收看群体。②

然而，在受传关系中，这些奥运受众始终没有改变"接受"信息的这一框架，就如最初"魔弹论"指出的那样，传者居于主动地位，他们如同"枪弹"，拥有话语权，而受众如同"枪靶"，是传者的目标和信息的接受者。其实，受众并不像"魔弹论"描述的那样。首先，这些受众不只是被动地接受媒介信息，他们可以根据自身的需求选择阅读报纸、听广播、看电视，抑或是选择多种媒介了解奥运信息。其次，在对奥运媒介内容的解码过程中，他们带有自身的主观意识，在受众解码中存在霍尔提出的霸权式、和解式和对抗式三种不同的理解方式。因此，此时的奥运受众是可以主动选择媒介和解码奥运信息的"积极

---

① 隋岩 . 受众观的历史演变与跨学科研究［J］. 新闻与传播研究，2015，22（08）：51-67，127.

② 虞宝竹 . 2008 奥运开幕式全媒体受众创历史最高［N］. 中华新闻报，2008 - 08 - 13（C04）.

受众",只不过,他们几乎没有公开、大范围表达意见的渠道与权力。

不过,这种仪式参与方式在新媒体时代发生了根本性的变化。"受众"不但具有自主选择媒介和解码的权力,还拥有编码和发声的权力。特别是近十几年来,Web2.0及其相关技术的发展,使人类社会迈入新媒体时代。新媒体传播的一个典型特点是,传播门槛的降低,带来了"万众皆媒"的景观,"万众皆媒"意味着,每个人都有可能成为信息来源,或成为内容的传播者,每个组织或机构也能拥有自主的信息发布渠道。这两者都是与专业化内容生产机构不同的自媒体,① 这在很大程度上提高了受众的参与度,使得过去由专业媒体人主导的大众传播,已经扩展为全民参与的传播。例如,在2021年东京奥运会举办期间,奥运会短视频的发布主体呈多元化态势,包括主流媒体、被授权的平台、新媒体及其用户都可以发布奥运视频。在抖音平台上,当女子平衡木冠军管晨辰在赛场上的摇手动作成功出圈后,抖音平台发起了模仿管晨辰摇手动作的话题,这成功引发大量用户上传挑战视频,引起了用户发布、讨论、关注奥运的热点话题,促成了群体性团结。② 而快手平台也联合用户,共同制作了剪纸题材的《决战东京奥力给》视频,为中国奥运健儿加油。

可见,在新媒体时代,传统受众接受信息的释义和有限的选择权不再适合当下媒介环境带来的变化。基于此,经济学里"用户"被引入传播学领域,以揭示所谓"受众"的新时代特征。与"受众"不同,"用户"是集信息接收、解码和发布者于一身的传播主体,他们有更强的主动选择权,可选择自己感兴趣、适合自己的媒介和信息,同时,可以实时、高效地发布信息。因此,"用户"较之以前的"受众"概念更适合新媒体时代媒介发生的转变,能更好地解释当下的媒介融合环境,充分展现互联网技术发展带来传播主体的巨大变化,也能更好地体现"奥运-媒介"仪式中仪式参与者功能的延伸与变化。不过,本书研究的媒介仪式是针对全媒体而言的,因此,除了单独谈及新媒体时用"用户"一词外,其余地方还是沿用了大家熟知的、经常使用的"受众"一词。

二、"去中心化":新媒体时代奥运互动传播模式的生成

以前,奥运会使用传统媒介进行传播,这种传播是一种"中心化"的传播模式。早在第一届现代奥运会上就开始使用报纸进行传播,1920年出现的广播

---

① 彭兰. 新媒体传播:新图景与新机理 [J]. 新闻与写作, 2018, 409 (07): 5-11.
② 张培培. 互动仪式链视域下东京奥运短视频传播 [J]. 出版广角, 2021, 395 (17): 85-87.

媒介很快也被应用到奥运传播之中，1936 年柏林奥运会首次运用电视技术转播比赛，并逐渐地发展完善。总体而言，在这些以传统媒介为王的时代，是以传播者为中心的单向度传播，传播者处在奥运传播链的首端，他们是社会精英人士，是控制信息内容与流向的"把关人"，他们把收集来的大量奥运信息经过筛选和加工，制成符合一定标准的信息后进行发布，这对受众的反应起到无形的导引作用；而受众只是接受的一方，他们只能在媒介信息里选择，也缺乏发表意见的渠道，成为"单向度"接受信息的人。在马克·波斯特（Mark Poster）看来，这些以广播、电视等为标志的时代可以称为"第一媒介时代"，其特点就是为数不多的制作者，将信息通过少数媒介中心传送给分散的、众多的受众。可见，传统媒体时代的传播是由精英代表向普通群众的自上而下的传播，是一种一对多、点对面的具有"中心化"的传播模式，也就是说，它是以传播者和少数主流媒体为中心，以内容为主导的"单声道"传播。不过，这种中心化传播模式也有它的优势，可以通过控制信源、传播渠道、筛选和信息编码等方式对主流信息和价值观进行集中性的传播，从而有效避免偏离社会主流意识形态的危险。在以传统媒体为主的奥运传播中，媒体利用议程设置、单边信号的解说等来营造奥运传播中的国家意识，形成了统一的社会舆论，增强了国家凝聚力。

不过，伴随着媒介技术的不断发展，奥运传播模式也在不断地演进。以计算机应用为代表的科技革命给奥运传播带来了深刻的影响。1964 年东京奥运会上，计算机被用来记录比赛成绩，标志着计算机技术开始应用于奥运会。其间经历了多年的技术变迁，直到 1994 年门户网站（雅虎）的成立和搜索引擎的出现，大大地提升了互联网应用价值，人类社会开始进入 Web 1.0 时代。在此后的阶段中，新浪、搜狐、雅虎等综合门户网站成为发布奥运信息的主要网络平台，网络技术的不断完善使互联网和奥运会更加紧密地联系起来，人们通过浏览这些网页就可以快捷地获取奥运信息，但是，此时的受众也处于被动接受状态，他们无法发表言论。

从 2003 年开始，伴随着 3G 技术、智能手机的普及，人类社会进入 Web 2.0 时代。此时，社交媒体等带来了受传关系的变革，网络用户能够参与奥运会新闻的生产与传播，奥运新闻的双向互动性特征开始凸显。在 2004 年雅典奥运会和 2008 年北京奥运会上，互联网技术被广泛应用到奥运传播中。据统计，截至 2009 年底，互联网已覆盖 233 个国家和地区，网民超过 15 亿。随着社交媒体和移动媒体的迅速发展，形成了一个跨越时空的高速交流平台，使奥运会的网络与新媒体传播迈入黄金发展时期。① 从 2010 年起，世界各国陆续进入云计算、人工智能、大数据、VR 的 Web 3.0 时代，奥运信息的传播开始垂直细分化。而且，定制化、多元化传播平台越来越多，全面覆盖了具有不同体育兴趣的人群，形成了多元系统的奥运信息传播模式。②

可以说，新媒体时代来临，开启了"去中心化"的奥运互动式传播模式。马克·波斯特把新媒体时代的本质归结为"双向的去中心化的交流"。在"奥运-媒介"仪式中，"双向"交流可以理解为网络用户可以发布相关的奥运信息进行互动式的交流。所谓"去中心化"的交流至少表达两层含义，第一，奥运传播者不再局限于少数精英群体，传播渠道也多样化，而且出现了奥运传播主体的"去中心化"。因为，在新媒体时代，只要有网络的存在，每个个体都能平等地接入网络，人人都可以生产和转发奥运内容，成为传播者和传播的中心，这削弱了曾经作为舆论和信息中心的专业媒体的权威性和中心地位。波斯特认为，这"将很有可能促成一种集制作者、销售者、消费者于一体的系统的产生。该系统将是对交往传播关系的一种全新构型，其中作者、销售者和消费者这三个概念之间的界限将不再泾渭分明"，"信息方式所标明的交往实践构建了不稳定的、多重的和分散的主体"③。第二，出现奥运传播方式的"去中心化"。与传统媒体和 Web1.0 时代不同，Web2.0 时代打破了早期传统媒体自上而下的、一对多的奥运传播方式，微信、微博、微视和客户端等为用户参与传播提供了可能性，进而形成了"媒体-用户、用户-用户、媒体-媒体"多点的、多级的、网状的、互动的传播格局，这时的奥运传播呈现出一对多、一对一、多对一、多对多等多种互动并存新模式。

三、互动仪式：奥运新媒体用户的国家情感增量生产方式

加拿大的戈夫曼是最早使用"互动仪式"一词的学者，他深入日常生活的微观层面探寻其中的仪式问题。美国学者兰德尔·柯林斯则较为全面地呈现了互动仪式中的运行机制与构成要素。柯林斯认为：人们的一切互动都发生在一定情境中，个人与个人之间的不断互动，在此情境中，形成了链条一样的互动关系网络。而这个关系网络的核心机制是情感连带和相互关注，从互动中人们

---

① 林宏牛，肖焕禹，钟飞.奥运会互联网信息传播模式：演进脉络、传播特征与发展趋势 [J].成都体育学院学报，2018，44（05）：34-40.

② 韩玉忠.赢在未来：互联网的颠覆与机遇 [M].北京：北京工业大学出版社，2016：37-44.

③ 波斯特.第二媒介时代 [M].南京：南京大学出版社，2005.

获得了情感能量和身份感。柯林斯认为互动仪式起始于四个条件：其一，两个或两个以上的人聚集在同一场所；其二，对局外人设限；其三，人们关注共同的事物，并通过相互传达获悉共同的关注焦点；其四，分享共同的情绪或体验。成员间的彼此关注和情感共享不断累积直至相当高的程度，仪式进入高潮，最后仪式产出四种结果：群体团结、个体情感能量、代表群体的符号以及道德感①。

同样，在新媒体时空下，奥运传播是多人之间的互动交流，形成一对一、一对多、多对一、多对多等互动仪式。有的社交媒体设有权限，比如微信朋友圈只能是加为好友的人才可以看到，共同关注奥运某个事件的人们可以通过点赞、跟帖、转发、聊天等形式进行互动，在对共同关注的事件交流中达到了情感共鸣，增加了用户的国家情感能量。情感能量是互动仪式链的核心要素和最终结果，这里所说的情感并非个人的、短暂的、间断的情感，而是长期的结果，表现为群体感、团结感、荣辱感等，这些长期积累的结果被柯林斯称为"情感能量"。首先，在观看奥运的互动仪式中，寻求观点或行动的同一性能使人获得极强的群体归属感。其次，互动仪式的参与者来自各行各业和地区，涵盖了不同的年龄，他们出于对赛事的共同兴趣而聚拢在一起，当出现相同的情感需求时，参会者会对群体产生情感，进而团结起来，如果出现不同的情感需求时，就会产生复杂的情绪和矛盾。再次，由于形成了群体感和团结感，自然形成群体的荣辱感等。最后，在奥运互动仪式中，语言符号、非语言符号或者是群体的图腾符号等都能引起受众的群体兴奋与狂欢，进而增强用户的情感能量。

在新媒体时代，用户的互动内容生产有的是在观看奥运的同时生产的，有的是比赛结束后生产的，这些内容又会引起群体性观看和评论。我们对112名奥运受众进行了深度访谈，他们主要包括大学生、教师、医生、警察、企事业员工等，这些受访对象具有较高的学历，能较好地运用新媒体技术。他们的年龄结构为20~35岁的40人，36~50岁的40人，50岁以上的32人（如图6所示）。

在深度访谈中我们发现，在奥运会期间，尤其是20~35岁的年轻人，他们使用新技术的能力很强，而且思想活跃，几乎都曾通过弹幕、跟帖评论、发微博和微信朋友圈表达自己对祖国的自豪之情。其中，36~50岁的奥运受众有55%有上述互动行为，而且随着年龄增加这种比例在逐渐下降。50岁以上的人群只有6人使用新媒体进行互动，但是他们会以其他方式进行互动，传递国家

---

① 柯林斯. 互动仪式链 [M]. 林聚任，王鹏，宋丽君，译. 北京：商务印书馆，2012：81-94.

人数百分比

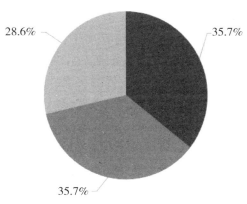

■ 20~35岁　■ 36~50岁　■ 50岁以上

图6　被访谈的奥运受众年龄结构分布图

情感能量。受访者 A 说他会约朋友在酒吧或家里一起看精彩的比赛，庆祝中国健儿的胜利。受访者 B 表示：常常会和家人一起看开幕式，2008 年北京奥运会的震撼和 2022 年北京冬奥会的唯美使他终生难忘。2022 北京冬奥会正值中国的新春佳节，一大家子人一起观看开幕式。当电视里响起悠扬的《我和我的祖国》的乐曲，客厅里的人们都安静了下来，注视着电视荧屏，看着国旗在 56 个民族和各行各业代表的手中传递，客厅里的气氛也如同电视中一样，变得庄重而严肃。在升国旗仪式开始之际，大人提醒孩子们站起来，小孩站起来跟着电视和大人一起唱响《中华人民共和国国歌》，读小学的孩子像在学校升旗一样，把右手高高地举过头顶，行中国少先队队礼，幼儿园的小朋友也偷偷模仿着敬起礼来。当升国旗奏国歌仪式结束时，在大人的带领下，所有人都鼓起掌。他还表示，这种家庭式的观看模式使在家庭空间之中的人们经历了一场国家仪式的洗礼，充分体现了家国同构的真谛，对培养下一代的爱国情怀很有帮助。

　　而且，我们在访谈中发现，奥运受众的新媒体用户主要通过微信、短视频、微博、QQ 等社交媒体平台参与到国家情感能量的生产之中，参与互动的形式主要有三种：

　　第一，用户直接生产国家认同的内容。比如通过在留言区评论、点赞等发表自己的国家认同感想与看法，也有用户通过社交媒体进行原创的信息发布。受访者 C 表示：他会关注有突出成绩的中国运动员，会评论他们成绩或其他方面，比如，东京奥运会上的杨倩夺得首金，评论她清华大学出身，暑假出国旅个游顺手拿了金牌；全红婵的跳水走红，也去网络平台感叹她的勇敢和惊人的天赋；苏炳添跑出了9秒83的成绩以后，也评论过他"9.83，苏神，永远滴神！"其实，正如受访者C一样，关注有实力的运动员也是广大奥运受众的选择。2021年8月1日20：50分进行的百米决赛中，苏炳添以9秒98的成绩获得第6名，苏炳添的百米飞人大战收视率突破7.5，这是超越东京奥运会开幕式（收视率破5）、女排首秀、中国女排VS美国女排、每届奥运会首金的收视率，堪称是举国瞩目，而且苏炳添的比赛受到了新媒体平台的高度关注。"苏炳添男子百米第6"的消息登上了微博热搜的榜首，在短短的40分钟时间里点击量达到19,579,285，点赞次数达到153,888个，评论数59,921个。在评论中，网友们对苏炳添的表现感到无比的自豪，认为苏炳添创造了历史，他是中国的骄傲，是亚洲人的骄傲。

此外，弹幕也是新媒体用户生产内容的方式之一，是用户在观看网络直播时，在直播画面上的留言，大家通过弹幕进行交流，找到关注的趋同点，促进了团结和民族情感。2008北京奥运会开幕式上的弹幕，还有在东京奥运会开幕式结束后，5万多网友同时在线回顾北京奥运会开幕式，有的人补发了弹幕评论，表达了对祖国成功举办北京奥运会的民族自豪感。也有5位受访者在东京奥运会开幕式后回看了2008年北京奥运会，受访者D回忆说，看完2020东京奥运会开幕式之后，"B站"、抖音上推送的都是2008年北京奥运会开幕式和东京奥运会开幕式的对比和评价短视频。也许是文化根基和民族审美不同，他个人感觉东京奥运会开幕式不太精彩，看不懂且有些无聊。受短视频的引导和内心情感的驱使，他回看了2008年北京奥运会开幕式，也通过弹幕表达了赞赏之情。看北京奥运会开幕式更有一种认同感，里面讲的唱的是用我们中文，表演的节目具有我们中国元素，在艺术层次上也是喜欢的，觉得北京奥运会开幕式是中国人自己的开幕式，是最好的开幕式，这从众多的弹幕留言中也能感受到。

第二，新媒体用户在自媒体上转发以国家为荣的奥运信息。譬如，2021年东京奥运会上苏炳添100米比赛的视频就被网友大量转发，还有用户转发主流媒体的相关文章。这也在受访者的访谈中得到印证，受访者E表示，自己发帖赞扬中国队的平台主要是微博和QQ，发布的内容更多是转载的信息，比如东京奥运会期间自己通过QQ转载过"南师学子为中国队加油"的帖子，也有在抖音上转载过中国选手夺冠的高燃视频集锦等。对于媒体的应用变迁，有受访者也谈了自己的切身体会，受访者F谈道：2012年前的奥运会都是通过电视和报纸等传统媒体观看的，2012年伦敦奥运会是一个分水岭，开始用电脑和移动手机接收奥运信息，从QQ新闻、搜狐体育、腾讯体育等体育媒体平台上浏览赛况、收看直播。具体的接收渠道是受经济、科技水平、媒介技术的发展影响的，到了自媒体发达的现在，接收的平台也在一直变化，变成了抖音、快手、Bilibili、央视影音盒子等移动端口。

第三，通过拼贴、复制等技术，对互联网上能引起国家认同的奥运信息进行二次创作。以上三种方式在新媒体用户生产奥运内容时经常被混合使用，这在人们常用的微信朋友圈中都有所体现。2021 年 8 月 1 日晚上，当苏炳添在决赛中获得第 6 名后，朋友圈迅速成为"苏炳添时刻"，网友纷纷发朋友圈庆祝。有朋友发表了原创式的感慨："苏炳添，中国，People's Republic of China，2021 年 8 月 1 日是载入中国竞技体育史册的一天。"有朋友转发微博或网络上的消息，也有朋友复制了苏炳添的图片并配以赞美的感言。而这些发布在朋友圈中的消息又得到了朋友圈内成员的观看、点赞、评论甚至转发。这些情况在受访者里也大量存在。譬如，28 岁的受访者 G 谈道：微信朋友圈发动态、评论和点赞等已经成为他观看奥运会、世界杯、NBA、欧冠等大型赛事时庆祝的"必要常规操作"。微博对他来说主要为一个观看消息的端口，偶尔会在超话或官方帖子下面评论。特别是在奥运会中看到自己国家运动员获得冠军时很是激动和喜悦，觉得自己独享会有些情感上的缺失，于是就会和朋友一起分享这种喜悦，这时对祖国的自豪感会翻倍。在 2016 年里约奥运会上，吕小军以打破世界纪录的成绩获得了奥运冠军，当时他就在朋友圈发了一个动态："力拔山兮气盖世！"好多朋友对此进行了评论和点赞。有朋友回帖道："古有项王举鼎，今有军神擎天！"

可以说，在"奥运-媒介"仪式中，大量的由用户自己制作和转载的图片、视频通过微信、短视频、微博等社交媒体主动参与到国民狂欢的仪式中来。他们通过多种形式进行奥运信息的互动，这无疑增加了受众群体的共同关注点，为共享信仰和增进群体团结提供了情感的纽带与平台。例如，一位受访者 H 谈道："在微信朋友圈经常发一些奥运会中我们国家或运动员的信息，看到朋友圈里自己发的信息被点赞和评论时很开心，觉得受到了朋友的关注，而且找到了同样关心我们体育事业和国家发展的同道人。"他同时说道："也会及时地回复朋友的评论，而且也会对朋友发布的相关信息进行点赞、评论和转发。"受访者 I 认为一个国家体育的强大，也就意味着这个国家越来越强大。"在国际上的影响力越来越大，在网上看到大家发的奥运夺冠的帖子，特别是搞体育的朋友会经常发，在那种氛围下，很容易有一种'我是中国人''祖国变得强大了'的自豪感。因此，我也会和他们分享喜悦之情，也会发帖表达自己的自豪感和对国家的认同感。"受访者 J 激情四溢地说："我爱我的祖国是一种抽象的表达，我把这种抽象具体化地表现在观看比赛时发帖这一行为上——为奥运健儿加油、庆祝夺冠，其内在的驱动力就是对国家深沉的爱。所以我觉得观赛发帖和自身对国家认同感的增强是一种双螺旋上升的形态，我发帖的驱动力源自于内心强烈的国家认同感，而我发了帖之后与外界的沟通又强化了我自身的国家认同感和民族意识。"

综上所述，新媒体技术打破了中心化的媒体传播格局，使普通民众也走到了话语前台，用户的话语建构颠覆了传统媒体的"意识形态"和冲击主流媒体"垄断话语地位，那些曾经面目模糊的原子化个体，曾被斥之为'群氓''乌合之众'的群体，在互联网时代以另一种方式连接与聚合，正在改变社会的结构与权力格局"①。而新媒体用户在这种奥运互动仪式中实现了网络社区化、集群化，他们为本国运动员骄傲，为祖国的强大而无比自豪，进而增强了对民族、国家的情感能量。不过，这种"去中心化"的传播与互动，消解了主流媒体的权威性和中心地位，加速了信息内容的碎片化倾向，间接地培养了多元化和差异化的意识，对于奥运传播中国家意识和国家认同的建构也存在不利的影响，如何更好地利用、把控新媒体时代特点，增强国家意识，是奥运传播中需要考虑的问题。

---

① 喻国明，马慧．互联网时代的新权力范式："关系赋权"："连接一切"场景下的社会关系的重组与权力格局的变迁 ［J］．国际新闻界，2016，38（10）：6-27.

第四章

"奥运-媒介"仪式建构国家认同的文化机理

　　第三章涉及的文化认同中的"文化"是指与政治、经济等概念类型平行的"小文化",本章中的"文化"是指"大文化"。在关于"大文化"的述说中,范正宇认为,文明与广义文化同义,广义文化即"大文化"①,包括物质文化、行为文化、精神文化以及物态文化、制度文化、心态文化,它和以"精神文化"为代表的小文化有所区别。许倬云则认为,文明是包含社会制度、经济发展、国家形态、价值观念等要素的文化系统。而袁行霈等人提出,文明可以划分为物质文明、政治文明和精神文明三个部分,前两个部分是文明的外部形式,是可以具体感知的人类生存方式,而精神文明是人们思维的想象空间,不过,它也常常外化为物质或政治的现实。② 可以说,如果把文化当作外在于经济与政治的一个社会子系统,此时的文化是"小文化",它受到政治和经济的制约,也反作用于政治和经济。但是,在后发现代化国家更需要突出具有特定文化精神传统的大社会共同体的文明观。③ 因此,我们认为"大文化"与文明同义,泛指社会创造的一切成果,主要包括物质文明、政治文明和精神文明。

　　既然"奥运-媒介"仪式具有建构国家认同的功能,那么,在建构认同过程中的文化机理是什么?厘清这一问题,可以使我们深入"奥运-媒介"仪式建构国家认同的内部,看清其系统的要素及联系。本章的研究是在"大文化观"下对"奥运-媒介"仪式建构国家认同的文化机理进行探析,即探明在诸多因素影响下,能引起相应社会文化现象的发生、发展和变化的各种内外部要素及其关系,以及具有互动效应的结构系统和运行情况。"奥运-媒介"仪式以从现场到

---

① 冯天瑜. 中华文化辞典:第二版 [M]. 武汉:武汉大学出版社,2010:4.

② 袁行霈,严文明,张传玺,等. 中华文明史:第一卷 [M]. 北京:北京大学出版社,2006:1.

③ 陈泽环. 中华文明、大文化观与公民道德:基于当代"中华文明"研究成果的阐发 [J]. 道德与文明,2020,226 (03):85-90.

媒介再到受众为传播路径，形成了从现场—媒体—拟态—意义—受众等几个相互关联环节组成的结构系统。具体来讲，媒体打造的奥运传播时空为国家认同建构提供了基础，奥运现场和媒体制造的国家认同符号通过媒介传达给卷入媒介仪式的不在场受众，受众通过观看，勾起对国家的情感和集体记忆，进而完成了受众的"过渡仪式"，也实现了受众对国家共同体的想象与认同。

第一节 仪式的时空：建构国家认同的生态环境

时间和空间是人类日常生活中最基本的要素和存在结构。但是，时间的"无声无息"、空间的"难以感知"，使人们忽略了时空在体育赛事中对国家认同的建构作用。然而，媒介仪式的效力只有在特定的时空下才能发挥作用，离开了这一时空，仪式将无法展演。因此，在"奥运-媒介"仪式中，媒介利用多种方式创造仪式时间、仪式空间和仪式情景，以吸引受众，而且，在仪式时间和空间规约下，大众参与到媒介制造的仪式之中，这让每个人都感受着仪式的庄严与秩序，社会整合与认同由此实现。换言之，媒介事件把媒介现实呈现在受众面前，使人们沉浸其中，获得了参与的仪式感。不过，也正是由于媒介时空的存在才使不在场的、数量巨大的人们聚拢在一起，共享信仰与认同。可见，媒介生产的时空为"奥运-媒介"仪式建构国家认同提供了必要的生态环境。

一、仪式时间：媒介生产时间，召唤受众共时参与

时间是人类活动的基本要素和存在结构。不过，正如美国社会学家戴维·哈维（David Harvey）所言，"不同的社会造就出不同的时间观念"①。我国学者邵培仁认为：在时间观念演变的历史中，经历了自然时间、钟表时间，如今，媒介也正在建构着人类新的时间观念，形成了"媒介时间"②，构成了人类时间观念的三部曲。自然时间是在早期人类社会中，人们对外部世界感知的产物，人们从日升日落、月圆月缺、潮起潮落、四季更替等自然事物运动变化中体验到的时间。这些有规律的自然现象是人们时间观念形成的基础，也指导着人们的生产劳作。在工业时代，钟表的出现满足了人们对时间更精确的要求，成为

---

① 哈维. 后现代的状况 [M]. 阎嘉，译. 北京：商务印书馆，2003：242.
② 邵培仁，黄庆. 媒介时间论：针对媒介时间观念的研究 [J]. 当代传播，2009（03）：21-24.

一种时间的标尺和符号。所谓"媒介时间"是指媒介技术与大众传播媒介内容共同作用下所形成的新的时间观念。① 它是在后工业时代，人类社会生活被大众媒介设置的时间所归置而形成的。

（一）"奥运-媒介"仪式时间的生产

毋庸置疑，每种仪式都有自己的操演时间。因为，只有有了确定的仪式时间，才能让人们按时进入仪式，共享信仰。当然，"奥运-媒介"仪式也有自己的仪式时间，其生产可分为三个环节：打乱、建构与维系。

第一，奥运报道打乱了以往正常的生活时间秩序。"奥运-媒介"仪式时间是对正常社会时间按下了暂停键后，作为一段插入时间而存在的，而奥运报道生产和强化了这一过程。因为，在奥运开始之前，社会秩序是井然有序的，民众的日常生活在时间的轨道上按部就班地进行。然而，在奥运会开始之际，奥运报道插入正常媒介秩序之中，也引起人们日常生活的变化。此时，报纸和网络上充斥着有关奥运比赛赛程、比赛结果、金牌榜、奥运故事等相关消息，手机上不断收到推送的奥运信息，热搜排行榜前几位几乎全被奥运夺冠信息占据。特别是各国电视台体育频道打破了以往的播放惯例，全天直播和复播奥运会比赛内容。一时间奥运信息席卷而来，它打破了惯常的媒介秩序，占据了大量的媒介发布时间，这些信息包围着人们，强势进入人们的生活之中。可见，在奥运会期间，媒体终止了正常的播放秩序，增加了奥运信息的播放量和时长，受众接受信息的习惯也随之改变，改变意味着对既有习惯和时间的打乱。然而，大量的、纷乱复杂的信息需要建立新的秩序，才能使传播有序地进行。

第二，媒介建构奥运传播的仪式时间。"奥运-媒介"仪式传播打破了惯常的媒介时间，同时，建立起属于自己的仪式时间。事实上，每一种仪式都必然包括一段仪式时间。维克多·特纳在《象征之林》中认为恩登布人的仪式时间是由鼓点开启的，部落的鼓点响起，部落人就知道仪式要开始了。鼓点将人们从日常生活中拖拽出来，并召唤到仪式之中，从而共享仪式。鼓点在"奥运-媒介"仪式中被置换为媒介时间，媒介时间宣布了仪式的开始、进行与结束。但奥运仪式时间是在媒介反复预告和直播中产生的。它使仪式时间从日常习惯的时间秩序中凸显出来，并且把奥运会的各个仪式区分开来。就像学校的铃声一样，它不是神圣的，而是世俗的时间表征，但它建立了秩序和集体节拍。铃声

---

① 卞冬磊，张稀颖. 媒介时间的来临：对传播媒介塑造的时间观念之起源、形成与特征的研究［J］. 新闻与传播研究，2006（01）：32-44，95.

把语文课堂和数学课堂分开，把上课时间和休息时间区分开来，也把学校时间和私人时间区别开来。同样，媒介对奥运会的预告与直播将圣火传递仪式、竞赛仪式、开幕式和闭幕式等仪式时间分割开来，为它们开辟了完整的仪式时间，保障仪式不受干扰地正常操演。

第三，奥运报道的指向性、承接性强化和维系了仪式时间。时间需要不断地强化和维系，才能建构自己的序列，成为人们遵守的时间观念。总体来看，奥运传播是通过时间的指向性和承接性来完成仪式时间的自我强化和维系，两种方式的叠加效应为仪式时间的固化增添了砝码。

首先，奥运仪式时间在奥运会的整个时间系统中具有明确的时间指向性。汪天文在对社会时间的研究中认为，"我们把作为时间标注的事件，称之为标准事件"①，奥运传播的时间系统都集中指向"奥运会开幕式时间"，因为这一时刻奥运会被时间标注，成为一个标准的媒介事件。"奥运会开幕式时间"是这一时间系统的核心时刻，成为几乎所有奥运仪式时间的指向，媒介在报道中也不断地呈现和强调这一时刻。其一，倒计时指向开幕式时间。倒计时预示着距离奥运开幕式的时间，在媒介的表述中，包括距离开幕式3年的倒计时、2年的倒计时、1年的倒计时、100天的倒计时、几天的倒计时、几秒的倒计时等等。其二，圣火传递时间也最终指向开幕式。圣火传递是奥运会开幕式前的重要仪式，在希腊奥林匹亚宙斯庙前采集到火种后，圣火会在主办国和其他国家传递，但无论如何，圣火要在奥运会开幕前一天到达举办城市，在第二天的开幕式上运动员要点燃体育场的主火炬，自此，圣火要从开幕式开始一直燃烧16天，直到闭幕式时举行圣火熄灭仪式。由此可见，关于圣火传递中的"开幕式前""开幕式前一天"和"16天"都明确指向了奥运会的原点——奥运会开幕式。此外，还有许多媒介时间是指向奥运会开幕式时间的，例如，媒介在报道中经常使用"第几比赛日"或"比赛第几天"、16天后的闭幕式等都是以奥运会开幕时间为参照的。奥运会开幕式时间是奥运会中最重要的时间节点，是赛事准备期的一个终点，但它也是一个起点，是"奥运-媒介"仪式开始的"鼓点"。媒介在报道中不断强化这一时间原点，从这一原点发散开来，媒介建立起仪式的时间体系，维系着仪式的有序进行。

其次，"奥运-媒介"仪式时间也具有明确的时间承接性和"互文性"。其一，承接性是指在时间序列上的先后关系。吸引民众注意力是媒介永远的信条。在每一天、每一周、每一月、每一年的报道序列中，媒介总是不断挖掘可报道

---

① 汪天文. 社会时间研究［M］. 北京：中国社会科学出版社，2004：133.

事件(即使有的事件看起来并不那么重要),并将时间赋予其中,形成了一个事件接着一个事件的时间序列,也正是由于媒介时间的承接性,确保了奥运传播在呈现开幕式、颁奖仪式、闭幕式时清晰可见。其二,互文性在这里是指媒介报道的事件间相互勾连,从而呈现出不一样的意义。2008 年"5·12 汶川地震"救灾期间,正值北京奥运会圣火在中国国内传递。在媒介时间序列中,汶川地震和北京奥运会两个媒介事件相互关联起来。希腊奥林匹克圣火是光明与希望的象征,在 2008 年,心系灾区,爱心捐款已经成为火炬传递的核心,它"让奥运圣火点燃关怀,传递祝福,传递希望"①。总之,奥运仪式时间的承接性和"互文性"指向性进一步强化了仪式时间,使人们能更清晰地感受到奥运的存在,而且不同事件在"互文性"中彼此加强,呈现出奥运会的价值所在。

(二)"奥运–媒介"仪式时间召唤受众共时参与

如今,我们可以越来越明显地感知到,以广播电视为代表的电子媒介,通过内容的组织、节目的编排和时间的提示等手段,不仅完成了时间参考标准的转化,更重要的是对日常生活的时间安排产生了结构性影响。② "奥运–媒介"仪式时间把奥运会报道从常规的媒介时间中区隔出来,并加以强化,维系着整个"奥运–媒介"仪式的正常运行,并影响了受众的仪式行为和生活结构,促使观众安排好自己的生活时间,准时前来观看。在 2021 年举办的东京奥运会开赛前,中央广播电视总台发布了 7 月 23 日到 8 月 8 日的直播时间表,CCTV5、CCTV5+、CCTV1、CCTV4K 等频道将进行 7000 多场赛事的直播,央视网络直播平台也同时进行播放。而且,媒介也把全部赛程公之于众,在直播的时间表上,还特意注明了中国运动员比赛的项目和时间,而且特别提醒每日看点,譬如,2021 年 7 月 24 日重点关注 09:45 射击女子 10 米气步枪决赛,将产生东京奥运会首枚金牌;7 月 26 日 18:00,体操男团决赛,中国军团多项冲金;7 月 27 日 10:05,女排小组赛:中国女排迎来强敌美国队。这些仪式时间是对民众的集体召唤:时间已经敲定,赛程已经预告,看点已经说明,敬请大家准时前来围观,为国家队加油。

二、仪式空间:"拟态环境"扩大了仪式举行的场域

事实上,在奥运会举办期间,到奥运现场的观看者毕竟是少数人,我们听

---

① 季芳. 圣火与爱心同行 [N]. 人民日报,2008-05-16 (012).
② 邵培仁,黄庆. 媒介时间论:针对媒介时间观念的研究 [J]. 当代传播,2009 (03):21-24.

到的、看到的都是对媒介制造的"拟态环境"的反应。"拟态环境"是 1922 年美国学者李普曼在其《公众舆论》中首次提出的。他认为，拟态环境是由传播媒体在人与现实环境之间插入的"信息环境"。因为，社会越来越巨大化和复杂化，大众由于实际活动范围、精力和注意力有限，对超出自己亲身感受感知以外的事物，只能通过各种"大众传播媒介"去了解。因而使人的行为已经不再是对客观环境及其变化的反应，而成了对大众传播媒介提示的某种"拟态环境"的反应。① 在前现代社会，仪式情境突出体现在人的"到场"，仪式的交流基于实际的地域。然而，在现代社会，随着时间和空间的虚化，世界变成了"地球村"，时空分离成为可能，"拟态环境"使仪式交往关系从面对面互动的地域性关联中脱离出来，极大地延展了仪式传播的空间。正如莱文森（Paul Levinson）所说："我们借助发明媒介来拓展传播，使之超越耳闻目睹的生物极限，以此满足我们幻想中的渴求。"② 同样，"奥运-媒介"仪式打破了传统仪式必须身体在场的限制，是以现场仪式空间为物质基础，以媒介为中心为载体，向全世界辐射形成的更为广阔的空间。它消除了人与人之间的距离限制，让受众"穿越"空间抵达奥运现场，是对仪式现场空间的扩大和再生产过程。

当然，"奥运-媒介"仪式空间是报刊、书籍、广播、电视、网络等大众传播媒介制造的，广大受众参与仪式的空间。特别是无远弗届的互联网络打破了时空的障碍，使跨越地域与时间的交流成为可能，技术的进步改变了日常生活中时间与空间的坐标维度，空间被赋予了流动性，而且，媒介在沟通客观世界与流动空间的过程中，造就了新的权力实践。③ 这种权力表现之一就是在新媒体时代社会话语权力重新分配，使民众获得一定的话语权，人们参与媒介的空间也进一步加大，他们转载或原创着赛事文本，加入对奥运赛事的传播中来，对"拟态环境"的形成产生一定的影响。

综合而言，在"奥运-媒介"仪式中，我们大部分听到的、看到的都是"拟态环境"营造的"媒介现实"，它不是"客观现实"最真实与客观的反映，而是经由大众媒介对事件进行精心挑选、过滤、放大与重构后揭示的信息环境，不过，正是媒介仪式的拟态性，使其跨越了地理边界，把"仪式空间"扩展到媒介所能到达的任何地方，使人们在不同空间、同一时间、同一事件下共享同

---

① 李普曼. 公众舆论 [M]. 阎克文，江红，译. 上海：上海人民出版社，2002：11-12.
② 莱文森. 数字麦克卢汉：信息化新千纪指南：第二版 [M]. 何道宽，译. 北京：北京师范大学出版社，2014：7.
③ 闫志成. 技术·奇观·权力：智媒时代体育赛事转播的再审视 [J]. 传媒观察，2021，450（06）：90-95.

一个声音、同一个画面、同一种表情,并通过互动式参与,营造出一个超级巨大的"全民狂欢的媒介空间",在此空间内人们被聚拢起来,引起了共同的在场感,也为国家认同创造了有利的条件。

三、仪式的时空对国家认同的建构作用

"奥运-媒介"仪式打造了自己的时空。其中,仪式时间具有召唤受众共时参与的功能。关于空间,康德(Immanuel Kant)曾经把其界定为"待在一起的可能性",也反映了空间的基本功能是对人的聚集。可以说,媒介形成的仪式时空更多的是对受众和社会观念意识的形成,以及在文化习俗上具有影响作用,这是不能回避的现实问题,也是值得深入研究的方面。因此,对于仪式时空的研究不能摒除其社会影响和文化内涵。在"奥运-媒介"仪式中,仪式时空能有效聚合受众,建构国家认同。

(一)聚合与节律性:"奥运-媒介"仪式时间提供国家认同的前提

首先,"奥运-媒介"仪式时间是对国家认同主体的聚合。"奥运-媒介"仪式时间的形成,建立起一系列奥运传播的时间标准,它控制着人们的聚合与离散,影响着民众的生活结构。如今,通过电视、互联网,人们可以及时高效地观赏奥运会的各种实况。开幕式作为奥运媒介时间的"原点",宣告奥运会的正式开始,具有使人开始聚合的作用。在每届奥运会举办期间,从开幕式到竞赛现场再到闭幕式,人们聚拢在荧屏前,享受着奥运庆典带来的欢愉,也特别关注本国运动员的表现。闭幕式昭示着奥运会的结束,人们纷纷离去,等待着四年后的再一次相聚。

其次,"奥运-媒介"仪式时间提供了规训人们的"节律性",为建构认同打下基础。仪式时间使民众的生活具有集体的、统一的行动节奏。涂尔干认为,"因为集体生活的节奏支配和包含着由集体生活所导致的所有基本生活形式的各式各样的节奏;因此,得到表达的时间也就支配和包含了所有的具体的持续过程",而"日历表达了集体活动的节奏,与此同时,它的功能就是要确保集体活动的规律性"。因此,我们不难发现,涂尔干赋予时间以社会学意义,强调时间对人们生活"节律性"的影响,也就是说社会时间创造了共同的节奏,这种节奏具有共时性的意义,被时间规训的人们会调整自己的步伐,与这种"节律性"同步。在"奥运-媒介"仪式中,开幕式是每届奥运会的时间"原点",它调适着人们的正常生活时间,每逢开幕式人们会早早守候在电视前,至此开启16天的奥运观影模式,人们按照各个仪式的播放时间集体无意识地卷入其中,与仪

式的时间节奏"共振"。在此过程中，"对时间的控制可以使行动得以协调，因而可以进行有效的社会控制"。

可见，奥运媒介时间具有召唤大众参加仪式的功能，控制着人群的聚合与分散，引起人们集体性的、有规律的、无意识的统一行动，进而形成了人们奥运期间的固定生活节奏，这种节奏具有共时性的意义，民众则集体无意识地卷入其中与节奏"共振"。正是奥运媒介时间的这些功能才能使受众的行动得以统一和协调，使受众聚集起来，成为及时有效的社会整合，实现人们"机械团结"的前提。

（二）神圣性建构：为国家认同形成提供了意识空间

事实上，空间并非只是填充物体的容器，也是人类意识的居所。列斐伏尔（Henri Lefebvre）在《空间的生产》中提出意识空间概念，认为"意识空间中包含逻辑的一致性、实践的连贯性、自我调节性，以及在整体中的局部之间的联系性，并以此造成系列相对于内容的、类似于空间的逻辑集合"①。可以说，"物质空间"是在人们的认知中得以存在的，而"意识空间"则是精神世界中的秩序、等级与结构，本质上是一种政治空间、文化空间与象征空间。

同样，"奥运-媒介"仪式是在意识层面对空间神圣性的生产。顾拜旦曾经提出，只有把奥运会办成一个神圣的体育祭坛，才能发挥其应有的作用，而且，在这种空间建构中，神圣性得以确立，国家意识得以彰显。邓菡彬曾指出："西方学者把奥运会视作新兴的国家仪式。北京奥运会就充分体现出一种国家仪式的存在。②""奥运-媒介"仪式空间构成了国家仪式，隐含着强烈的国家意识和政治形态。回顾古代奥林匹克运动会，举办地奥林匹亚有宙斯庙、赫拉神庙、祭坛以及奥林匹斯山众神，在这种空间中，给古代奥运会披上了浓重的神圣色彩。如今，宗教的功能在奥运会中的影响已经消失，但奥运会具有了一种超越体育本体的特殊价值，具有世俗和神圣的双重内涵。也就是说，"在缺少上帝和精神超越的社会中，体育可以说是体现理想，甚至是神圣的最后一个领域"③。奥运会就是具有神圣内蕴的文化世界，顾拜旦早已看出奥运会足以替代上帝的宗教功能："如果每个运动员以自己国家的国旗取代上帝的偶像，那么仪式肯定

① 齐琨.仪式空间中的音声表述：对两个丧礼与一场童关醮仪式音声的描述与分析［M］.北京：文化艺术出版社，2011：6.
② 邓菡彬.现代戏剧交流语境的危机及应对［M］.北京：社会科学文献出版社，2014：185.
③ 维加雷洛.体育神话是如何炼成的［M］.乔咪加，译.北京：中国人民大学出版社，2015：5.

会更加庄严隆重，而且这种'现代化'的适当性是如此明显，以致不需要坚持上帝的偶像。"① 现代奥运会赛场上飘扬的国旗、运动员身穿印有国旗的服装、观众手中挥舞着的国旗无不体现出国家的在场和仪式的神圣性，国家意识和国家记忆在此空间中萌发、壮大与强化。

第二节 仪式的剧场：国家符号表征赋能国家认同建构

"奥运-媒介" 仪式就是一个奥运展演的剧场，把奥运的各种事件、人物、行为呈现在受众的眼前，受众通过观看获得非凡的体验，从而共享认同与信仰。在奥运传播剧场中，不同的媒介有不同表达内容的方式。报纸通过优美或激昂的文字再配上醒目的图片来呈现奥运会内容，而广播则主要依靠主持人的口头表达来叙述奥运事件。到了电视时代，电视利用"荧屏"与"框架"把画面呈现在观众的面前。另外，声音也是电视表达奥运内容的方式。声音包括奥运现场本身的声音，比如奏国歌、观众的呐喊声、发令枪声等，还包括电视主持人的话语，也正是画面和声音的结合，电视营造出电视奥运的现场感。而且，由于奥运转播权归属电视等，一直以来，电视都是奥运会最大的直播平台。互联网是媒介融合的体现，手机、电脑上既有文字版的奥运内容，也有影像的奥运视频内容，由于网络的快捷性、资讯的海量性和超链接的便利性，网络媒介也成为部分年轻人喜欢使用的观看平台。

奥运会是人类最喜爱的一项文化活动，而文化是以一种符号的形式在历史的长河中不断流传的，人们也通过这种文化符号的形式得以沟通、交流和表达基本的人生态度。② 英国人类学家维克多·特纳认为，象征符号是仪式的最小单位，它保持和维护着仪式的特殊性质……并构成仪式语境特殊结构中的终极性单位。③ 特纳从象征人类学的视角解读仪式，将仪式概括为"一个符号的聚合体"，在仪式中，人们可以通过符号来领悟隐藏在仪式背后的信仰、观念、文化和价值观等。在"奥运-媒介"仪式中，符号贯穿始终，成为不可或缺的要素。可以说，没有符号，仪式将无法展演。在"奥运-媒介"仪式中，仪式现场通过器物、人物、声音等符号呈现出奥运会的样貌。而媒体组织把这些符号进行复

---

① 顾拜旦. 奥林匹克理想：顾拜旦文选［M］. 詹汝琮，邢奇志，译. 北京：奥林匹克出版社，1993：47-48.

② 格尔兹. 文化的解释［M］. 纳日碧力戈，译. 上海：上海人民出版社，1999：89.

③ 特纳. 象征之林［M］. 赵玉燕，欧阳敏，等译. 北京：商务印书馆，2006：19.

现、重新组合与编码形成了"媒介现实"的符号，这些符号通过媒介传达给受众，而受众通过对符号的观看，解码其意义。可见，在仪式展演中，事实被符号所表征，同时也获得库尔德利所认为的"符号资源"。因此，那些被媒介所报道的奥运事实，显示出同其他未被媒介所关注事实的特殊性和重要性。在杰弗里·亚历山大等（Jeffrey C. Alexander）人看来，媒介仪式与一般性新闻报道的本质区别在于前者是以制造认同为首要目标的。① 可以说，仪式传播不仅仅关注信息的传递过程，其功能更突出的表现为对意义的探寻，而"意义必须用符号才能表达"②。当然，在"奥运-媒介"仪式中，由于人们的自我群体中心主义等要素的影响，国家符号被重点关注，它赋能仪式，使仪式剧场成为建构国家认同的重要场域。

一、国家符号：仪式展演中国家认同建构的基本原料

国家认同的形成不是凭空想象的结果，需要一些元素和动力的触发。"奥运-媒介"仪式打造了广阔的认同空间，并使在场与远距离的受众体验到共同在场的感觉。那么，在这样的认同空间中，为什么会有共同在场的感觉？是什么因素促使了"奥运-媒介"仪式中国家认同的形成？其实，"共同在场"感主要是在场和远距离的受众有共同的"关注点""趋向点"和"认同空间"，由于奥运会是国家与国家之间的竞赛活动，人们的"趋向点"自然而然地带有国家意识，具体表现为仪式现场的组织安排彰显国家意识，媒介话语的叙事策略激发国家想象，③ 而这些都是以符号的形式呈现出来，通过受众对国家符号所指的识别，从而激发国家情感。可见，国家符号是仪式展演中国家认同建构的基本原料。

所谓"国家符号"实质为带有"国家"含义或能够在一定程度上代表国家的符号，④ 在"奥运-媒介"仪式中，无论是哪方面的事物或符号，一旦与民族、国家联系起来，就能不同程度地引发国民的国家认同。而且，因为象征和人类紧密相连，人们借助一组组国家象征资源，能够把生存的世界和想象的世

---

① ALEXANDER J，GIESEN B，MAST J. Social Performance：Symbolic Action，Cultural Pragmatics，and Ritual［M］. Cambridge：Cambridge University Press，2006.
② 赵毅衡. 符号学：原理与推演［M］. 南京：南京大学，2016：1.
③ 李春阳，王庆军，俞鹏飞. 足球世预赛仪式传播与国家认同建构研究［J］. 成都体育学院学报，2022，48（04）：26-31.
④ 李根，高嵘. 国家认同与集体记忆："国球"乒乓的塑造过程及象征意义［J］. 沈阳体育学院学报，2019，38（04）：78-85.

界连接起来。奥运会中含有众多表征着民族与国家的资源。一方面，除了奥运会的过程、程序、场合、氛围等在象征的作用下，产生了超乎日常生活的价值与意义外，其本身就是一个国家符号，它指代着国家政治、经济等方面的发展和良好的国家形象；另一方面，奥运仪式中具有许多常见且典型的象征着国家政治、文化、民族的符号，这些符号通过仪式所指被锚定为"身份、集体、民族、国家"等，进而有效地建构国家认同。

关于仪式符号，前人有一些研究。法国学者莫里斯·哈布瓦赫（Maurice Halbwachs）指出，"仪式是由一套姿势、言辞和一种物质形式确立起来的崇拜对象构成"①。也就是说仪式是由动作符号、语言符号、物质符号构成的言说。英国学者维克多·特纳也有类似的观点，他认为，仪式就是"符号的聚合体"，"象征符号是仪式的最小单位"，要想实现仪式的象征意义，一般要具备三个要素：其一，所示之物，即仪式中展示出来的，能唤起"仪式人"的情感和记忆的圣物或器具等，如神、祖先或英雄人物的遗物；其二，所做之事，即在仪式中能唤起回忆或感情的行为和事件，如部落神话或宗教史诗中的某些情节；其三，所说之话，即向仪式参与者讲述的宇宙观、神谱、秘史等。综合而言，我们认为"奥运-媒介"仪式中的国家符号大致可以分为：物质符号、行为符号、语言与声音符号。

其一，物质符号（所示之物），包括能代表国家的国家领导人，能体现国家象征的器物，如长城、埃菲尔铁塔等，还包括各国的国旗图腾、国家传统服装和传统文化等；其二，行为符号（所做之事），主要是指"奥运-媒介"仪式中人的行为符号和事件，比如人的舞蹈和唱国歌表现出的程式化动作和仪式感。还有通过叙事文本再现历史事件和图景，譬如，伦敦奥运会上表演的"工业革命"历史、北京奥运会呈现的"郑和下西洋"故事等；其三，语言和声音符号（所说之话、能听之音），是指奥运会中通过口头语言和字幕语言对国家符号进行的言说，还有国家特色的音乐、国家语言等声音。这三类符号都具有国家的象征意义，能引发民族或国家的共同"集体记忆"、想象与认同，使人们确信自己就是这个集体和文化的一分子，这种"寻根式"的集体记忆，"把无数早已分枝的枝叶联系到一个共同的根那里，不仅得到了互相认同的基础，而且仿佛找到了力量的来源"②。

---

① 哈布瓦赫. 论集体记忆［M］. 毕然，郭金华，译. 上海：上海人民出版社，2002：195.
② 葛兆光. 历史记忆、思想资源与重新诠释：关于思想史写法的思考之一［J］. 中国哲史，2001（01）：45-53.

二、国家符号呈现："媒介权力"下的复现与编码

所谓"媒介权力"，是指"支配者通过占有、操纵媒介实现对被支配者的信息控制，迫使被支配者在认知和价值判断上服从于支配者的利益要求。这里的支配者即大众传播媒介，被支配者即受众。"[①]"奥运-媒介"仪式中的国家符号要展现在众多"不在场"的受众眼前，是受到媒介权力的作用。仪式中的事实被符号所表征，同时也获得库尔德利所认为的"符号资源"。因此，被媒介所报道的奥运"媒介现实"显示出同其他未被媒介所关注事实的特殊性和重要性，正如仪式生活中处于仪式场域中心的道具和场所，比如恩登布人举行伊瑟玛仪式时所选取的红色公鸡和白色母鸡以及大老鼠鼠洞都成为重要的、不可触碰的事物。[②] 换言之，媒介处于奥运传播的中心地位，它可以报道想要报道的内容，并且将意识形态放置其中，以影响人们的思想观念。在"奥运-媒介"仪式中，由于"群体自我中心"、政党需求等，媒体通过视频、文字、图片等对国家符号进行记录与描述，它是以现场情景为现实基础的复现过程，但这种复现也是媒介选择的结果。另外，媒体人对所获得的现场国家符号进行加工、编辑的编码过程，使符号呈现更大的吸引力。

可以说，在"奥运-媒介"仪式对国家符号的传播中，首先表现为媒介对国家符号的复现。复现是指媒介对真实时空的复制与重现。无论是报纸、广播、电视、网络都试图重现奥运的各种情况。在所有媒体中，电视因为普及率高、超大屏幕、高清晰、信号稳定等特点依然是受众观看奥运会最重要的平台，而且电视的复现本体最为突出，也让人们有一种在场感。在奥运会期间，事件组织方极力呈现诸如国旗、国歌、民族文化、国家荣誉等国家符号或寻求展现国家符号的方式，然后把这些符号加入奥运会中，并在奥运现场呈现出来，这些符号能有效地吸引受众的注意力，使受众聚拢起来，可以带来更大的收视率，因此，它们也成为媒体猎取的目标，媒体通过现场的镜头捕捉奥运现场中的国家元素，对建构国家认同起到积极的推进作用。

然而，媒介对奥运仪式现场的呈现不仅仅是复现，更是媒介建构的过程。因为通过媒介传播的奥运信息是经过媒体加工后的影像文字，它是派生的，是媒介现实。也就是说，"不在场"受众看到的都是镜头给予的或报纸描述的实

---

① 李凯瑞，王海蛟. 媒介权力的扩张与个人隐私的保护 [J]. 传媒，2016（15）：86-88.
② 特纳. 仪式过程：结构与反结构 [M]. 黄剑波，柳博赟，译. 北京：中国人民大学出版社，2006：20-21.

况，镜头拍摄了什么、报纸写了什么，受众就只能知道什么。这正如经典的传播学议题设置理论所言，传媒虽然不能决定人们怎样想，却能决定人们想什么。① 而且，电视在拍摄现场的表演时也加入了自己的表演，通过展示自己对观众反应的反映，通过提供补偿观众被剥夺的直接参与，电视成为大众仪式演出中的主要演员，② 而且电视"利用摄影的运动性、画面形象的开放性、构图的变化性使观众目不暇接地接受各种含义不同的所指，也能将能指的外延意义不断放大，让观众拓展想象的空间"③。

不过，电视台除了对拍摄镜头的选取和重组之外，各国利用单边符号，向自己的国内进行电视直播。美国学者乔治·格伯纳（George Gerbner）认为，电视是一个集中化的叙事系统，不可忽略电视作为我们时代共同的"说书人"这一独特而重大的角色特征。电视主持人就像一个串联器，他们通过讲述把奥运会的各项活动衔接起来，从奥运会开幕式到赛场，再到闭幕式，在他们的叙事中奥运会各个环节浑然一体。因此，电视主持人话语也是电视框架内容中不可或缺的重要组成部分。电视主持人作为电视叙事者，具有神圣性、高社会地位和丰富的常识。他们利用"话筒权杖"化身为现代神父，掌控着仪式的进程，是电视播放中的把关人和安全阀，是仪式文化的缔造者和情感的发动者，同时也成为国家符号的阐释者与制造者。首先，电视主持人的话语是对民族文化的诠释。各国主持人使用本国的统一国语，使国家在本土疆域内产生一种合法的等级。其次，特别是遇到自己国家的运动员时，他们更是力争将兴奋点（看点）、快乐点（笑点）、感动点（泪点）安插其中，而且，在解说词中，也会配上民族国家独特的语言，尽显民族文化的魅力。譬如，在2021年举行的东京奥运会上，中国夺冠时央视的"神仙"解说词呈现了体育竞技精神和中华五千年文化符号的魅力，也激发了国民深深的爱国之情。最后，电视主持人利用国家符号，其话语充满对"我者"和"他者"的区分。比如在解说中，电视主持人会有如"中国队员先拔头筹，赢得开门红""这场比赛在我国举行""对方球员把球踢出边线"等话语，立场鲜明地表达了"我者"和"他者"的区分，引起受众对自我身份的再确认和强化。此外，在叙事中，电视主持人利用声音修辞

---

① 赛佛林，等.传播理论：起源、方法与应用［M］.郭镇之，孟颖，赵丽芳，等译.北京：华夏出版社，2000：56.
② 戴扬，卡茨.媒介事件：历史的现场直播［M］.麻争旗，译.北京：北京广播学院出版社，2000：19.
③ 翟杉.仪式的传播力：电视媒介仪式研究［M］.北京：中国传媒大学出版社，2014：48.

控制并制造典型情景，表达喜庆、欢乐、拼搏、自豪等爱国情绪。他们的声音时而高亢激昂，时而委婉深情，再加上崇敬的语气、难以言表的兴奋、压抑或控制的嗓音、短暂而意味深长的静默等带有情感的声音转换，把国民带入仪式的爱国情景之中。

同样，报纸、广播和互联网等也通过媒体人的精心编码进行奥运叙事，它们利用语言技巧、标题设置、图片摆放等议程设置激发读者的爱国情感，广播主要依靠主持人的声音修辞来完成奥运事件的叙述，互联网体现了包容性，包括文字版和视频等内容部分。总之，奥运仪式现场包含了丰富的国家性符号，这些符号也是媒体复现的重点内容，而且，媒体利用各种编码手段对这些情景进行再造和渲染，营造出一个关乎权力、个体、社会、国家的意义场域。

三、国家符号神话：建构国家认同的表意动力系统

涂尔干认为，神圣与世俗是仪式分类的基本架构。但是，其蕴含的意义随着人类发展的时空变化而变化。其一，在传统社会的文化体系中，神灵意志贯穿于先民的整个生命阶段。从神话发展的历程来看，它产生于人类的"童年时代"，是古人通过幻想的形式，表达他们对世界万物的原始理解……而且，神话还和信仰有着某种天然的联系，或者说是经过叙事艺术加工的信仰。① 其二，神话是一个体系，在过去，这种"超验性"是由神性或巫术的介入来保证的。如今，有神圣力量或神的宗教正处在消亡的边缘，古老的神话也已经逐渐被"祛魅"，但人们依然需要神话的安慰和诱导，需要"返魅"的现代"世俗神话"②。

人们对神话的理解有多种观点，其中，法国符号学大师罗兰·巴尔特（Roland Barthes）将符号学视为现代神话，他把符号的表意过程分为三个层次，即明示意义、隐含意义和神话。在他看来，"神话是一种传播的体系，它是一种讯息。这使人明白，神话不可能是一件物体、一个观念或者是一种想法：它是一种意指作用的方式、一种形式"③。巴尔特认为，意义符号系统从第一层次向第二层次意指的过程就构成了神话。当神话赋予在第一个层面上的时候，神话掏空了第一层面的概念，只保留能指，然后将神话置入其中，便构成了表达新意

---

① 蒋晓丽，石磊. 传媒与文化：文化视角下的传媒研究［M］. 北京：华夏出版社，2008：272.

② 李春阳，王庆军，俞鹏飞. 足球世预赛仪式传播与国家认同建构研究［J］. 成都体育学院学报，2022，48（04）：26-31.

③ 巴尔特. 神话：大众文化诠释［M］. 许蔷蔷，许绮玲，译. 上海：上海人民出版社，1999：167.

义的符号。巴尔特指出,以神话的态度看待世界,人们对这个世界就不会有任何质疑,对于自然真实的东西就会变得熟视无睹。罗兰·巴尔特的"神话"理论其实是对符号建构意义系统的表述,在巴尔特看来符号意义的生产制造了"神话",意义即神话本身。总之,"神话"是在特定的历史条件下的叙事或言说,它看起来是自然的、客观的,而实际却是对某种意义的建构和追寻,是被制造出来的超级符号系统,其意义大多是人们赋予的而非其本身所具有的。①

如图 7 所示,能指与所指是符号的基本结构。符号学奠基人索绪尔(Ferdinand de Saussure)提出的"符号二重性"也是"奥运-媒介"仪式的国家符号神话系统的基础。赵毅衡认为符号是"携带意义的感知"②。符号的"能指"是传达象征意义的本体或载体,其"所指"是作为一种喻体传达出来的。因此,符号总是和一定的意义联系在一起。"奥运-媒介"仪式中的国家符号研究所指向的对象是与国家意识相伴随的社会文化现象,是一种象征意义。关于"象征",卡西尔(Ernst Cassirer)认为,"象征"是通过外部物质世界中的符号显示内部精神世界中的符号,或从可见物质世界中的符号过渡到不可见的精神世界中的符号。象征的特点就是利用某种感性的事物,来暗示、启发人的联想,进而产生观念、情感、价值、认同等。英国人类学家维克多·特纳认为,和动物的仪式化相比,人类仪式的原理是象征性的,而且象征符号是仪式的最小单位。黑格尔(Georg Wilhelm Friedrich Hegel)认为"象征首先是一种符号。不过在单纯的符号里,意义和它的表现是一种完全任意构成的拼凑。这里的表现,即感性事物或形象,很少让人只看它本身,而更多地使人想起一种本来外在于它的内容意义"③。在黑格尔的表述中,"外在于它的内容意义"的载体是感性事物或形象,而这种感性事物或形象又能使人产生象征性联想。所谓象征,从实质上说,就是形象的表征。没有"象"就无所谓"征",以"象"为"征"即是"象征"。我们可以从奥运英雄的例子来理解这一符号系统,奥运英雄的能指是运动员的名称、照片、声音等,其所指是符号所代表的对象。例如,"亚洲飞人"苏炳添的能指是"亚洲飞人"这一代号,苏炳添这个名字,或者是他的照片、声音等,所指是他本人。然而,对这种符号的研究并不关心由声音、名称、明星照片等与生物个体相结合的"奥运英雄",这些只是一个空洞的英雄能指,是奥运英雄符号加工的基础材料。因此,这一基层的符号系统不是奥运英

---

① 李春阳,王庆军. 拟态神话:消费社会语境下体育明星制造的范式 [J]. 山东体育学院学报,2018,34 (02):39-43.

② 赵毅衡. 符号学:原理与推演 [M]. 南京:南京大学,2016:1.

③ 黑格尔. 美学 [M]. 朱光潜,译. 北京:商务印书馆,1979:10.

雄符号的全部内涵。在罗兰·巴尔特创立了意义符号系统模式中苏炳添的名字、照片、声音以及他的本人等信息构成了一个新的能指，表达出苏炳添新的所指：亚洲无敌、中国体育的名片、中国国家形象的代表等意义。

能指I （物质、行为、声音等）	所指I （现实的形象）	
能指II （第一级国家象征符号）		所指 II （社会文化意义/国家象征意义）
第二级国家象征符号		

图7 "奥运-媒介"仪式中的国家符号神话系统

事实上，"奥运-媒介"仪式为国家符号提供了意义形成的语境，促成了符号意义的彰显，并借助符号表意系统来传达意义，搭建社会"共识"，这些为实现国家意义的神话提供了动力。首先，奥运会本身就是一个巨大的国家象征符号，一个意义高度浓缩的"新闻聚像"，具有很强的象征意义。如果说，北京奥运会是一种过渡仪式，它象征着中国告别了相对孤立的年代，宣扬着一种胜利、一段被殖民历史终结的意向，① 隐含着中华民族再次崛起、国富民强和致力于世界共同发展的意蕴。那么，2022年北京冬奥会则是中华民族成员的又一次"伟大凝聚"，它"将是我国在实现第一个'百年目标'基础上向第二个'百年目标'迈进之时，凝聚更强大的民族自信心、自豪感，开启中国体育事业又一段圆梦征程"②，象征着中国国富民强和致力于世界共同发展的隐喻。其次，"奥运-媒介"仪式中具有许多常见的、典型的民族国家文化象征符号，其象征意义是被民族共同体及其成员长期赋予和接受的，这类符号意义的归宿是一个国家的历史、文化、观念、情感等。譬如，在2022年北京冬奥会上，"一起向未来"口号的宣传、打破隔阂的"五环破冰"展示、90个带有国家名称的"团结大雪花"构建、连接世界的"中国结"呈现、"世界人民一起走向未来画卷"的映现、《我和你》歌曲中的深情告白、"世界大同、天下一家"的烟花表演等都是2008年北京奥运会"同一个世界，同一个梦想"主题的延续，"是人类命运共同体价值观下奥林匹克精神、办赛理念和奥运愿景的中国解读、中国诠释和中

---

① 路云亭. 国家记忆：民族志意义上的北京奥运会 [J]. 河北体育学院学报，2018，32（03）：1-6.

② 赵晶，闫育东，张亚楠. 冰雪情，申奥梦：中国北京申办2022年冬奥会前瞻 [J]. 北京体育大学学报，2014，37（07）：8-11，37.

国表达"①，它"使不能直接被感觉到的信仰、价值、观念、情感和精神气质变得可见、可听、可触摸"②，使这些符号象征性的指向中国自古以来"协和万邦"的发展观和积极倡导"构建人类命运共同体"的愿景。

由此可见，"通过仪式，生存的世界和想象的世界借助于一组组象征符号融合起来，变成同一个世界，而它们构成了一个民族的精神意识"③。仪式中的国家符号"使共同体的文化价值体系得到传承，从而成为现代国家共同体建构身份与巩固认同的重要途径"④，有利于建立群体、民族、国家的认同。在"奥运-媒介"仪式中，众多的符号意义被全部掏空，然后把"国家"的神话置于其中，使这种组合的能指通过隐喻和联想集中指向集体与国家，制造出国家不朽的、世俗的现代神话。而仪式现场的参与者见证了奥运会，也成为奥运仪式中的表演者，这些都将通过媒介传向远方，此时，"奥运-媒介"仪式的符号神话效应被进一步放大，将会引起更大规模的"集体狂欢"。

第三节　仪式的过渡：受众实现国家认同的致效机制

"过渡仪式"是阿诺尔德·范热内普提出的概念，他认为，过渡仪式是因为人们的社会地位、状态、地点、年龄等发生改变而举行的仪式，在仪式进行过程中可以分为：分离、阈限、聚合三个阶段。维克多·特纳、兰德尔·柯林斯和戈夫曼（Erving Goffman）等学者继承并发展了阿诺尔德·范热内普的观点，我们结合众多学者的观点，借助分离、阈限、聚合三个阶段的划分，对"奥运-媒介"仪式的过渡阶段进行分析。在过渡仪式中，受众通过致效机制实现了国家认同建构，即受众脱离世俗的生活进入仪式中，感受仪式所带来的氛围、情感与信仰，这引起了受众的思想和行为的变化，致使受众产生国家认同效应。

① 钟新，金圣钧，林芊语."一起向未来"：人类命运共同体视域下冬奥口号倡议的意义嬗变、价值追溯与国际诠释［J］.武汉体育学院学报，2022，56（2）：12-19.
② 特纳.象征之林［M］.赵玉燕，欧阳敏，徐洪峰，译.北京：商务印书馆，2012：48.
③ 孙信茹，朱凌飞.都市中的"媒介仪式"：文化人类学视野中的媒介传播研究［C］//复旦大学信息与传播研究中心，复旦大学新闻学院，中国传播学会，国际中华传播学会.全球信息化时代的华人传播研究：力量汇聚与学术创新：2003中国传播学论坛暨CAC/CCA中华传播学术研讨会论文集（上册）.上海：复旦大学信息与传播研究中心等，2004：172-179.
④ 张兵娟.电视媒介仪式与文化传播［M］.北京：中国社会科学出版社，2016：186-188.

一、社会身份"分离"与精神"在场"：受众进入仪式

这里的"分离"是指人们在进入"奥运－媒介"仪式时，从原有的"社会身份"中脱离出来，成为仪式的参与者，即"仪式人"。维克多·特纳在《象征之林》一书中指出，"'分离'这个第一阶段意味着个人或团体离开了先前在社会结构中的固定位置或一套文化环境的象征性的行为组成"①。在进入仪式之前，不同的人具有不同的社会身份，比如，政府官员、教师、警察、法官、医生、媒体人、工人、农民等。而且，即使同一个人也会有不同的社会身份，作为教师的人，可能是孩子的父亲、母亲的儿子、院系的领导等。这些不同的社会身份使人们承担着不同的责任与义务，也有专属于这一类身份的特定规范和道德要求。然而，正是由于社会身份种类繁多，人们集体的、统一的道德感被分流变弱，也没有被充分显现出来。"奥运－媒介"仪式创造了人们获得集体道德感、共享信仰的时空，在这里，人们从社会身份中暂时"分离"出来，仪式赋予每一个个体统一的身份，即仪式参与者。

不过，仪式中人们的认知与行为动向取决于特定的情境。在前现代社会，仪式情境突出体现在人的"到场"，仪式的交流基于实际的地域。柯林斯提出："仪式本质上是一个身体经历的过程，人们的身体聚集到同一个地点，开始了仪式过程。当人们的身体彼此靠近时，就会出现低声交谈、激动或者至少会产生一点警觉。"② 同样，戈夫曼也认为："即使没有重大的事情发生，能够彼此察觉到对方存在的人们仍然会相互追随或表现得似乎在追随他人。"③

然而，"到场"即使在交通发达的现代社会也不是都能实现的事情。但是，在现代社会，由于科技和媒介技术的不断进步，时间和空间进一步虚化，世界变成了"地球村"，时空分离成为可能，媒介使仪式交往关系从面对面互动的地域性关联中脱离出来。因此，即使是不在仪式现场的受众，通过媒介，人们也能同样确保共时共享仪式信息。在"奥运－媒介"仪式中，仪式的参与者可分为两类：第一类是在奥运现场之内的群体。他们就在仪式现场，亲身参与到仪式之中。第二类是媒介仪式中的受众，这类人没在仪式现场，但能够通过媒介提供的"媒介现实"来参与到奥运会中。仪式现场的人包括运动员、教练员、看台上的观众等，他们在参与和观看着仪式，同时也成为报纸、电视、网络等媒

① 特纳. 象征之林 [M]. 赵玉燕，欧阳敏，徐洪峰，译. 北京：商务印书馆，2012：124.
② 柯林斯. 互动仪式链 [M]. 林聚任，王鹏，宋丽君，译. 北京：商务印书馆，2009：93.
③ GOFFMAN E. Forms of Talk [M]. Philadelphia：University of Pennsylvania Press，1981：103.

介报道和播放的对象，形成了一种"套层观证"①的可能性，即套叠在一起的、处于不同层面的观看和见证。例如，奥运仪式现场的人是对现场仪式的观证，看台上的观众是对赛场上运动员的观证，媒体是对仪式和仪式中的人的观证，不在场的远距离受众是对报纸、电视等媒介的观证。虽然，2020 年东京奥运会和 2022 年北京冬奥会因为疫情而出现"空场"比赛的现象，但媒介强大的传播效力弥补了一些因缺少观众而造成的冷场等缺憾。

　　当然，在"套层观证"的内在机制下，具备了戈夫曼所谓的"共同在场的充分条件"，使得奥运仪式现场成为"共同在场"的基础。仪式现场的人既是仪式的参与者、观看者，又是表演者，他们的一举一动成为远距离受众"观看"的对象。而不在场的受众既是缺席的，又是在场的，因为，"奥运-媒介"仪式建构了一个共同的"关注点""趋向点"和"认同空间"，为"不在场"的受众提供了一个"在场"体验，或者说他们以"身体缺席"的方式实现了"精神在场"。"这种远距离的仪式可以提供共享的情感、团结……这里电视（媒介）通过挑选情感表达最强烈的瞬间，结果使远方的观众感到看见的他人就像自己一样。"②这就像我们经常能在电视上看到奥运会中的运动员、观众的表演，这种真实感使我们觉得自己就在现场，他们就是我们自己。其实，这种"天涯共此时"的在场感、参与感是虚幻的，但是在这种虚幻中，通过仪式现场人的表演、媒介的传播和远距离受众的观看，让在场与不在场的人们都能感受到奥运会的存在，形成了对奥运会意义的共振，实现了全体社会成员精神上的共同在场。特别是能引起以国家为单位的集体记忆，使国家共同体的意识变得牢固，从而达成涂尔干所说的"机械团结"。

　　由此观之，"奥运-媒介"仪式的时空召唤着人们，当奥运开幕式鼓点敲响之时，媒介制造的生态仪式环境使参与者脱离了日常的社会身份，成为一个纯粹参加仪式的膜拜者。这正如柯林斯提出的观点：在场能使人们达到神经系统的相互协调，但如果能通过某种手段使神经系统在远程交往中依然可以直接产生作用，那么其效果与亲身在场无异③。当下，媒介通过现场直播、各种报道、可穿戴设备、VR 等技术使"不在场"的受众进行远程交互成为可能，使人们即使不亲身在场也能达到沉浸式的亲密互动。在此仪式时空下，人们获得了"精

---

①　陈文敏. 复现中的迷思：电视节庆仪式化传播及其认同研究［M］. 北京：中国社会科学出版社，2018：136-138.

②　柯林斯. 互动仪式链［M］. 林聚任，王鹏，宋丽君，译. 北京：商务印书馆，2012：95.

③　柯林斯. 互动仪式链［M］. 林聚任，王鹏，宋丽君，译. 北京：商务印书馆，2012：114.

神上的共同在场"，这为处于"阈限期"的人们共享仪式规约的信仰、产生情感共鸣创造了必要的条件。

二、仪式的"阈限"：解码国家符号，共享记忆与情感

仪式的"阈限"阶段是处于"分离"和"聚合"之间的一个过渡的、中间的阶段。特纳在《象征之林》一书中提出："如果说，社会的基本模型是'位置结构'的话，那么，在处于中间位置的阈限阶段，仪式'过渡者'的状态含糊不清，他经过的是这样一个领域，它很少带有任何过去的或即将到来的状态的特征。"① 也就是说，阈限阶段不同于分离和聚合两个稳定的状态，它是反结构的，在这里，人们的社会身份地位、高低贵贱的差异消失了，彼此是同质的。即仪式赋予人们一个平等的、共同的身份，即仪式参与者，也成为仪式中的"阈限人"。同样，"奥运-媒介"仪式中的"阈限人"身份是平等的，他们在不同的地点，通过媒介时空获得了精神的共同在场，共享和解码着国家符号，形成了共同的集体记忆与情感能量，达成了仪式规约的道德观念。只不过，他们"阈限人"的身份与所处的阈限领域是间断性的，因为在奥运会期间，人们每天在神圣与世俗时空之间转换，当他们忙于工作、学习和生活琐事时，他们处在世俗的时空，一旦空闲下来，观看奥运会，就暂时从原来的凡俗生活里脱离出来，进入神圣的仪式"阈限"阶段。

毋庸置疑，如果仪式机制不能内化于心，认同则无从谈起。本尼迪克特·安德森认为：国家认同更多是通过拥有明确谱系集体记忆的世代传承，蕴含在国家主权的"想象共同体"中。② 国家认同是国民在心理层面上内化的结果，在内化过程中，首先"阈限人"要享有共同的、集体的、民族的、国家的集体记忆。"奥运-媒介"仪式具有许多通向思想内部的国家符号，"阈限人"一旦识别和确认这些符号，就能进入基于历史记忆和现实渴望而构建的国家记忆，也能触发人们情感能量的聚集。

（一）在解码符号中唤起"阈限人"旧的集体记忆，构建新的集体记忆

18 世纪以来民族国家的建立都需要从集体记忆中去寻找认同和合法性的依据，而且，"民族主义是一种情感共同体，其情感的实质内容在于集体记忆"③。

---

① 特纳. 象征之林 [M]. 赵玉燕，欧阳敏，徐洪峰，译. 北京：商务印书馆，2012，123-124.

② 安德森. 想象的共同体：民族主义的起源与散布 [M]. 吴叡人，译. 上海：上海人民出版社，2003：5.

③ 钱力成，张翮翾. 社会记忆研究：西方脉络、中国图景与方法实践 [J]. 社会学研究，2015，30（06）：215-237.

共享过去的共同记忆，建立新的集体记忆，对形成、保持、维系国家认同与民族感情都具有非常重要的意义。莫里斯·哈布瓦赫将集体记忆定义为：特定的社会群体成员共享往事的过程和结果，保证集体记忆传承的条件是社会交往及群体意识需要提取该记忆的延续性。集体记忆的作用主要体现在族群凝聚、认同变迁以及民族体认同。因为，民族、国家都是通过集体记忆来凝结传达的，用以追溯和创造共同的历史记忆，进而维持与修正族群边界。反之，"集体记忆的缺失或遗忘使个体与民族国家之间的认同维系受到阻碍，民族国家的认同感受到冲击"①。记忆需要一定的载体，集体记忆通过集体的活动、图像、媒介等才能保存、扎根或在特定的群体中重温。但是，记忆不是全景式再现，而是在历史与当下中进行演化②。

我国学者王明珂也认为，资源环境的变迁造成认同的变迁，人们也会集体遗忘、修正或重建历史记忆来调整"手足同胞"的人群范围。③ 对于民族与国家的集体记忆而言，它不是人的自然记忆的反映，而是根据叙事者的引导，加强或淡化甚至遗忘某些符号和片段，重新构成新的集体记忆。因此，从这个意义上来说，集体记忆的本质是基于现在对过去的传承和重构。在"奥运-媒介"仪式中，通过选择性记忆，对部分共同的历史、灿烂文化、政治清明、民族情感等国家符号进行再现、传承与创新，人们通过对国家符号的解码，唤起和建构了集体记忆，这使国家认同的主体与客体建立了联系，把分散的个体纳入集体之中。可以说，"奥运-媒介"仪式唤醒了旧的集体记忆，并重建新集体记忆，它们是建构国家认同的重要纽带。

首先，"奥运-媒介"仪式中的国家符号唤醒了"阈限人"旧的集体记忆，这是对国家记忆的传承与历史性表达。早在19世纪70年代，埃瓦尔德·赫林（Ewald Hering）就深刻地意识到记忆与群体的关系，他认为，"记忆把个体连成了整体，如果没有记忆的凝聚力，我们的意识也早就分崩离析了"④。因此，无论哪种社会和共同体都会具有属于自己的集体记忆。在"奥运-媒介"仪式中，有大量的历史文化、政治、经济符号，这些符号借助人际传播、大众传播以及

---

① 刘燕. 国族认同的力量：论大众传媒对集体记忆的重构 [J]. 华东师范大学学报（哲学社会科学版），2009，41（06）：77-81.

② ROUSSO H. The Vichy Syndrome：History and memory in Francesince 1944 [M]. Cambridge：Harvard University Press，1994：2.

③ 王明珂. 华夏边缘：历史记忆与族群认同 [M]. 北京：社会科学文献出版社，2006：252.

④ 韦尔策. 社会记忆：历史、回忆、传承 [M]. 季斌，王立君，白锡堃，译. 北京：北京大学出版社，2007：159.

众多的仪式活动得以传承和延续,在这一共享记忆的过程中,国民的民族情感、家国情怀被极大地激发出来,这有利于国家认同的建构。在奥运会期间除了国旗、国歌和国徽的呈现外,每个民族国家还有其他独特的符号,例如,在2022年北京冬奥会上,内容丰富的历史文化符号展演体现了中国的特色文化。从《茉莉花》等传统名曲、"黄河之水天上来"等古典诗词的艺术呈现,到"二十四节气""十二生肖""闹花灯""冰墩墩""雪容融"等传统民俗文化展示,再到"焰火中的迎客松""折柳寄情"中国式的情感、礼仪表达,还有"团结大雪花""中国结""世界人民一起走向未来"的画卷"世界大同、天下一家"的烟花表演等。这些华丽文化符号的能指,集中指向了中国"文明古国和礼乐之邦",它用具象化的表演使"阈限人"对具有五千年灿烂历史文化传统的华夏文明记忆落到了实处。

其次,"奥运-媒介"仪式制造了新的集体记忆,是对"阈限人"集体记忆的再生产。"奥运-媒介"仪式中的集体记忆不只是重现过去,更重要的是更新建构。[①] 这种建构是运用当下的价值观、理念和心理技术来解读旧的记忆与历史资料,然后再生产出具有现代意义的集体记忆。这"是对过去的一种重构,使过去的形象适合于现在的精神需求与信仰"[②]。也有学者指出记忆通常按照唤起、重构、固化、刻写四个阶段来推进。首先是借助某些符号和传播介质唤起时空记忆,其次筛选内容的某些情节,并给其注入新的内涵或赋予新的形式来建构新的内容,继而对新的记忆内容进行保存和固化,最后将固化的记忆利用人际传播、群体传播和大众传播刻写继续传播下去。在北京冬奥会上,中国利用国人熟悉的"中国结"、"雪花"以及"我和你"的歌曲等文化符号,并结合当前的全球化国际形势,用符号的组合,表达出中国爱好和平以及提倡构建人类命运共同体的强烈愿望;通过对2008年北京奥运会的回顾,突出打造和宣传了"双奥之城"新的集体记忆符号。这些仪式建构新的集体记忆,具有历史延续性和当下的建构性,是集体记忆的再生产。正因如此,"阈限人"对于国家的记忆和形象逐渐清晰。而这些新的集体记忆,也会成为今后集体记忆和情感能量生产的原料。

(二)情感凝聚:"阈限人"建构国家认同的原动力

对国家的情感是建构国家认同的重要原动力,如果对国家没有情感,就不可能形成国家认同。从前文可知,国家认同属于赞同性、归属性认同,强调个

---

① 德利奇,陈源. 记忆与遗忘的社会建构 [J]. 国外社会科学,2007(04):117-121.

② 邢彦辉. 电视仪式传播与国家认同研究 [D]. 武汉:武汉大学,2013:75.

人或群体对国家的主动性认同，是确认自己属于哪个国家以及这个国家怎么样的一种心理活动。从心理学角度来讲，既然要对国家产生认可、赞同，进而发生归属感的心理体验，那必须要有情感的融入。也正是对国家政治、文化、经济等方面的认可，使人们对国家产生了良好的情感，才能触发国家认同感。否则，人们即使感受到国家的存在，也不会产生拥护感、归属感以及为国家而奋斗的使命感。可以肯定的是，一个人的国家身份从出生就已经被赋予和确定，但国家认同感不是伴随国家身份而与生俱来的，它的形成具有复杂的结构。我国学者佐斌提出，国家认同感是心理系统，包括观念和知识亚系统、评价与情感亚系统，其情感成分可以归纳为五个方面：第一，人们对国家身份的主观凸显。在生活中，人们往往拥有多重个人和社会身份，比如我是一名教师、一个中年人、一个父亲、一个江苏人和一个中国人等，在某种情景下人们会凸显自己某种身份。在"奥运-媒介"仪式中，"阈限人"会更能意识到自己属于哪国人的身份。第二，人们对所属国家和群体的依恋程度。第三，人们对所属国家和群体的归属感。第四，人们对国土眷恋和保护意识。第五，人们的民族自豪感、民族自尊心、国家荣辱感等社会情感。①

可以说，"奥运-媒介"仪式是一个充满国家情感能量的空间，它的仪式形式与内容符号有效促进了国家认同的建构。首先，在"奥运-媒介"仪式中，媒介利用宏大叙事、修辞、议程设置等技巧把对国家的情感注入传播中，以此建构了一个能引起情感共鸣的仪式空间，使"阈限人"在不同空间、同一时间共同观赏奥运会，共享国家信仰与认同，引发对所属国家和群体的依恋。其次，奥运媒介仪式的传播中包含着共同体的历史文化、政治、经济等符号，要充分挖掘象征符号资源，使其多种形式、多媒介的曝光，从而唤醒"阈限人"对民族与国家的共同情感、归属感、国家身份感，这能使原本分散的个体通过情感统一到国家之中。最后，由于奥运会是国际级的比赛，运动员都是代表所在国家前来参赛。因此，在这种"节日性狂欢"仪式中，"阈限人"为本国的运动员加油呐喊，为他们的胜利欢呼雀跃，为他们的失利扼腕痛惜，而且，仪式参与者还能以评论、发布消息等方式表达自己的民族自豪感、国家荣辱感，维护民族自尊心。

总之，在这场仪式中，国家、媒介组织和话语领袖等借助奥运平台建立国家情感的能量集聚场，使国民感受到国家的存在、发展与强大，引起仪式"阈限人"的自豪感、民族自尊心、国家荣辱感，使"我国"与"他国""我们"

---

① 佐斌. 论儿童国家认同感的形成 [J]. 教育研究与实验，2000（02）：33-37，72-73.

与"他们"的边界清晰起来，当诸如此类的情感不断聚集，将会成为建构国家认同的强大动力。也就是说，"当全社会维系于同一仪式、同一情感时，仪式显得尤其威严，情感变得特别活跃。于是，集体的仪式和集体的情感，其作用便得到确定，成为维系诸野蛮部落的力量之一"①。

三、仪式的"聚合"："想象的共同体"的生产与再生产

"聚合"阶段是过渡仪式的第三个阶段，作为仪式参与者的个人或团体再次回到世俗的生活中，处于稳定的状态。在"奥运-媒介"仪式中，开幕式和闭幕式两个重要的时间节点，是神圣与世俗间转换的临界点。奥运会开幕式使人们进入神圣的仪式时空；而闭幕式意味着奥运会的结束，人们从媒介仪式中走出来，神圣的"阈限人"转换为新的世俗人。此时，人们又回到了原有的、现实的社会结构中，原来的父亲或母亲、儿子或女儿、丈夫或妻子、领导或下属的角色差别重新显现出来，这种世俗身份的回归，预示着世俗生活的继续。不过，经过了阈限阶段的洗礼与教化，此时的人们有了和仪式前不一样的思想信念与行为。在仪式中，人们获得了相对于其他人的明确定义、"结构性"类型的权利和义务。他们的身上被寄予一定期望值：他们所做出的表现应当与某些习俗规范、道德标准相一致。② 在"奥运-媒介"仪式建构国家认同的环节中，通过阈限期对国家集体记忆的调取和情感能量的增强，聚合期人们的群体价值得到了确认，他们完成了对"国家共同体"的想象，也提升了国家认同以及对国家的使命感。

（一）"奥运-媒介"仪式中"想象的共同体"生产

毋庸置疑，"国家是不可见的，它必须人格化方可见到，必须象征化方能受到热爱，必须被想象才能为人们所接受"③。因此，对于一个现代国家的统一和发展而言，"任何国族的建构都要有一套为大多数成员共享的符号体系，它帮助在共同体内不同群体间达成某种意义共契"④。"奥运-媒介"仪式中包含着大量与国家相连的符号，成为勾起国民集体记忆，引发情感，促进对国家共同体进行想象的基础。本尼迪克特·安德森提出了"想象的共同体"的概念，他认为：一个民族国家是一个想象的政治共同体。也就是说，国家是以"想象"的方式

---

① 怀特海.宗教的形成［M］.周邦宪，译.贵阳：贵州人民出版社，2007：5.

② 欧阳静美.传播仪式观下的国家认同建构：胜利日大阅兵［D］.重庆：西南大学，2018：43.

③ 马敏.政治象征［M］.北京：中央编译出版社，2012：113.

④ 任军锋.全球化进程中的国族建构［G］//俞可平，谭君久，谢曙光.全球化与当代资本主义国际论坛文集.北京：社会科学文献出版社，2005：344.

建构的，在这里，想象不是虚假和臆造的，而是一种"想象性的关系"，在这种想象中，民族主义与国家主义接近，是现代国家认同的主要部分。安德森在《想象的共同体》中，从民族情感与文化根源角度，指出人们对民族这一概念的认知通过各类事件得以不断强化。① 安德森在当时的时代背景下认为：报纸与小说为重现民族国家"想象的共同体"提供了有利的条件。也就是说，这些被印刷品所联结的读者同胞们，在其世俗、特殊的和可见不可见当中，形成了想象的、民族的、共同体的胚胎。如今，现代传媒技术日新月异，它具有信息共享的即时性，传播范围的广阔性等特征，为生活在不同地区的、互不相识的、文化观念存在差异的国民提供了更为有利的认同空间。总之，奥运传播通过媒介对赛事仪式的分享与建构，引起受众集体的仪式性围观，受众通过对集体记忆的调取、情感联结，并借助符号的表意系统最终实现对国家共同体的想象。

其一，奥运会往往利用仪式感极强的开幕式、颁奖典礼、运动项目与规则、知名运动员等来吸引受众。受众则通过报纸、电视、网络等媒介了解赛事情况，因为统一的阅读或观看以及受到媒介所用的共时框架的影响而形成集体的仪式性"观看"，参与这种仪式的"阈限"期，受众在日常生活中的长幼、尊卑、地位、身份、权力等特征暂时消除，此时仪式的"反结构"形成一种乌托邦式的平等，群体特征凸显出来，人们达成交融的同志关系，不断强化国家意识。在仪式的聚合期，人们的价值认识和道德标准得到强化、确认和统一，能够在情感层面上形成"想象的共同体"。

其二，媒介有两大功能，即叙事与记录。媒介具有很强的叙事能力，通过文字、图像、声音等方式娓娓动听地讲述着奥运的故事。它对奥运各种文本的收集、编码、传播与存储逐步演化为信息的记忆，成为社会对奥运会记忆的载体。在媒介重现和还原奥运会的过程中，媒介记忆突破了空间与时间的局限，通过符号、情感的不断强化，逐步使其内化为受众的个人记忆和集体记忆，这些记忆通过连接当下与过去，使历史与现实通过媒介勾连起来，在仪式"聚合期"强化了对国家共同体的想象。

其三，通过符号的理解，实现对共同体的想象。仪式传播是一种现实得以生产、维系、修正和转变的符号化过程。在"奥运-媒介"仪式中，对共同体的想象是通过符号的能指与所指引发的。奥运传播中的符号在表达意指功能时，"遵循着一般符号使用过程的原理，即按照'表现→传达→接收→解释'的顺序

---

① 安德森. 想象的共同体：民族主义的起源与散步［M］. 吴叡人，译. 上海：上海世纪出版集团，2005：6-7.

进行，在这一过程中，每个环节都以符号的形式来表现，传达者和接收者所'表现'和'解释'的，都是隐含"在符号背后的意指"①。"奥运-媒介"仪式给广大受众提供了一个充满国家意蕴的符号空间，媒介持续呈现体育赛事的名称（如北京冬奥会）、主办地点、运动员、声音、国旗、国歌等符号，甚至出现主办地人文地理地貌、景观、文化等符号信息。这些共享的国家符号使人们想象的世界和社会身份都发生与以往不同的变化，并自我调整，也使民族与国家的符号意义得以生产与显现。而受众对已有的历史、文化、族群等集体记忆进行调取与组合，使"奥运-媒介"仪式的符号所指锚定为"身份、集体、民族、国家"，最终实现对"想象共同体"的精神意象。

由此观之，"奥运-媒介"仪式通过借助各种传媒，奥运会得以广泛传播，并建构了一个媒介仪式空间，使众多素不相识、处在各个时空、各种关系、各种社会角色的人聚集在一起，共同接受"阈限期"的洗礼，这使得在"聚合期"的人们拥有共同的集体记忆，共享信仰，成为想象中群体、民族、国家的一分子，成为不同于"他者"的"自我"。

（二）"想象的共同体"再生产：国家旨向的信仰认同

"奥运-媒介"仪式是把国民聚拢起来的精神共同体，在这种过渡仪式中，主要是一种地位逆转仪式，但也包含了有些民族国家在这种仪式中获得了地位提升，所以它也是一种地位提升仪式②。这能使民族国家获得存在感或优越感，也容易引起国民对国家的自豪、情感与认同。"奥运-媒介"仪式的过渡是："时空中以群体记忆作为介质，根植过去巩固既有的信仰系统，延伸未来再生产出具有国家旨向的信仰认同。"③ 其一，建立国家在场的道德认同。国家既是政治共同体，也是社会意识共同体④。"奥运-媒介"仪式中形成的"想象的共同体"建构了一种凝聚国家情感、集体意识的时空情境，形成了空前的精神场域的团结，这种团结的思想来自国家内部道德信仰的一致性。"奥运-媒介"仪式承载着共同体的道德信仰，在新的时空下重塑了个体的理想与意识形态，形成了群体的团结，从而促进国家道德价值观的延续和认同。其二，引起政治合法

① 邢彦辉，林如鹏. 电视仪式传播建构国家认同的符号机制 [J]. 当代传播，2019（01）：42-45.

② 胡全柱. 现代奥运会的人类学解读：维克多·特纳仪式理论的应用 [J]. 前沿，2009（01）：139-141.

③ 高进. 国家仪式与共同体认同 [J]. 浙江学刊，2021（01）：36-43.

④ 高丙中. 民间的仪式与国家的在场 [M] //郭于华. 仪式与社会变迁. 北京：社会科学文献出版社，2000：382.

性的认同。政治合法性是国家权力的核心部分。所谓合法性是指"政治系统使人们产生和坚持现存政治制度是社会的最适宜制度之信仰的能力"①。"奥运-媒介"仪式是国家权力的价值表达、自我展现与自我辩护的有效渠道,在对共同体的想象中,受众也产生了对国家政策等的理解与支持,表现出对政治合法性的认同,从而提升了受众的政治认同。第三,在奥运媒介仪式中呈现了大量的民族文化符号,唤醒人们的集体记忆,在对共同体的想象中,引发了文化认同和对自我民族身份的强化与确认。

可见,"奥运-媒介"仪式引发的共同体想象是国家认同的载体,想象的共同体是一个国家在场的时空场域,其中包含着民族国家这个高度抽象的共同体的道德统一、政治认同、文化认同以及身份认同等诸多方面的内容,在对共同体的想象中,这些认同也再次被生产,通过集体记忆中人们对国家共同体的情感凝聚与象征释义,强化和形成了爱国主义,② 在仪式的"聚合期"人们脱离了模糊的状态,群体价值观和道德观再次被强化与确认,实现了国民精神的整合与统一。

综合而论,"奥运-媒介"仪式建构国家认同具有复杂的文化机理,其中,有三个方面值得重点关注:第一,仪式时空的国家认同建构。仪式只有在特定的时空下才能举行,也就是说,时空是仪式举行的必备条件。"奥运-媒介"创建了自己的仪式时空,而且,这种时空本身就具有建构国家认同的作用。第二,国家符号是建构国家认同的动力系统。国家符号贯穿于"奥运-媒介"仪式的始终,无论是仪式现场,还是媒介抑或是受众的观看仪式,在象征的作用下,借助国家符号来表达国家与国家意识。第三,"奥运-媒介"仪式的举行是受众进行"过渡仪式"的过程。在"过渡仪式"中,受众与社会身份分离而进入仪式的神圣领域,在仪式的"阈限"阶段,人们对国家符号进行解码,共享集体记忆与国家情感,在仪式的"聚合"阶段,人们对国家的情感得到确认、强化与提升,最终完成对国家共同体的想象与国家信仰的生产。

---

① 李普塞特. 政治人:政治的社会基础 [M]. 张绍宗,等译. 上海:上海人民出版社,1997:55.
② 霍布斯鲍姆. 民族与民族主义 [M]. 李金梅,译. 上海:上海人民出版社,2018:88.

第五章

当下"奥运-媒介"仪式建构国家认同中的问题把脉

一直以来,奥运会受到各国的高度重视。每个奥运备战周期中,从选材、训练、竞赛到管理等方面,各个国家都做了大量而细致的工作,其目的之一就是要在奥运会期间争取好的成绩。另外,通过政治的宣传、经济的展示、历史文化的呈现,展现良好的国家形象,获得国际社会的认同和建构国家认同。在奥运会期间,国家、体育组织、受众在媒介的召唤和组织下,共同经历了一个"通过仪式",借助种种展演,至少在以下三个方面促进了国家认同的建构。第一,"奥运-媒介"仪式在时间上使广大民众聚集起来,使他们在奥运会期间以"体育仪式"和本国运动员的比赛时间为中心,聚集在一起。第二,媒介在空间上打破了地缘的限制,使分散在不同地域的民众在不同地点参与到同一国家仪式之中。第三,在此时空下,媒介利用各种修辞、叙事手法把大量的国家符号呈现在受众的面前:举着国旗的运动员入场、运动员场上的拼搏、运动员失利后的泪水和胜利后的狂喜、运动服上的国旗图案、运动员的爱国话语、国家的名称、升国旗奏国歌的加冕仪式、国家文化的展现……这些符号通过各种媒介,以各自独特的方式展演在受众的面前,建构起一个共同的"关注点",为"不在场"的仪式参与者提供了一个"在场"体验,在仪式的"阈限期",人们获得了共同的集体记忆,体验到前所未有的情感交融与归属感,进而完成了对国家共同体的想象,以及对国家的赞许与认同。

不过,在"奥运-媒介"仪式建构国家认同的过程中,仍存在一定的问题,特别是在媒介融合日益深化和新媒体时代的背景下,这些问题会被进一步放大,它们影响着国家认同的建构,值得我们警惕,对其重点方面进行深入研究,有利于我们正视问题,提出更好的建构国家认同的策略。在对 10 位专家的访谈中(如表 4 所示),他们认为,奥运传播中的国家认同建构存在以下几个方面的症结:

表 4　受访专家对奥运传播建构国家认同中存在问题的表述统计（N=10）

	问题	提及此问题的专家人数	百分比
1	新媒体技术对建构的影响	10	100%
2	娱乐化倾向对建构的影响	8	80%
3	传播内容的超载性的影响	5	50%
4	叙事方式的多样性的影响	4	40%
5	过度商业化对建构的影响	9	90%
6	受众解码方式造成的影响	10	100%
7	受众媒介素养带来的影响	6	60%
8	受众参与体育实践的影响	2	20%

在对专家的开放式访谈中，关于奥运会传播建构国家认同中存在的问题，新媒体技术带来的建构问题、娱乐化倾向对建构的影响、过度商业化对建构的影响、受众解码方式对建构造成的影响等方面的问题大部分专家或全部专家都有所提及。我们依据专家对问题的表述，结合本书给出的"奥运-媒介"仪式的展演框架，从媒介层面、内容呈现层面和受众层面对其建构中的问题进行剖析。

第一节　技术异化与过度商业化：弱化了国家认同建构的仪式传播力

从前文可知，奥运传播经历了报纸时代、广播时代、电视时代与新媒体时代，在报纸、广播和电视时代，仪式内容的生产借助"把关人"的判断来决定是否予以播报。媒体"把关人"觉得这条信息可能很重要或者可能会吸引受众的眼球，这条信息就会成为报道的对象，然后通过报纸、电视统一发送给受众。伴随着媒介等技术的飞速发展，人类进入新媒体时代，此时的信息生产方式更加多元化，信息分发也更加依赖数据和算法，而且，在技术的作用下，新媒体用户从"受众"变成了网络的基础单元，即节点。承担着新媒体中服务网络、传播网络、关系网络单元节点的角色，他们在三种网络中独立存在，也是三种网络的勾连者。而作为节点的网络用户，随时随地被数据化，也不断被数据和算法所"计算"和"算计"①。马尔库塞（Herbert Marcuse）认为，社会是由技术控制的，技术具有进步性和破坏性两个面向，现代技术的统治力是巨大无形的，它在给予人们轻松生活的同时，也牢牢地控制住人们，使他们无法挣脱。②奥运传播中的技术异化导致了"黑箱"和"信息茧房"现象，这侵蚀着人们的价值观和尊严，导致文化焦虑，削弱了国家认同的传播效力。此外，在眼球经济的促使下，媒体的过度商业化也降低了国家认同的传播力。

一、黑箱与信息茧房的叠加：挑战着国家认同建构

算法是现代技术带来的一大社会征象。算法技术在奥运传播中的应用，增加了奥运用户消费的黏性，但也会形成黑箱与信息茧房效应。伴随着信息技术的迅速发展，出现了信息的爆炸式增长，使得人们被大量的信息包围。面对信息洪流，人们显得无所适从，甚至出现了对信息流的恐惧和反感，针对这一问题，以今日头条、一点资讯、Facebook、Twitter 等为代表的国内外网络媒体平台，开始分析用户的行为、心理等数据，并借助一定的算法为用户推送个性化专享的信息。简言之，算法推送就是基于用户的兴趣和爱好，利用对大数据的分析对用户进行画像后，实施实时的、细分的个性化投递服务。不过，在带来便利的同时，算法的使用也会带来一定的问题。一方面，按照一定程序操作的算法是研发者知晓的，对于用户来讲却是未知的，而且算法是对用户的行为和心理进行分析，研发者也很难准确把握算法结果的真实性和可靠性，这形成了"双重黑箱"效应。另一方面，在新媒体时代，作为程序编码的算法引起了信息分发方式的变革，"在新闻生产和传播领域，算法是一种生成机制，也是一种传播策略，表现为抓取、汇聚、分类、排序，同时体现为提取、匹配、推送"③。然而，这种针对用户的个性推送会带来"信息茧房"，造成的结果是将用户束缚于像蚕茧一样的"茧房"中。

"奥运-媒介"仪式中也存在着大量算法推送的现象，造成了黑箱和信息茧房效应，会引起群体的分化和舆论极化，这影响着国家认同建构。在奥运会期间，奥运信息呈垄断状态，奥运信息的众多性、即时分享性、受关注性、重复播报性，使人们被大量的、繁杂的奥运信息所包围。相对来说，算法的推送机

---

① 彭兰. 新媒体用户研究：节点化、媒介化、赛博格化的人 [M]. 北京：中国人民大学出版社，2020：323-324.
② 李进书. 现代性之批判：极权技术带来全面控制：马尔库塞的审美现代性思想 [J]. 理论与现代化，2009，199（06）：5-10.
③ 蒲红果. 任由"算法"推荐不良信息必须匡正 [EB/OL]. 人民网，2019-04-15.

制方便了奥运用户，他们不用在大量信息中进行选择，节省了时间成本。因此，算法解决了"互联网时代的传统信息传播范式超载的危机"①，而且增强了用户消费黏性，也为媒体实现商业价值提供了广阔的前景。但是，媒体利用对大数据的分析，把各种奥运会信息分类、定向地推送给用户，也造成了黑箱和信息茧房。其实，选择性心理是人们与生俱来的行为，但是，算法技术进一步强化了人们的选择，把同类型的奥运信息推送给喜爱的用户，例如，喜爱收看花边新闻的用户被大量推送运动员的个人信息，甚至是一些服用兴奋剂、不良的私生活等信息。这种信息分发行为，降低了用户选择观看内容的透明性和均衡性，使用户的阅读内容窄化，对自己不感兴趣或没有浏览过的奥运内容越来越缺乏了解，"长期只接触自己感兴趣的信息，对其他领域缺乏接触，会限制用户对社会的全面认知，将用户禁锢在有限的领域内"②。同时，也使有相同爱好与阅读习惯的人形成了一个群体，这部分人组成的群体接收着相同的奥运信息，导致相似的观点更加相似，从而形成了群体的舆论。进而造成在奥运信息的传播中，与"奥运—媒介"仪式建构国家认同的意识形态内容、话语、符号等难以覆盖广泛的用户群体，影响了奥运传播建构国家认同的传播效力。

二、媒体过度商业化弱化了国家认同传播力

奥运媒体的商业化运作在所难免，因为，媒体天生就具有经济属性，获得更多的经济利益是媒体进行各种活动的目标之一。同样，当媒体牵手奥运会的那一刻起，商业运作就贯穿其中，在媒体使奥运资讯能快速、高效地传达到用户眼前的同时，媒体就利用奥运会这一稀缺资源，进行商业化运作，使媒体得到了良好的发展和可观的经济利益。但是，如今在奥运传播中出现了过度商业化的倾向，过度的追求经济利益，破坏了媒介的形象，影响着用户的使用体验，也影响了奥运传播建构国家认同的效力。

（一）过度的广告嵌入，影响着奥运传播建构国家认同

广告收益是媒体收入的主要来源。随着大众传播和消费主义的发展，奥运会因其聚集的注意力资源，也逐渐成为品牌传播的渠道。③ 运动品牌、饮料与食

---

① 喻国明. 人工智能与算法推荐下的网络治理之道［J］. 新闻与写作，2019，415（01）：61-64.

② 喻国明，韩婷. 算法型信息分发：技术原理、机制创新与未来发展［J］. 新闻与传播研究，2018，484（04）：8-13.

③ 陈建华，史强. 奥运营销与"非"奥运营销的理念及策略研究［J］. 南京体育学院学报（社会科学版），2008，90（01）：65-68.

品品牌等纷纷成为奥运会的赞助商。例如，北京奥运会和伦敦奥运会就有阿迪达斯、耐克、李宁、可口可乐、麦当劳、伊利等众多品牌的加盟，它们也因此获得了被媒体曝光的机会。在 2016 年里约奥运会上，伊利集团以 1.75 亿元人民币获得了央视里约奥运会"中国骄傲"独家庆贺权，CCTV5 的微博号在每次发布的 35 秒夺冠短视频中，以"中国骄傲"为宣传口号的伊利广告片头用时就达 15 秒之多。媒体为了商业利益，不惜挤占大量的时长插播广告宣传，一定程度上影响了用户的观看体验，削弱了运动员夺冠事件对国家认同的建构作用，而且，这并不是个别案例，如果我们翻看众多平台的奥运视频就会发现，许多平台都有大量硬性广告植入的现象，有的广告时间比播放的奥运内容时间还长。譬如，优酷视频上有则关于 2020 年东京奥运会的消息，题名为"在射击女子 10 米气步枪比赛中，中国选手杨倩赢得东京奥运会首枚金牌"。这则视频时长只有 6 秒钟，然而前面的广告就有 15 秒钟。页面显示，要想关掉此广告需要花费 12 元。同样，在腾讯视频上，标题为"2020 东京奥运会冠军夺冠精彩瞬间，令人热血沸腾"的视频前面广告也达 30 秒之久。对于此类广告的植入，有网友称：广告使人没有心情去看下面的夺冠视频了。还有网友表示，夺冠视频没有广告做得细致。从这些话语中，我们能感受到过度的广告植入对国民在奥运传播建构国家认同中起到的负面影响。

（二）奥运英雄商品化，影响了国家认同的建构

诚然，奥运英雄代表着民族与国家的形象，是国家精神的象征与化身。不过，在消费社会，一切都可能成为商品。要想成为商品，物品首先需要符号化。人类创造、使用并生存于所有形式的符号之中。消费社会也一样，它是一种符号关系社会，即便是在人与人的相互交流中，也会互相把对方当作符号来看待。而媒介为了吸引更多的受众从而获得丰厚的经济利益，于是利用自己强大的制造和流播功能，通过营造话题、提高曝光率等手段使奥运会中的奥运英雄所具有的符号意义更加突出，也更容易成为大众阅读、消费的符号。

在消费社会中，商业的逻辑和规则在大众传媒界和体育界也得到了淋漓尽致地推广和使用。① 在经济利益的驱使下，作为知名度很高的体育明星毋庸置疑地受到商界的青睐。商界利用体育英雄的知名度和象征性意义，通过媒介的传播推广自己的商品。比如，2004 年奥运会后媒体和体育界把飞跃栏间的刘翔传颂为"飞翔的刘翔"，这与"白沙文化"中"我心飞翔"的主题词非常吻合，

---

① 郭晴. 贝克汉姆现象：消费社会背景下的偶像崇拜与媒介制造［J］. 成都体育学院学报，2009，35（03）：8-11.

这就是白沙集团执意要签约刘翔的一个重要因素。鲍德里亚（Jean Baudrillard）对现代社会的消费有独到的见解，可以运用到我们对奥运英雄商品化的分析中。在鲍德里亚看来，大众传媒促进了消费领域物品象征性和理想性的形成和传播，而消费社会中的消费，追求的正是象征性和理想性。一方面，在很多情况下，媒体和商家等为了吸引更多大众的眼球而营造话题。其实与体育英雄有关的运动信息总归是有限的，因此媒体通过挖掘更多的话题来使体育英雄充分曝光。从体育明星训练情况和赛场的表现，到他们的私生活，从体育英雄和教练之间的恩怨，到他们的薪酬和转会，甚至体育明星的丑闻都成了媒体争相报道的目标。媒体就是这样无所不用其极地实现对体育明星的曝光，吸引更多的大众消费体育明星符号，从而达到自己的商业目的。而体育英雄越是曝光就越是出名，越是出名就越多地被曝光，高的曝光率使体育英雄形象得到充分的宣扬和强化。另一方面，鲍德里亚认为在大众媒介普遍化并以其传播信息为主导的消费时代，现实生活被符号化了，仿像成为社会生活与文化秩序的主导形式，人们实际上生活在一种由媒介、网络等现代科技手段营造出的各种符号和文本所构成的超真实的世界里。大众媒体所呈现的体育明星信息并非体育明星事件的真实再现，而是通过过滤、剪辑、变形、述说、策划、重组和神话后的体育明星世界，是通过影像、图片、文字、声音等共同营造大众缺席状态下的体育明星"事实"，而这种"事实"的真实性已经不重要了，重要的是看起来真实。在这种超真实世界中，体育明星形象符合大众的想象和虚拟的逻辑，因此，这种"仿像""拟像"比现实更真实，相对于"客观事实"来讲，人们更愿意相信"媒介现实"或者说"符号现实"。可以说，这两者是打造体育英雄的基础与手段。

其实，我们处在由商品构成的系统中，这个系统控制和支配着我们。而"当明星（或英雄）的个人秘密及其外形都在文化工业中作为商品形象的一部分出售时，明星就被彻底形象化了（符号化），当然也彻底商品化了……而明星之所以能成为明星，也正在于他的一切都可以被物化为商品，物化得越充分，明星的形象越晶莹剔透，在市场中的知名度越高。最有影响的明星实际上是最完美的商品"①。同样，当我们观看奥运电视节目、阅读有关奥运的报刊、在网络了解奥运资讯、购买与奥运英雄相关的产品时，我们寻找着奥运英雄的文本。此刻的奥运英雄已不仅仅是自己，他俨然成为一种有形的商品，成为利益追逐的目标，而人们消费体育英雄时不仅仅关注物品的使用价值，转而更为关心其

---

① 陈刚. 大众文化与当代乌托邦［M］. 北京：作家出版社，1996：71.

外在的符号价值和符号意义，即消费这类产品象征的时尚、美感、档次、气氛等。这些奥运英雄商品化后的消费价值弱化甚至抹平了奥运英雄代表国家而战的事实，他们成为时尚的代言人，甚至成为网红或流量体育明星，影响着人们的认知和国家认同的建构。

第二节　碎片化与泛娱乐化：仪式内容呈现方式 消解着国家认同建构

当下"奥运-媒介"仪式的内容呈现方式出现了两种不合理的方向：碎片化与泛娱乐化。伴随着移动技术的推陈出新和各类 App 的快速发展，传统的奥运传播路径发生了本质上的变化，表现出奥运传播的交互性、信源的多维性、解码的多元性等特性解构，颠覆着传统的奥运传播体系，其结果之一是造成了仪式内容的"碎片化"。而且，在全球化、资本逻辑、现代媒介和心理需求等多重因素的驱使下，"娱乐至上""全民狂欢"等特质的泛娱乐化倾向也逐渐成为奥运传播的征象。这两个方面在不同程度地消解着"奥运-媒介"仪式建构的国家认同。

一、碎片化：影响了建构国家认同的集体记忆与形成宏大叙事方式

在全球化进程中互联网内容的碎片化引起学界的关注，成为网络新媒体备受诟病的一大要素。究其原因，碎片化的形成有其深刻的全球化和互联网时代背景，是传播史上又一次深刻变革后的征象，同时也是整个社会生态变迁的反映，它是传统社会向现代社会转型期的特征显现，即社会的"碎片化"。这是指传统社会中的关系、市场结构及社会观念的统一性、整体性，从精神信仰到信用制度、从表达方式到消费的观念与模式都在不断地被瓦解，代之形成了一个个利益群体和不同文化的群体，这是对社会的碎片化分割。因此，碎片化传播是以多元价值体系、碎片化社会为背景的产物，呈现出"分裂""去中心化"的碎片化特征。我国学者彭兰认为，碎片化传播有两个层面的含义：其一是事实性信息传播的碎片化，具体是指信息来源的多元化、信息要素的不完整性、信息文本的零散性、观察视角的分散化；其二是意见性信息传播的碎片化，这里的碎片化不仅仅指零散性，更指涉意见的分裂性、异质性。[①] 可见，在前网络

---

① 彭兰. 今传媒·立新论·聚经典（两篇）：碎片化社会背景下的碎片化传播及其价值实现 [J]. 今传媒，2011，19（10）：9-12.

社会,大众传播可以有效地反映和控制传播内容和意见,但是,在新媒体时代,传播的内容和意见的形成是在碎片化碰撞与冲突中实现的,这种情景同样也出现在奥运会传播中,它削弱了"奥运-媒介"仪式建构国家认同效力。

（一）碎片化:破坏了集体记忆的形成逻辑

一般而言,事实性信息传播的碎片化意味着传播内容是不完整的、片段的、零散的。"奥运-媒介"仪式中的碎片化内容表达体现在三个方面。

其一,叙事内容不完整、片段化。为了追求新闻的快速发布或赚取流量,重大的事件成为媒体的首选,但是,媒体人只会选取事件中的一小部分进行报道。比如,报道运动员夺冠瞬间或截取运动员领奖台上的照片,并配文恭喜某某队员夺冠。诸如此类不完整的碎片化内容难以将运动员的艰苦训练、比赛时克服重重困难以及为国而战的情怀表达出来,这影响了受众对信息产生的追忆和情感共鸣。

其二,剪贴拼接时内容之间缺乏逻辑性。譬如,在2016年里约奥运会上,网络上播放的场地自行车女子竞速团体赛,中国队队员宫金杰和钟天使夺冠的短视频是由三个画面剪接而成的,但这三个画面之间看不出有何种逻辑联系,而且短视频中解说的声音效果因为剪辑也变得断断续续,模糊不清。这样的拼接使视频缺乏叙事的逻辑性和应有的视听效果,从而大大降低了夺冠带给人们的美好记忆与感染力。

其三,信息的零散、杂乱而繁多呈现出的碎片化。首先,从信息传播的渠道来看,有报纸、广播、电视、网络等,它们利用文字、图片、GIF动图、解说、影音等多种方式传递着信息。其次,传播内容繁多复杂。例如东京奥运会,媒体除了对33个大项、339个小项的比赛进行报道外,还要对赛场的环境、夺得奖牌的运动员、队员的服装、颁奖仪式、奖牌的图案样式、颁奖嘉宾、吉祥物、教练员、裁判员、志愿者、奥运村、队员的饮食等方面进行报道。可以想象,在奥运会期间,受众每天被大量的、来自各种媒体渠道的关于奥运会的各种资讯所包围,使人们无从选择,在繁杂的信息中,有关建构国家认同的资讯可能会被忽视,难以形成对国家的集体记忆,影响了国家认同建构效力。

由此可见,"奥运-媒介"仪式内容呈现的"碎片化"特征,打破了集体记忆形成应有的逻辑性,使人们难以对过去、现在、未来形成完整的、有效的集体记忆,进而削弱了奥运传播建构国家认同。

（二）碎片化:解构了国家认同的宏大叙事方式

宏大叙事是叙事的一种形式。有学者认为,宏大叙事是指对文化叙事规划的一个无所不包、整体的有条理、知识和经验的解释。① 也有学者指出，宏大叙事是"可以统率一切话语的总体性话语"，具有以下三个基本特征：第一，常常使用大而全的、总体描述性的"终极词汇"来述说事件；第二，采用目的论的方式进行论述；第三，惯用二分法的思维模式，即把论证建立在二极对立的基础之上②。利奥塔等人对宏大叙事进行了总结，其一，宏大叙事与意识形态联系紧密，政治功能强大，从而总是有"将某种意志强加于人"的嫌疑；其二，与总体性、普遍性和共识具有同质内涵，从而构成了差异性和多元性的对立面，威胁和排斥"个人叙事"及"日常生活叙事"；其三，宏大叙事将一切人类历史视为一部历史，将过去与将来统一起来，必然带有一种神话的结构③。

由此可见，宏大叙事建立了普遍的、权威的价值观和思想意识形态，并以此来判断其他命题的真实与谬误，并进行合法性的判断与辩护。在后现代主义理论中，宏大叙事基本功能是使权力、权威和社会习俗等合法化。譬如，罗斯（Ross）继承和发展了利奥塔的理论，提出，从利奥塔的观点引申开来，宏大叙事也必然是一种政治结构，是历史的投影，这可以使有争论的世界观变得权威化。④ 在这里罗斯深刻地揭示了史学宏大叙事背后潜藏的某种世界观神化、合法化、权威化的本质，也表明了史学宏大叙事具有的政治特质。不过，无论是史学还是其他领域，民族国家的社会关系和文化习俗，从根本上要靠宏大叙事来使其神圣化和合法化。比如三皇五帝的故事，以"忠、孝、仁、义"为主线的英雄人物建构都蕴含着宏大叙事的特征，它为维护现有的政治制度和社会秩序起到积极的作用。

显然，"奥运-媒介"仪式中包含的"国家""民族身份"等国家认同意识形态的内容也需要宏大叙事来呈现。但是，由于媒介技术的发展和全球化进程的加剧，在20世纪80年代末展开以来，诸如国籍、公民、国民英雄、民族记忆等这些维护国家神圣性的身份和文化特征，都受到了不同程度的解构。这个解

---

① STEPHENS J, MCCALLUM R. Retelling Stories, Framing Culture: Traditional Story and Met-anarratives in Children's literature [M]. New York: Routledge Chapman & Hall, 2013.

② 贺来. 超越理想主义与犬儒主义的"辩证法"：对当代中国人精神生活的分析 [J]. 学术月刊, 2014, 46 (01): 53-61.

③ 程群. 宏大叙事的缺失与复归：当代美国史学的曲折反映 [J]. 史学理论研究, 2005 (01): 51-60.

④ ROSS D. Grand Narrative in American Historical Writing: From Romance to Uncertainty [J]. The American history Review, 1995: 653.

构，主要就是在互联网传播中通过碎片化的方式完成的。① 这种解构主要是通过碎片化呈现完成的。可以说，全球化时代媒体和互联网对用户进行的"碎片化"内容传播，是对现代化民族国家取向的根本颠覆。"碎片化"内容的呈现是解构宏大叙事的过程，从而消解了奥运会中国家等主题的神圣性和意识形态建构。在奥运会期间，奥运会犹如一场"国家仪式"，国家文化、政治、经济在此彰显，奥运健儿的竞赛也牵动着亿万国民的心弦与情感，特别是运动员获得奖牌的那一刻点燃了国民的激情，唤醒了国民的身份认同和民族自豪情感，这充分显示了"国家仪式"的教化功能和社会整合效力。但是，在互联网传播中，用户摆脱了大众媒体的单向度控制，他们从意想不到的视角，对国家荣耀、奥运英雄等进行解构，已经成为不争的事实。2021 年 7 月 24 日，杨倩在东京奥运会首日比赛中为中国代表团夺得首金，一时间这个"00 后"小将得到大家的一致关注与好评，各种关于她的故事也被挖掘出来，她的各种碎片化信息也扑面而来，"首次参加奥运会的清华才女""冠军是给祖国最好的礼物""杨倩逆转夺冠""因为热爱所以坚持""生活照曝光清纯甜美""获赠一套住房"等等。其中，有一则网友发的消息引起了轩然大波，原来是有人看了杨倩的微博，发现她曾晒出阿迪达斯鞋照。阿迪达斯不是国产品牌，如此高调晒照，是否崇洋媚外？有网友直言"跪族女孩滚出中国"。同样是在 7 月 24 日上午，东京奥运会女子 10 米气步枪项目，中国资格赛王璐瑶排在第 18 名，遗憾未能进入决赛。失利后的王璐瑶配了一张自拍照发微博致歉道，"各位抱歉，很遗憾，我承认我怂了，三年后再见吧。"但这看似寻常的举动，却激起了部分网友的各种讽刺，有人说"失败不总结，还有心思自拍"，有人直言"心真大，三年后国家队有你的位置吗？"有人讽刺道"输了还有脸？太想红了吧"，有人写道"怂丢国人脸"，有人批评她身穿睡衣、精神不振……

总之，"国家"和"国家身份"等需要宏大叙事来构建，而"碎片化"内容呈现起到了相反的作用，它是一个解构或者可以说是颠覆宏大叙事的过程，从而最后消解国家等这类主流制度的神圣性。② 当"奥运-媒介"仪式的"碎片化"内容扑面而来之时，整个社会舆论难以生成一元化的价值观念，呈现出一种"众神狂欢"的现象。与此同时，奥运冠军为祖国争得的荣誉、运动员的刻

---

① 杨伯溆. "80 后关于国籍的取向：基于'猫扑大杂烩'BBS 使用者自己的调查" [C]"加拿大-中国：危机与挑战"学术研讨会，2010.
② 杨伯溆. 宏大叙事与碎片化：全球化进程中互联网传播及其意义 [J]. 现代传播（中国传媒大学报），2019，41（11）：138-143.

苦训练和奋勇拼搏都消解在碎片化的内容之中，这些零散的、细微的、不完整的、多元的、异质的观点也解构了奥运传播的宏大叙事，消解了国家认同的叙事效力。

二、泛娱乐化侵袭：减弱了国家认同的情感能量聚集

诚然，人们需要娱乐，作为游戏的体育运动天然具有娱乐的性质。从体育诞生到大型体育赛事展演，体育的娱乐功能吸引着成千上亿人的关注和参与，体育成为人们休闲生活的方式之一。体育的娱乐性在于人们在参与体育运动时的身心快乐，以及观看体育比赛时的身心愉悦感。同时，娱乐也是媒介传播体育运动的功能之一。美国著名传播学者威尔伯·施拉姆曾提出传播的四种功能为：社会雷达功能、资讯操作与决策管理功能、传授知识功能以及娱乐功能。[1]娱乐能带给人们欢乐，愉悦人的身心，是人们趋乐避苦的本能欲望的宣泄，"渴望生存的愉悦，追求生命的快乐，是人的天性，也是人的权力"[2]。在快节奏的现代社会里，娱乐成为生活的调节剂，也是个体生成必不可少的有机组成部分。

不过，泛娱乐化是一种异化的娱乐。从本质上讲，泛娱乐化的危险不在于娱乐本身，而在于其"泛"。从纵向上来看，"泛"在于过度地追求娱乐效果，或者对娱乐进行过度的阐释；从横向上来看，"泛"在于娱乐超出了边界，一切都是娱乐，一切皆可娱乐成为生活的普遍状态。这种无原则、无底线地娱乐一切，是西方倡导的享乐主义的体现，是缺乏思想内核的"空心化"思潮。可见，泛娱乐化不再是个体发展、完善的有益补充，而成为一种令人无比担忧的生活态度和人生观念。这正如尼尔·波兹曼（Neil Postman）在其《娱乐至死》一书中所言，"一切公众话语都日渐以娱乐的方式出现，并成为一种文化精神。我们的政治、宗教、新闻、体育、教育和商业都心甘情愿地成为娱乐的附庸……其结果是我们成了一个娱乐至死的物种"[3]。

同样，奥运会作为典型的媒介事件，也难以逃脱泛娱乐化的一面。我国早期的奥运报道侧重于对客观体育赛事结果的叙述，后来经历了以举国体制为中心、崇尚金牌意识的报道方式，吸引了大量的受众前来观看。而如今在消费社会的体育市场审美逻辑下，服从于大众的媚俗趣味，更多地崇尚体育审美的享乐主义、性感叙述以及娱乐狂欢，使体育报道倾向于追求一种"震惊、奇异、

---

① 施拉姆，波特. 传播学概论［M］. 何道宽，译. 北京：中国人民大学出版社，2010：32.

② 罗素. 快乐哲学［M］. 王正平，杨承滨，译. 北京：中国工人出版社，1993：1.

③ 波兹曼. 娱乐至死［M］. 章艳，译. 北京：中信出版社，2015：4.

恶搞、个性、景观"的叙事方式,无疑,这使体育审美陷入无尽的娱乐狂欢中。在受众的多样化需求中,娱乐需求逐渐成为主流,"玩"的心态愈演愈烈。在2016年里约奥运会中,除了收视率高达5.91%的林丹、李宗伟羽毛球大战和7.02%的女排决赛外,体育用户将大量的注意力投向了赛场外的花絮。① 譬如,各种CP组合成为人们热议和追踪的话题。其中,张继科和马龙的CP组合在腾讯全平台上以8714万的讨论量位于榜首,林丹和李宗伟的8102万讨论量以及何姿和秦凯CP组合成为人们关注的热点。霍顿(Mack Horton)讽刺孙杨事件,引起受众的极大关注,在腾讯平台的讨论量超过了孙杨夺得200米自由泳金牌的讨论量。霍顿的关注度也因此超过了博尔特与菲尔普斯(Michael Phelps),成为最受关注的国外男运动员。此外,对傅园慧的表情与话语、裁判判罚的问题、中国乒乓球队的各种趣闻的关注,无不反映了大众与媒体对内容的需求变化,一般公众的注意力更易被娱乐化、八卦化以及争议化的主题所吸引。

作为传统媒介的报纸经历了持续的寒冬,体育报刊纷纷停办,剩下的几家报纸为了提高关注度和订阅量,其娱乐化现象更加明显。从标题上看,有的采用诱惑性或具有强烈冲击性的文字。如改为周一、周三、周五发行的《东方体育日报》在报道2020年东京奥运会时用了"14万日元免费领!谁能薅下奥运羊毛?""铁杆程度影响通过率,大伙一起'人肉试错'""网友争相Get奥运冠军同款发饰""我在东京填'志愿'、抽'盲盒'"等标题吸引读者的眼球。在版面设计和体育内容方面,大量的低俗图片设计代替文字表达也彰显出泛娱乐化的倾向。当然,电视媒介也不甘寂寞,它们利用奥运会和奥运冠军打造前所未有的娱乐化狂潮。例如2016年里约奥运会,张继科、宁泽涛、傅园慧等体育明星的走红便是泛娱乐化的标志,体育明星参与娱乐节目成为一种热潮,各综艺节目利用"体育明星IP"增加节目的热度。《十二道锋味》《最强大脑》中的林丹、《超级战队》中的宁泽涛、《报告教练》《奔跑吧兄弟》中的孙杨、《爸爸去哪了》中的田亮和李小鹏、《来吧,冠军》中的中国女排等给娱乐节目带来了很高的人气,然而,正是这种电视媒介组织的全民狂欢,使得奥运英雄成为泛娱乐化代言人。

而且,相较于报纸和电视,网络是奥运会泛娱乐化的主要栖息地。近年来,随着媒介技术的飞速发展,网络为现实生活中难以实现的泛娱乐主义提供了空间,成为泛娱乐化的主要场域。首先,网络扩展了信息来源的广度。无论是社

---

① 禹唐体育. 复盘里约奥运会:金牌观念转变、观众需求转向,触发体育媒体与赞助商的社交升级[EB/OL]. 知乎,2016-08-25.

会精英还是普通大众都能随时随地发布视频、文字来分享自己的所见所闻和观点，大量的、碎片的、庸俗的、娱乐的内容比比皆是。其次，网络提高了内容的刷新速度，成为众多泛娱乐化内容快速交融之地。最后，网络增加了泛娱乐化的影响力度。网络具有覆盖面广、受众多、传播速度快等特点，让民众在大量的信息交互中，获得满足感、存在感，提升个人的影响力。① 在奥运传播中，网络上以炒作式、媚俗化娱乐为主要表现形式。其一，炒作式。炒作式娱乐是网络泛娱乐化最突出的表征。《现代汉语词典》第七版定义"炒作"：为扩大人或事物的影响而通过媒体做反复的宣传。其实，网络炒作是在网络应用得到普及的基础上出现的文化现象，带有强烈的商业功利性。② 无论是个人还是媒介，其炒作的目的都是吸引受众的眼球，获得知名度或点击量，只要能吸引受众的信息都会成为炒作的对象。因此，奥运英雄的家长里短和八卦隐私登上热搜的频率远远高于他们的竞赛信息。其二，在眼球经济的导引下，一些媚俗的、庸俗的、低俗的信息也席卷而来，人们以俗取乐，乐此不疲。例如，黄色新闻的始作俑者普利策认为"体育、绯闻与性"是吸引受众目光的绝佳方式。而体育和身体与性的天然耦合，成为满足人们"本我"和窥视的需要，也成为传媒大肆宣传和盈利的利器。在全媒体特别是网络媒体中，镜头和话题或有或无地围着男性的胸肌与文身，女性的乳房和身体而展开。国际奥委会也发现了对运动员身体的这些娱乐化炒作愈演愈烈，在最新的《形象塑造指南》中，国际奥委会指示广播公司"体育精神和体育实力应该是形象展示的重点"，不要"不必要地关注"与运动员的表现无关的镜头，例如运动员的妆容、头发、指甲、衣服或"身体的私密部位"，比如"裆部、乳沟、背部"③。国际奥委会的规定也说明了在目前新闻报道中，存在较为严重的泛娱乐化倾向。

可见，在如今的奥运传播中存在过度娱乐化的倾向，这给人们的审美、信仰、道德、价值等带来了负面能量。这会导致人们在观念上追求娱乐至上，在思维方式上以娱乐的视角看待一切，在价值上注重事物的娱乐价值。尤其是在价值评判上，泛娱乐化的价值评判超越、掩盖了其他价值判断标准，成为首要

① 王娟，刘文雅．泛娱乐主义的审视与超越［J］．思想教育研究，2020，317（11）：62-66.

② 孙卫华，王艳玲．网络炒作文化现象批判［J］．天津师范大学学报（社会科学版），2012，224（05）：56-60.

③ 杨征，刘媛，金惠真．拒绝歧视，女运动员要反击了［N］．环球时报，2021-08-03（004）.

甚至唯一判断的标准，从而带来人们无底线地娱乐与狂欢。① 在奥运传播的"全媒体狂欢"和"全民狂欢"的喧闹嬉戏和话语失真中，人们"戏说"着历史、"恶搞"着英雄、"戏谑"着文化、媚俗着身体、践踏着伦理道德，使得一切都可能成为娱乐的"附庸"，从而扭曲了奥运文化的价值取向。这正如尼尔·波兹曼所言："有两种方法可以让文化精神枯萎，一种是奥威尔式的——文化成为一个监狱，另一种是赫胥黎式的——文化成为一场滑稽戏。"② 在泛娱乐化的奥运传播中，奥运冠军与国家渐行渐远，他们的"国家英雄"形象瞬间崩塌，成为娱乐的代名词。同样，奥运作为"国家仪式"的庄严和神圣也被打破，在众生戏谑中，奥运与国家认同的关系被消解，民众在"奥运-媒介"仪式中获得的国家情感也会被淡化。

第三节　对抗式解码与素养不足：制约仪式受众的国家认同建构

一、仪式受众的解码立场影响着国家认同构建

1973 年，霍尔提出了"编码-解码"理论，打破了传统研究范式中"发送者—信息—接收者"的线性单向度的传播模式，开始关注受众在解码过程中的能动性。霍尔将信息的生产、流通、分配以及消费、再生产等环节都考虑进来，指出生产过程中存在的种种可能性及受众的能动作用，并指出最后的意义实现取决于解码者的接收和解读，即"信息的被传送不等于被接受"③。基于此，霍尔提出，作为解码者的受众处于不同的社会环境、文化背景之中，这会引起三种立场各异的解码方式：主导—霸权立场、协商式立场、对抗式立场。这种理论在传播学中具有重要的意义，也为我们研究"奥运-媒介"仪式建构国家认同带来启示。霍尔提出受众解码方式的理论是基于对电视媒介的研究。其实，无论是在报纸时代还是电视时代都存在着这种现象，在现今的网络时代，我们通过受众在网上的发帖、评论等能更清晰地看到网络用户的立场。研究受众对奥

① 王娟，刘文雅．泛娱乐主义的审视与超越［J］．思想教育研究，2020，317（11）：62-66.
② 波兹曼．娱乐至死［M］．章艳，译．北京：中信出版社，2015：185.
③ 罗钢，刘象愚．文化研究读本［M］．北京：中国社会科学出版社，2000：345-349.

运传播建构国家认同的解码立场，特别是了解受众的协商式、对抗式解码，可以改进媒体编码时的针对性，提升国家认同的效果。

（一）主导—霸权立场促进奥运传播建构国家认同

就"奥运-媒介"仪式建构国家认同而言，主流媒体和新媒体用户的编码就是将奥运信息转换成可供传播的国家符号，这些符号经由传播者的二次编码呈现在受众面前，体现出政治的、文化的、民族的等国家在场的意蕴。在很多情况下，这些国家话语和符号能被受众接受，主导式解码时的受众大多数处于不自觉的状态，即"意识形态在此时不经心、无意识地'在人民背后'发生"①。也就是说，受众不自觉地完全按照编码者所编译的符号进行解码，在接受信息的同时，对建构认同也具有积极的促进作用。哔哩哔哩网站上播放了 2022 年《北京冬奥会开幕式现场，升国旗奏国歌》的视频，用户能从这个环节体验到其中的国家性编码，部分用户通过发表评论表达爱国之情。大量的话语表明人们对仪式中编码的认可与理解，也触发了人们的国家认同感。

在"奥运-媒介"仪式中，许多被编码的符号被民众所熟知，也能引起人们的认同性解码。特别是能凸显国家主权的国旗、国歌和国徽等图腾，能使人们产生强烈的身份感和认同感。这正如一位被访谈的受众所言："2008 年奥运会在家门口举行，中国男子篮球队与美国男子篮球队在比赛中相遇，我国运动员登场时，毫不夸张地说我血脉偾张，恨不得到现场和全体运动员以及现场观众一起高声唱国歌，摩拳擦掌跃跃欲试，打心底期望中国队可以获胜，期望我的国家可以取得胜利。此时，我有较为深刻的'我是中国人'的身份认同感，还有十分强烈的民族自豪感。在那段时间，我经常观看奥运会直播，倘若中国代表队获得冠军，当五星红旗在赛场升起，我会停下手中的事情心里跟着一起唱国歌，而且是非常严肃认真地跟唱。在那一刻，我能感受到内心的震撼，这像是一场爱国主义教育，我的中国人身份感油然而生，我觉得自己更加热爱祖国了。"

（二）协商式立场减弱奥运传播建构国家认同

协商式立场是指受众在解码时有相容要素和对抗要素同时存在，一方面，受众认可霸权性界定的合法性，另一方面，受众不是完全按照事件所提供的意义去理解，他有自己的基本规则，是依据背离规则的例外运作。② 协商式立场的

---

① 张国良. 20 世纪传播学经典文本［M］. 上海：复旦大学出版社，2003：435.
② 罗钢，刘象愚. 文化研究读本［M］. 北京：中国社会科学出版社，2000：364.

受众大致接受了编码的意义，但又会将信息与当下或某些具体的情景结合，去修正编码的意义。因此，它是相容因素和对抗因素的混合体，是对编码意义的"部分同意，部分否定"。可见，协商式立场是受众与主导意识形态之间的一种充满矛盾的商议过程，此时的"编码意义结构"和"解码意义结构"不完全对等，也不完全相反。在"奥运-媒介"仪式建构国家认同中存在着受众的协商性立场，这种立场减弱了国家认同的建构。出现这种立场至少有以下两个原因。

第一，编码和解码之间存在的矛盾和脱节会导致"协商"解码。首先，编码的不当或错误会引发受众的质疑。例如，2008年北京奥运会开幕式以宏大的场面和历史的叙事，展现了中国五千年的灿烂文明和改革开放以来巨大的变化，这无疑增加了国民的民族自豪感和认同感。然而，有人提出，在开幕式展现中国文化时存在误用的现象。马未发表了由五篇小文组成的《奥运会的文化遗憾》文章，对《击缶》《大画轴》《活字》《中国印》《口号》中的误用提出疑问。他认为，奥运会击蒙皮之'缶'，传播甚广，但鼓和缶不同，存在误用现象。另外，遗憾的是开幕式上所展演的大画轴表达太西方化了，画轴由中间直接打开，不符合中国传统，而且寡然无味。还有，2022北京冬奥会的"大雪花"创意遭到有些网友的质疑，有网友提出"燕山雪花大如席原诗如此悲凉，冬奥开幕式用意何在"等疑问。其次，协商式立场的另一个原因是受众缺乏相关知识，或者是编码和解码之间难以达成共识而引起的。2020年东京奥运会开幕式的效果备受争议。中国网友评论其开幕式像"阴间""恐怖片"，如果说中国网友的评论是对日本的文化不了解所致，那么，很多日本人对其评价也很低，他们认为，开幕式的整体效果很差，中间还出现"鬼脸"，而且没看懂就结束了。2021年7月24日，日本名导演北野武在东京广播电视台（TBS）晚间奥运新闻节目上评价道：东京奥运会开幕式令我羞耻到没脸去外国了。这些评价也影响了东京奥运对日本文化的宣传和其文化认同的建构。说明，东京奥运会导演选取的符号、注入的编码意义等值得商榷，也说明，人们对一些文化符号不熟知，无法解读其中的意义。

第二，受众对奥运信息的主流价值观予以接受，但由于受环境、自身利益等因素的影响，在解码过程中出现对环节的不满。在上文提到的2022年《北京冬奥会开幕式现场，升国旗奏国歌》仪式中，大部分评论集中于主导式立场，认为升国旗奏国歌仪式的设计精妙，让人泪目，也为祖国的日益强大而感到自豪。但也有一部分网友对一些细节发表评论，有网友评论道："唯一比较遗憾的是，好像又没有汉服，别的族都有穿传统服饰"，接下来的网民们七嘴八舌的回帖互动着，"汉服官方不认可的""谁说不认可？只是汉服太多了目前还没有定下来哪个朝代的汉服作为典型更好""这个场合，应该出现的，我们作为 56 个民族的一员，应该有展示自己民族服饰的机会。"这在庄严的冬奥会升国旗仪式中，这无疑影响了人们对升旗情感入境，淡化了人们的国家认同感。

（三）对抗式立场瓦解奥运传播建构国家认同

相对来说，对抗式解码瓦解着"奥运–媒介"仪式建构国家认同，值得我们高度关注。所谓对抗式解码是指解码者可能完全了解被编码的情况和意义等，但却自行找来另外一种诠释框架，使得解码的结果与编码者想要传达的意义完全背道而驰。① 根据霍尔理论和前人的研究，我们认为，出现对抗式解码可能存在两种原因：第一，对抗式解码是受众在理解讯息时所持有的一种立场，这种立场受到解码者的社会环境、文化背景、社会地位等方面的影响，因此限制了其对待问题的态度与角度；第二，对抗式解码也可能是受众的主观故意行为，是受众明确知道讯息的内涵与意义，但却做出相反的译码行为。

1. 反驳与恶搞：对抗式立场的主要生产方式

在"奥运–媒介"仪式建构国家认同的传播中，也存在着对抗式解码，仪式参与者在解码中对信息意义的生产有多种方式。

其一，对讯息的编码意义直接进行反驳。在庄严的升国旗奏国歌仪式中，一些反驳的话语，严重影响了国民的国家认同建构。

其二，不是直接进行话语上的否定，而是利用讽刺、不屑的方式进行反抗式解读。网络恶搞就是一种新的对抗式解码方式。恶搞是指恶意的搞笑，它以滑稽的、颠覆性的和无厘头式的来解构，使原有事物的气氛和格调发生变化，从而达到搞笑的目的。在奥运传播中，恶搞的形式以图片、视频、无脑对话等为主。一方面，在恶搞图片中包括傅园慧奥运冠军的表情包，也有国外网友恶搞东京奥运会 logo 和吉祥物，还有网友对北京奥运会会徽、吉祥物进行了恶搞。另一方面，网络视频也是奥运恶搞的主要领域，无不反映出其泛娱乐化的倾向。还有，在搞笑话语中，诸如个别关于奥运会的相声作品以及大众在奥运事件中的搞笑回帖等实则也是一种对抗式解码。

2. 对抗式立场生产的原因分析

毋庸置疑，对抗式解码是受众的主动选择，具有强烈的社会反抗表征，从表面上来看，它是对新闻信息的一种态度，实质则是一种社会关系和社会情绪

---

① 黄顺铭. 一个诠释典范：霍尔模式 [J]. 新闻大学，2002（04）：15-19，9.

的反映。① 它造成对主流意识形态的解构，消解了国家认同建构，因此，探寻对抗式解码的原因尤为重要。大致来讲，对抗式解码的产生有以下两个方面的原因：

第一，媒体的问题。马克思曾言："人民的信任是报刊赖以生存的条件，没有这种条件，报刊就会萎靡不振。"② 媒体的公信力是受众与媒介之间形成的一种信任关系，这种信任关系是受众对媒介良好表现而形成的评价与总体印象，它直接影响着受众对新闻信息的解读态度与行为。然而，在短短的 16 天奥运会期间，良莠不齐的各种媒体和平台都试图抓住奥运契机，生产出了大量的、重复的、简单描述性的碎片化新闻，而且，为了吸引受众眼球，媒体不断寻找话题进行炒作，一些庸俗的、低俗的、搞笑的新闻也随之涌现。一方面，这影响了主流媒体的公信力，另一方面，引起受众的反感或效仿。因此，对抗式立场或者嘲谑的态度进行表达自我成为顺理成章、自然而然的事情。正是由于媒体的一些问题，造成了在"奥运-媒介"仪式中建构国家认同的讯息遭受挤压，或者引起在国家认同建构中带有戏谑、搞笑的话语表达。

第二，受众的心理逆反影响。在解读新闻过程中受众心理存在逆反性，包括个人心理逆反与社会心理逆反。个人心理逆反是对因妨碍具体行为自由的规章制度等产生的厌恶情绪，而社会心理逆反则是个人意志被剥夺和限制时极端反向的情绪表达和整体社会心态的表征，③ 是由于在社会发展中社会关系的冲突引起的心理变化。在这两者中，前者是由于年龄因素、个人经历、文化教育等方面引起的解读方式的对抗性。在我国，活跃的网络用户以青少年、青年群体为主。截至 2019 年 6 月，10 岁至 19 岁的青少年受众群体占比 16.9%，20 岁到 29 岁的新媒体青年受众群体占比最高，达到 24.6%。④ 在奥运新媒体的传播中，一方面，年轻用户的思想观念更为兼容与多元、眼界更为开放、兴趣更为广泛，容易对奥运讯息形成反向的解读。同时，为了刷存在感，引起别人的注意，他们会用戏谑的语言发表自己无厘头式的观点，比如在看升旗仪式时会冒出来"奥运表情包拿来"等话语。另一方面，年轻人参与意识强，又能熟练掌握互联

---

① 胡正强. 新闻传播中"对抗式"解码现象论析 [J]. 现代传播（中国传媒大学学报），2016，38（10）：42-47.

② 中共中央马克思恩格斯列宁斯大林著作编译局. 马克思恩格斯全集：第一卷 [M]. 北京：人民出版社，1956：234.

③ 胡正强. 新闻传播中"对抗式"解码现象论析 [J]. 现代传播（中国传媒大学学报），2016，38（10）：42-47.

④ 刘敏. 新媒体发展对我国青少年受众群体的影响及启示 [J]. 新闻爱好者，2020，515（11）：90-93.

网的各种技术，他们利用剪贴、拼接等手段进行二次创作，体现出调侃、搞笑的一面。此外，人生活在社会，处在一定的社会关系中。社会关系也影响着人们解读新闻信息时的态度，特别是具有社会心理逆反的群体。自改革开放以来，我国经济得到了快速发展，社会关系也逐渐摆脱了传统的模式，但是各种结构性社会矛盾也在显现，社会分层凸显，社会关系不和谐加剧，这些不和谐的社会关系会弥漫到人们对奥运会传播的信息解读之中，为对抗式解码提供了社会环境土壤与空间。

综合而论，网络中对抗式解码的原因是个人与社会关系出现矛盾，从经济和政治方面来看，也是门槛较低的一种反抗式表达。通过对奥运报道中的英雄人物、主流价值观等的反向解读，某一群体的受众获得了快感，起到了"社会减压阀"的作用，也是民主社会应有的现象。然而，在建构国家认同的语境下，如果"对抗式"解码大量出现，会使奥运传播建构国家认同的意义"共享"遭到破坏，也会导致群体极化和舆论失控，甚至危及国家安危。因此，研究对抗式解码的表现、成因等，为寻求更好的对策提供依据。

二、仪式受众的综合素养不足制约着国家认同建构

（一）受众价值观变迁的影响

全球化以来，人们在享受其带来丰硕成果的同时，也受到来自不同地区、不同文化的冲击，特别是海量的互联网信息在为人们提供了了解世界的有效途径的同时，也带来了思想观念的变化，诸如全盘西化、金钱至上、个人主义、享乐主义等错误的价值观影响着人们的价值取向。特别是青少年群体的人生观与价值观还不够完善，在西方价值观的侵蚀下，他们的集体意识、民族意识和国家认同感有所弱化。在对待"奥运-媒介"仪式建构国家认同的报道与编码时，有些人会不自觉地受到不良价值观的影响，从而采用对抗式的解码方式，这对建构国家认同产生消极的影响。

（二）网络道德意识淡薄

人们在现实生活中需要遵守道德规范，同样，在网络高速发展之际，也需要道德来规范人们的网上行为，于是网络道德应运而生。网络道德是指以善恶为标准，通过社会舆论、内心信念和传统习惯来评价人们的上网行为，调节网络中人与人之间、人与社会之间关系的行为规范，① 是网络中人与人之间的行为

---

① 骆鹏. 促进网络道德建设的路径［N］. 光明日报，2012-12-01（011）.

法则,即判断是非善恶的标准。然而,与现实生活不同,由于网络的拟态性和网民的匿名性,道德规范对网民的约束非常乏力,同时,新媒体的监管状况也不尽如人意。这也造成了在奥运传播中,特别是自媒体的恶搞、低俗信息层出不穷,不负责任的"键盘侠"成为网络道德意识淡漠的娱乐者、发泄者,这无疑影响了未成年网民的心理健康,也对国家认同建构产生负面的影响。

（三）受众需求的泛娱乐化倾向

如今,受众"自主的选择性、新闻的参与性、对日常叙事的重视程度、渴望娱乐化程度增高,对追求视听兼备的快感以及对故事化、情节化的重视程度进一步提升"[1]。而且,在社会、工作、家庭、社交等种种压力下,部分受众试图在网络上寻求心理上的放松与宣泄,他们渴望看到不需过多思考就能获得愉悦的资讯。2020年东京奥运会期间,娱乐事件一度成为比奥运夺冠更受人关注的"大事",一度冲上热门阅读榜单。可以说,受众的娱乐需求也催生了媒体的娱乐化生产,媚俗的、庸俗的、低俗的内容比比皆是,而且为了满足受众的窥探欲和猎奇心理,运动员的私生活等八卦新闻也成为媒体制造娱乐的源泉,而受众也在"娱乐至死"的喧闹中生产着恶搞等文本,并以不经意的调侃方式回应着奥运传播的讯息,在一切文化内容都可能成为娱乐的附庸之时,"奥运-媒介"仪式建构国家认同必将受到冲击。

（四）受众普遍存在"只看不练"现象,降低了对体育运动的感悟

观看体育赛事是受众喜爱的体育娱乐方式。学者卢元镇曾在2002年指出,我国城乡居民进行体育参与的重要形式是观看电视体育节目,这也是许多家庭的体育娱乐内容和支配闲暇的主要方式。[2] 在现实生活中,电视体育受众可能是那些喜爱亲身参加体育运动实践,而且又喜欢到现场观看体育比赛,同时也经常通过电视观看体育节目的人。或者,电视体育受众也可能是既不参与体育实践活动,又不愿去现场观看体育比赛,但热衷于电视体育节目的人。应该说,在我国,后者的数量远远大于前者,或者说他们参与体育的唯一方式就是收看电视体育节目[3]。伴随着网络时代的到来,网络化不断深入人们的生活,年轻的传统媒体受众纷纷通过网络观看体育节目或者发表自己对节目的评论。但是,

① 欧阳开宇. 极致新闻:回归受众本位的创新路径 [J]. 新闻爱好者,2016,466(10):40-42.

② 卢元镇. 竞技+传媒+观众+商业运作:体育电视文化产业漫谈 [J]. 体育文化导刊,2002(02):7-8.

③ 张德胜. 媒体体育与体育媒体 [M]. 武汉:华中科技大学出版社,2013:112.

这一转变也无法改变我国参与体育实践活动人口较少的事实。这就造成了在观看奥运会比赛时，没有参加体育实践活动的受众就无法深刻领悟奥运会的竞赛规律与精髓。具体表现在：其一，无法体验到运动员训练的长期性和艰辛性，认为运动员的好成绩是顺理成章之事，不明白运动员的好成绩是需要通过几年甚至是十几年的刻苦训练和长期的内心坚守才能获得的。其二，他们无法体验到体育比赛的不确定性。体育比赛的成绩不仅仅取决于运动员的身体、心理状态和临场的发挥，还要受到对手的发挥、赛场环境、天气状况、裁判等诸多方面的影响。因此，没参加过体育运动的受众无法了解奥运竞赛的不确定性，会对奥运会中没有获得金牌或发挥失常的运动员进行不友好的评价。其三，此类受众也无法深刻体验到奥运会中的个人和集体、个人与国家之间的关系。可见，参加体育运动可以使人们更好地理解体育比赛，增强人们对奥运选手辛勤付出的了解，也能相应地提升国家认同感。

综合而言，当下"奥运-媒介"建构国家认同中存在着许多问题，找出问题的表征，以及其产生的原因、表现的方式等，能为我们实现更好地建构国家认同提供依据与改进的方向。

第六章

中国利用"奥运-媒介"仪式建构国家认同的理性重构

　　在中国，建构国家认同是社会主义建设中的核心目标之一。中国是由56个民族组成的多民族国家，在几千年的中华文明史上，各民族相识、相知、相融，汇聚成多元一体的中华民族。各民族之所以能相融一体，源自于各民族的文化、经济、情感等方面的互通与相互依存，这为各民族的团结提供了内生动力。可以说，中华民族拥有共同的历史，开拓了共同辽阔的疆域，拥有共同创造的灿烂文化与精神文明。基于此，在新形势下，为了更好进行国家建设，党的十九大提出"铸牢中华民族共同体意识"，不断增强"五个认同"，即各族群众对"伟大祖国、中华民族、中华文化、中国共产党、中国特色社会主义"的认同。"五个认同"中，对"伟大祖国"和"中华民族"的认同居于前两位，国家是祖国的表现形式，中华民族是多民族融合形成的统一体的国族。因此，对中华民族的认同是每一个公民首要的、最基本的情感认同和责任担当。

　　在进行国家认同建构时，我国可以"组织开展形式多样的纪念庆典活动，传播主流价值，增强人们的认同感和归属感"[1]，譬如，北京冬奥会是体育庆典活动，"是我国重要历史节点的重大标志性活动，是展现国家形象、促进国家发展、振奋民族精神的重要契机"[2]。在复杂多变的国际形势下，利用体育庆典活动触发国民的认同感、展现新时代的国家形象已经成为我国国家建设中的重要目标。

　　当然，中国要想更好地利用奥运会建构国家认同，至少需要从两个方面入手。如图8所示，国家认同处于模型的中心位置，要解决国家认同的建构问题，一方面，要解决仪式内部出现的问题，在下图的模型中它处于中间层。其中，媒体对奥运符号的编码与复现、媒介呈现的仪式内容、受众的观看都会引起国

---

① 习近平. 习近平谈治国理政 [M]. 北京：外文出版社，2014：165.

② 习近平. 立足提高治理能力抓好城市规划建设 着眼精彩非凡卓越筹办好北京冬奥会 [N]. 人民日报，2017-02-25（001）.

家认同，同时，国家认同也对这三者起到引导的作用，能促使有关国家认同的话语、符号与行为被征用。不过，正如上文所言，在"奥运-媒介"仪式建构国家认同的过程中，也会出现一些不和谐的因素，比如，媒介技术的异化和过度商业化、仪式内容的泛娱乐化与碎片化、受众对抗式解码与素养不足等现象。这些都不同程度地影响了"奥运-媒介"仪式建构国家认同的效力，对国家认同的形成起到消极的作用。中国要想在奥运传播中更好地建构国家认同，可以借鉴国内外的经验、直面当前建构中的现实问题，实现"奥运-媒介"仪式内在超越，克服媒介层面、仪式内容层面和受众层面出现的问题，充分协调三者的融合关系，利用奥运传播的"过渡仪式"效应促进我国国家认同建构。另一方面，"奥运-媒介"仪式只是在奥运会举办的 16 天期间形成的短期效应，因此，要具有超越媒介仪式的思维，"跳出""奥运-媒介"仪式，建立利用奥运会内容和形式等建构国家认同的长效机制。这在模型图上处于外层，强调国家的引领作用，以及体育组织、学校各部门等多方联手，还要发挥科学研究和奥运遗产的功效。通过对这些要素的联合作用促进国家记忆形成，提升国民情感能量的聚合。同时，也能使平时积累的国家意识形态、爱国情怀、民族自豪感等"反哺"于"奥运-媒介"仪式，有助于在奥运会期间更好地建构国家认同。

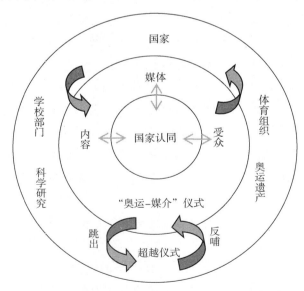

图 8　中国利用奥运会建构国家认同的模型

第一节 内在张力驱动："奥运-媒介"仪式建构
中国国家认同的进路

要想实现"奥运-媒介"仪式，建构中国国家认同的内在超越，就要结合上文提出的仪式内部的结构与机理，并以出现的现实问题为导向，化解"奥运-媒介"仪式的内在张力，建立"奥运-媒介"仪式建构中国国家认同优化路径。本书从媒介层面、仪式内容层面、受众层面进行探讨。

一、媒介层面：加快供给侧改革，打造仪式，营造中国健康认同空间

新兴技术推动下的媒介融合与传播平台重塑着媒介生态环境，也为奥运传播变革提供了重要机遇。媒体是奥运内容的供给侧，利用媒体从业人员的综合素养提升、打造仪式、以价值理性去强化国家认同思想、推进媒介融合、优化国家认同内容生产与推送等方式提高供给水平，营造健康规范的空间，积极推进国家认同建构。

（一）提升媒体人综合素养，宣传主流价值观

媒体人是奥运传播的主要力量。媒体人是指媒体的从业人员，包括从事报纸、广播、电视、新媒体等职业的人，如记者、主持人、责编、导播等，还包括在新闻的制作、设计、策划、推广、把关等职位的人。他们掌握着主要的传播渠道和话语权，因此对奥运传播中的意识形态建构起到重要的引领作用。然而，中国媒体人在传播样式上比较单一，形式呆板，传播内容专业性有待加强，对传播载体开发利用不够。而且，在经济利益驱使下，出现对八卦新闻的热衷和炒作，甚至传播内容的媚俗化、庸俗化、低俗化现象，出现缺乏对主流意识形态的有效关照等问题。因此，提高媒介人的素养，加强社会责任感，引领传播的主流价值观是奥运传播中建构中国国家认同的必由之路。

首先，提升中国媒体人的体育等综合素养。奥运传播需要复合型的专业人才：其一，媒体人要具备良好的体育认知。要想做好奥运会的相关报道，就必须熟知奥运会的知识，否则就无法准确和专业地进行奥运报道。因此，媒体人需要懂得奥运的发展史、奥运的运动项目特点和规则等，与此同时，媒体人应该培养运动兴趣，尽力去参加一些喜爱的运动，提升自己对体育运动的理解，这样更有利于对奥运会的报道。其二，要懂得新闻传播学的规律。中国媒体人

既要熟练运用网络媒介，提高整合文字、图片以及视音频的处理能力，还要懂得传播的规律和机制、受众的需求和爱好，这样才能创作出受众欢迎的作品。其三，要具有交叉学科的知识。每一个奥运事件都与社会、文化、政治、历史背景有着诸多的勾连，甚至在分析运动员比赛时还要具备运动生理和运动心理知识。但从现状来看，体育院校新闻与传播专业培养的体育媒体人数量有限，媒体人队伍中既懂体育，又懂新闻传播，而且具备各方面知识的媒体人还不多见。因此，应该通过各种培训、考试、讲座、自学等方式加强媒体人的综合素养，提高他们报道奥运盛况的专业性、知识性。

其次，协调好商业化和专业化的关系，增强奥运传播中的社会责任意识。随着我国市场经济的不断深化，媒体的商业化运作无可厚非。然而，媒体的过度商业化会带来许多弊端。为了追求发行量、点击量、收视率，实现商业利益最大化，媒体人会刻意满足部分受众的猎奇心理，把奥运英雄的私生活以及所谓的奥运竞赛的种种"黑幕"与失误等作为炒作对象，出现报道内容的媚俗化甚至低俗化倾向，而且，这些内容会对受众特别是年轻受众带来"娱乐至死"的消极影响。因此，这需要媒体人不忘初心、牢记使命，提供高效、真实的奥运资讯，在商业化运作的同时，恪守新闻专业主义的职业素养，遵守新闻传播伦理，注重奥运新闻资讯的公共价值呈现，增强社会责任意识，营造良好的奥运传播氛围，引领意识形态建设。

最后，坚持科学的舆论导向，弘扬社会主义主流价值观。其一，媒体作为党的喉舌，应该坚持科学的舆论导向，引领和培养文明健康的舆论氛围。要想形成良好的网络舆论氛围，不是说只能有一个声音、一个调子，而是说不能搬弄是非、颠倒黑白、造谣生事、违法犯罪，不能超越了宪法法律界限。① 在泛娱乐化盛行的当下，媒体要带头做好奥运新闻的采编、设计和发布工作，还要认真研判民众普遍关注的奥运议题，利用形式多样的方式进行报道。另外，对于那些刻意制造噱头、违背社会良俗的报道，应该予以批评与取缔。其二，在奥运传播中营造文明、健康、理性的娱乐氛围，需要把娱乐和主流价值观宣传结合起来。习近平总书记曾指出，"低俗不是通俗，欲望不代表希望，单纯感官娱乐不等于精神快乐"②。对于规模巨大的受众来讲，整日沉醉于消遣娱乐中，只会造成精神世界的"荒漠化"。因此，在奥运传播中，弘扬社会主义核心价值观，并利用议程设置突出国家、民族相关主题，凝聚社会共识，促进国家认同

---

① 韩升. 网络泛娱乐化现象及其背后的辩证关系 [J]. 人民论坛, 2022, 737 (10)：84-87.
② 习近平. 在文艺工作座谈会上的讲话 [N]. 人民日报, 2015-10-15 (002).

建构。

（二）精心打造仪式，提升其建构国家认同的效力

"奥运-媒介"仪式是由媒体组织起来的仪式化活动，在此过程中，媒体拥有绝对的权力，它们是奥运内容呈现什么、如何呈现、以何种方式呈现的缔造者、把关人与裁定者。因此，媒体组织需要树立强烈的责任心和国家意识，通过精心打造媒介仪式，来提升仪式建构国家认同的效力。首先，要利用媒体强大的流播功能和影响力，做好奥运会举办时间的宣传，强化奥运媒介时间；也要利用媒介仪式的空间做好相关的服务，吸引受众。其次，要做好奥运会中重点仪式的复现。奥运会中的多种仪式具有其独特性，也是人们喜爱的环节。做好奥运会中仪式的直播、复播、宣传等环节，有利于吸引更多国民的关注。再次，精心挑选需要重点呈现的内容。筛选出人们喜闻乐见的、能弘扬正能量和主流价值观的内容，比如中国运动员的顽强拼搏、爱国话语和行为等。最后，媒体要打造仪式的氛围，进行仪式的编码。充分利用文字、图像、灯光、音乐、解说等烘托出仪式的气氛，并在其间渗入群体、民族、国家等意识形态，使受众在宏大、轻松、愉悦、刺激的仪式情景下感受国家文化、政通人和、祖国的强大等，进而提升公民的身份感和国家认同感。

（三）营造健康规范的媒介空间，在"破茧"中建构国家认同

如今，互联网传播已经成为现代传播的显著表征，互联网也成为传统媒体和新媒体的融合平台，因此，也是我们重点关注的传播场域。算法不是中立的，同样，技术也拥有价值属性，这正如快手的 CEO 所言："算法的背后是人和人的价值观，因此，算法的缺陷是人的价值观上的缺陷。"① 如果我们任由算法根据个人阅读喜好推送消息，那么会造成"信息茧房"现象，它会对"奥运-媒介"仪式建构国家认同造成不良的影响。因为，用户接受奥运信息的范围窄化，而且"如果所有人都被这样的茧房所束缚，公共信息的传播、社会意见的整合、社会共识的形成，也会变得日益困难"②。因此，在奥运传播中打破"信息茧房"，降低其负面影响势在必行。

第一，安装"方向盘"：用价值理性引导驾驭算法，强化国家认同思想。从本质上讲，网络媒介平台属于企业，具有追求商业价值的本性。为了满足用户

① 界面新闻. 快手宿华回应央视批评：算法的缺陷是价值观上的缺陷 [EB/OL]. 新浪网，2018-04-03.

② 彭兰. 更好的新闻业，还是更坏的新闻业？：人工智能时代传媒业的新挑战 [J]. 中国出版，2017，425（24）：3-8.

需求，增加用户黏性，采用投其所好的算法推送。但是，智能化技术不应只顺应人的本性，还需要帮助人克服自身的局限。因此，在寻求经济利益的同时，媒体应提升社会责任意识，将价值理性置于推送中。一方面，将我国的主流价值观镶嵌到算法中，凸显奥运传播的正能量，引发国民的政治认同。任何一个平台要推送信息，都需要从存量巨大的"内容池"中选择。因此，要发挥我国主流媒体的引领作用，在奥运会期间，制作能引领主流价值和宣扬中华民族正能量的奥运资讯，并把这些优质信息注入"内容池"中，用正能量的内容优化内容池的"成色"。另一方面，传统媒体也需要利用算法技术，加快传统媒体的改革，生产出受众喜闻乐见的、富含社会主义核心价值观的多元化奥运资讯。

第二，优化引擎：用工具理性指导技术改革，增加奥运传播中的国家认同内容推送。算法技术是内容分发机制的核心，它犹如汽车的引擎一样是动力的主要来源。算法中出现的问题可以从技术的层面进行改善。现在的大数据人工智能算法还停留在1.0时代，它没有自主思维和独立判断逻辑的能力，属于弱人工智能的表达。因此，对于"奥运-媒介"仪式中建构国家认同的内容，"无论从数据支撑、算法能力等角度，都很难圆满地处理这种（基于共同体意识）需求的社会价值判断"①。因此，进行技术革新，开创人工智能算法2.0应该以工具理性为指导。首先，要利用多平台优势吸引更多的奥运受众，并提供多元化的优质服务。其次，改变奥运信息的分发机制，通过多元因素来判定用户的喜好，并为他们推送没有关注过但却需要了解的优质奥运信息。还可以让用户自己勾选喜爱和需要了解的奥运资讯的类型，综合分析用户的勾选和实际点击情况后进行推送。再次，打破算法1.0时代众多媒体平台"各自为政"壁垒，使各平台共享数据，这不仅能降低平台的运营成本，还能全面地收集用户的关注偏好，为他们提供更好的服务。最后，在技术发展的基础上，定期地、按比例地推送传播正能量的有益于国家认同的奥运优质内容，消除用户的信息价值偏见，增强社会凝聚力。

第三，推进媒体融合：搭建立体化主流话语传播格局。全媒体时代，由主流媒体建构的舆论场域受到冲击，多元媒介不断地涌入挑战着主流媒体的权威和能力。② 习近平总书记指出："要运用信息革命成果，推动媒体融合向纵深发展，做大做强主流舆论，巩固全党全国人民团结奋斗的共同思想基础，为实现

---

① 喻国明. 人工智能与算法推荐下的网络治理之道 [J]. 新闻与写作，2019，415（01）：61-64.

② 蒋博，李明. 挑战与重构：推荐算法视域下的主流意识形态话语权建设 [J]. 海南大学学报（人文社会科学版），2021，39（01）：26-31.

'两个一百年'奋斗目标、实现中华民族伟大复兴的中国梦提供强大精神力量和舆论支持。"① 奥运会是实现中华民族伟大复兴的良好契机,习近平总书记曾提出:"北京冬奥会是我国重要历史节点的重大标志性活动,是展现国家形象、促进国家发展、振奋民族精神的重要契机,对京津冀协同发展有着强有力的牵引作用。"② 那么,在全媒体时代,如何利用奥运传播来强化主流意识形态的影响力、整合力和引导力?首先,整合媒体资源,建立奥运传播"中央厨房"模式化运作,这有利于有效地整合技术、渠道、奥运信息等多方资源,具有一次采集信息、多元传播的优势。2018 年,由人民日报客户端推出的"人民号"是在全国范围内打造的移动新媒体聚合平台,截至 2019 年 6 月,"人民号"已经吸引各级主流媒体、企事业单位、党政机构、优质自媒体等机构超过 2 万家。在2021 年举办的东京奥运会和 2022 年北京冬奥会上,"人民号"收录了大量的奥运会优质内容,也实现了其平台宗旨,即用主流价值缓解人们的"流量焦虑"和"算法焦虑"。建议"人民号"继续为奥运会报道主流价值作出贡献,也希望地方媒体能组建类似"中央厨房"的综合平台,并为奥运报道作出积极的贡献。其次,推进平台融合,牢牢掌握主流意识形态话语权。目前,掌握了算法技术的快手、抖音、今日头条等平台的传播力、影响力日益加大,威胁着主流媒体的主导地位,也削弱了主流媒体进行意识形态传播的影响效力。在奥运传播建构国家认同的方案中,一方面,主流媒体可以借用影响力大的平台发布有利于建构国家认同的奥运会信息;另一方面,主流媒体可以把自己生产的、建构国家认同的奥运信息放入这些平台的"内容池"中,并借助多种平台把带有主流价值观的奥运信息传播开来,从而促进国家认同的建构。

二、内容层面:转变思维与理念,优化中国国家认同建构的符号框架

随着新媒体技术的不断发展,近年来,我国各传统媒体纷纷借势新媒体进行改革,全面的媒介融合趋势已经逐渐清晰起来。可以说,互联网将文本、图像、声音、在线音视频播放等技术均变成了它的内容符号,把过去一切的媒介"解放"出来,过去的一切媒介都将成为互联网的内容。③ 在互联网的引领下,

① 推动媒体融合向纵深发展 巩固全党全国人民共同思想基础〔N〕. 人民日报,2019-01-26(001).
② 立足提高治理能力抓好城市规划建设　着眼精彩非凡卓越筹办好北京冬奥会〔N〕. 人民日报,2017-02-25(01).
③ 莱文森. 数字麦克卢汉:信息化新千纪指南:第二版〔M〕. 何道宽,译. 北京:北京师范大学出版社,2014:52.

全媒体不断融合人工智能、云计算、大数据、区块链等新型的先进技术，涵盖了移动应用、社交媒体、自媒体、视频直播等种类繁多的传播业态，这些不断创新的新媒体传播技术和传播环境，不断重构着信息的传播格局。一批技术领先，平台占优的互联网企业，因为有更高的内容点击量而获得丰厚受益，这也使媒体的传播理念发生了变化。但无论如何，受众对奥运传播中优质内容的需求是永恒不变的，这也是奥运信息生产者应该追求的目标。

（一）内容为王，符号挖掘：把握"奥运-媒介"仪式传播中的关键要素

有业内专家和学者认为，以"内容为王"的信息传播经典要义已经过时，"内容为王"已经被"技术为王""渠道为王""数据为王"等取代。其实，在信息的传播中，信息的内容是获得注意力资源的关键因素，是新闻传播业内在的生命逻辑，而无论是技术、渠道还是数据，它们只不过是为内容赋能或提供传播的便利而已。这正如"内容为王"的提出者萨默·雷石东（Sumner Redstone）所言："传媒企业的基石必须而且绝对必须是内容，内容就是一切。"[1] 雷石东比喻说，即使拥有世界上最漂亮的影院（技术、渠道等），如果没有一部热门电影（内容），你的一切努力都将白费。可见，如果没有好的传播内容，传播的效力将大打折扣。即使在多元化的全媒体时代，"内容为王"应该仍旧是新闻传播业最基本的生存法则和立身之本。

同样，在"奥运-媒介"仪式传播中，也需要实行以"内容为王"的准则。不过，需要说明的是，这里的"内容"本意应该是指"优质"的奥运传播符号。从新闻业内来讲，优质内容通常指新闻性强、题材新颖、实事求是、语言朴实且生动、主题好、有明显的良好社会效果的内容。从受众角度来考量，优质内容更应该传播有价值的信息，或给人启发，或给人知识，或给人趣味。[2] 总之，好的新闻应该是有细节、简练、聚焦、清澈、诱惑力的，而且能唤起人们的情感。因此，在奥运传播中出现的那些重流量轻内容本质，以碎片化、同质化、肤浅化、低俗化为表征的信息，都不能称之为优质奥运信息。它们是泛娱乐化思潮和流量经济诱导下的产物，对人们的社会凝聚力和青少年心理成长带来消极的影响。优质的内容可以改变这种消极的影响，在寻求优质内容时，我国媒体需要做到以下四点：第一，要改变思想观念，确立"内容为王"的理念。

---

① 倪洪江，潘祥辉."内容为王"与"王的内容"：新媒体环境下纸媒"生死劫"再思考 [J]. 传媒评论，2014，244（02）：13-16.

② 许建俊. 内容为王：树立新闻传播品牌第一要素 [J]. 电视研究，2018，347（10）：37-39.

传播者要树立"内容为王"为奥运传播立身之本的思想，争取创作出优质的奥运信息，吸引更多的受众，而不是靠标题、八卦低俗的内容获取暂时性的流量提升。第二，培养媒体对奥运报道内容的选择能力。媒体首先对众多的奥运信息进行识别和筛选，选取有价值的奥运事件进行加工。比如，升旗仪式、圣火传递仪式、颁奖仪式、文艺表演、赛场实况等。第三，找准内容的价值点。提高媒体工作者的媒介素养，提升他们对奥运信息的获取、理解和创造能力，特别是要有创新能力和相关的奥运文化知识，可以创新媒体的内容，给奥运信息赋予一定的历史文化意义，或者以新的视角和新的方法对常规奥运信息进行再造。第四，媒体要有信息整合的能力，通过对已经存在的内容进行二次整合加工，呈现出全新的、不同以往的良好效果。

"奥运-媒介"仪式建构国家认同的内容符合优质内容的范畴，可以对其中的国家符号进行深度挖掘。第一，充分报道国家符号。在奥运仪式展演中，不断挖掘国家象征符号，是激发受众爱国主义情怀的重要抓手。在具体的操作过程中，要充分展现奥运仪式中出现的国旗、国歌、国家领导人和运动员及其爱国话语、经济的发展等，这些内容能有效地建构政治认同。另外，注重对奥运会中出现的中国历史和文化进行报道，因为"对祖国悠久历史、深厚文化的理解和接受，是人们爱国主义情感培育和发展的重要条件"①。第二，在对国家符号的报道中，要阐明这些符号的国家象征意义。在"奥运-媒介"仪式传播中，这些符号不应该被简单地罗列和堆积起来，它们具有传递爱国主义和民族情感等价值观念的特殊功能，它们的所指被锚定为国家身份、民族精神、政通人和、文化灿烂等。但是，这些象征意义需要一定的知识储备、一些联想和想象才能被解读。因此，适度阐明这些符号的国家象征意义，才能更容易达到编码和解码基本一致的效果，才能更为有效地建构国家认同。

总之，"奥运-媒介"仪式经历了报纸、广播、电视和新媒体的传播，虽然传播的媒介、范式、格局和舆论生态都发生了很大的变化，但受众依然对优质内容情有独钟。首先，奥运传播中的优质内容可以为受众提供更多更好的、及时准确的、深入全面的信息。其次，优质内容可以为受众带来更权威、更专业、有深度、又易懂的奥运知识。再次，优质内容可以为受众提供消遣性内容，在消遣的同时也要能体现奥运和平、团结、拼搏等精神层面的追求，寓教于乐于其中。此外，奥运传播的优质内容要能体现出国家的主流价值观，以此引领正

---

① 习近平. 把培育和弘扬社会主义核心价值观 作为凝魂聚气强基固本的基础工程 ［N］. 人民日报，2014-02-26（001）.

确的舆论导向。比如，在"奥运-媒介"仪式传播建构国家认同中，可以从挖掘国家符号及其意义方面创造国家认同的优质内容，这将为有效建构国家认同提供宝贵的原料。

（二）宏观叙事与微观叙事结合，呈现国家认同内容

从前文可知，在"奥运-媒介"仪式传播中，作为叙述主体的国家、政党、媒介组织等经常运用"宏大叙事"来建立社会的主流价值观，引发国家认同感。但在通过宏大叙事建构国家认同的过程中，总是在强调"目的性、连贯性、主题性和统一性"中进行"完整的叙事"，并对事件提出一种让人无法反驳的权威解释，从而使自己成为社会整体秩序的"调和力量"①。然而，这种"大场面""高层次"的内容叙述，会在受众心目中留下口号式宣传、单调无趣等刻板印象，影响国家认同的建构。另外，奥运传播也遭受后现代主义思潮的冲击。后现代主义质疑权威、反叛传统、消解责任、解构甚至颠覆主流价值秩序和原有话语方式，② 表现为"不相信宏大叙事"，而是力求追崇"小叙事"，其视点是"局部性、地方性的，也是事件中心和凡人化的"③。而且新闻传播内容的"碎片化"也正在解构或者说是颠覆着宏大叙事的价值观，从而达到最后消解国家等这类主流制度的神圣性。不过，不能机械地将宏大叙事与微观叙事对立起来，要利用二者的特点与内容的互补性，使它们相互配合，更好地述说国家符号，才能更好地为"奥运-媒介"仪式建构国家认同服务。

1. 以宏大主题为骨架，引导舆论思想高地

首先，诸如人类、国家、民族等主题和内容符号，需要宏大的叙事来完成建构。在奥运传播中，有许多建构国家认同的内容，诸如人类共同发展、国家身份认同、民族记忆、政治合法性、国民英雄等主题需要宏大叙事方式来构建和维护，因此，在奥运传播建构国家认同的主题要成为宣传内容的骨架，需要宏大叙事的回归，而在宣传过程中主流媒体担负着不可推卸的重任。其次，为了改变宏大叙事刻板无趣等印象，在展示这些主题时可以利用主持人的话语、优美的文字表达、炫酷图像、动人的音乐等艺术手法，增强主题的接受度，引起舆论，使宏大主题潜移默化于受众的心中。例如，2022 年北京冬奥会提出的

---

① 斯道雷. 文化理论与通俗文化导论［M］. 杨竹山，等译. 南京：南京大学出版社，2001：251.

② 刘迅，杨晓轩. "泛娱乐化"：核心价值观认同的挑战与应对［J］. 中共天津市委党校学报，2017，19（03）：38-43.

③ 刘子曦. 故事与讲故事：叙事社会学何以可能：兼谈如何讲述中国故事［J］. 社会学研究，2018，33（02）：164-188，245.

"一起向未来"的主题口号，是 2008 年北京奥运会"同一个世界，同一个梦想"主题的延续，表达了中华民族一直坚持走和平发展的道路，① 并关注人类共同发展的愿景。人类命运共同体关注全人类的发展，体现了中国对全世界人民"共同创造人类美好未来"的向往与倡导。在北京冬奥会开幕式上，书写着参赛国家和地区名字的小雪花与大雪花、五环破冰，还有闭幕式上的《欢乐颂》、连接世界的"中国结"、《我和你》歌曲中的深情告白、空中出现的由焰火组成的"天下一家"的字样都"是人类命运共同体价值观下奥林匹克精神、办赛理念和奥运愿景的中国解读、中国诠释和中国表达"②。北京冬奥会媒介仪式通过唯美的宏大叙事，在视听盛宴中述说着中国自古以来的"和"文化，以及"世界大同，天下一家"的故事。北京冬奥会的口号成为此次奥运会的一大主题，这种宏大的主题在艺术化的表达中，增强了受众的接受度，也使主题的思想潜移默化于受众的心中，同时，增强了受众对我国历史文明的理解以及对我国政府关注人类命运的宽阔胸襟的赞赏。总之，北京冬奥会的宏大主题传播和表达技巧值得借鉴。

2. 以微观叙事为血肉，传播主流价值观，建构国家认同

微观叙事聚焦普通人、小人物、小事件、小场景来对事情进行描述。它具有个体体验、日常表现和细微化等多元特征。微观叙事更具人文主义色彩，也受到后现代主义的喜爱。在"奥运-媒介"仪式的传播中，不可能都是宏大的主题。如果说宏大主题是奥运宣传中的骨架，那么，微观叙事就是其血肉，它能丰富奥运传播，同时微观叙事也能表达主流价值观和国家认同内容。这是因为，微观叙事虽然是从小事件、小情小义、小人物出发，但是这些普通的事件聚沙成塔，最终实现对其复杂内涵的诠释，而且，这种微观的表达折射的是一个群体的相似体验。因此，主流媒体可以采取"化整为零"的方式，对宏观主题采用多种面向的解释，以完成对主题的诠释，或者把多个"碎片化"的内容，通过挖掘其内涵串联起来，形成"聚合"效应，表现宏大的主题，利用微观叙事呈现国家认同主题也出现在 2022 年北京冬奥会传播中。夏天和陈志生在《我国冬奥会报道理念嬗变及展望》一文中指出，和以往相比，多元化、个性化的融

① 胡建秋. 2022 年北京冬奥会筹办与国家形象建构［J］. 体育文化导刊，2020，221（11）：1-6，19.

② 钟新，金圣钧，林芊语."一起向未来"：人类命运共同体视域下冬奥口号倡议的意义嬗变、价值追溯与国际诠释［J］. 武汉体育学院学报，2022，56（02）：12-19.

合报道贯穿于北京冬奥会报道之中。①

的确，在北京冬奥会媒介仪式中运用了大量微观叙事，它注重对小人物、小场景的呈现。在申办北京冬奥会过程中，中国政府郑重承诺：如果能在中国举办冬奥会，中国将不遗余力地推广冬季运动，带动三亿人参加冰雪运动。人民日报对陕西的冰雪运动进行了报道：西安市民杨小辉 2013 年学会滑雪并爱上了这项运动，但那时陕西的雪场太少了，如今，陕西已有近 40 家滑雪场，开始滑雪的朋友也越来越多。杨小辉也有了两个 500 人满额的"雪友群"。杨小辉说"上小学的女儿是在宝鸡学会滑雪的"，"现在的冬天，相约雪场才叫'时尚'。生活方式的改变，让人更健康、更快乐"。② 这是一场以人民为中心、人民共同参与，共建冰雪运动，共筑健康的体育事件，媒介也通过大量实时的报道呈现各地的冰雪运动。在类似的大量报道中，我们能看到各地的民众参与冰雪运动的热情，看到一家人、一群朋友、一对对恋人在冰天雪地中跌倒、爬起、欢笑、飞舞，冰天雪地已经成为金山银山，成为宝贵的健身和产业资源。

此外，北京冬奥会志愿者是由普通民众组成的，共有 1.8 万余名赛会志愿者和 20 余万城市志愿者参与服务，他们也成为展现奥林匹克精神和中华文化的一个重要窗口。因此，志愿者也成为北京冬奥会媒体报道的对象，譬如，人民网发表了题为《致敬北京冬奥会志愿者：平凡岗位上不平凡的贡献》文章，对部分志愿者进行采访和报道；在闭幕式上设置了"向志愿者致敬"环节，体现出对志愿者的关注以及对他们辛勤付出的感谢；还有开幕式上河北省保定市阜平县 44 名山里娃用希腊语演唱《奥林匹克颂》，参演开幕式的有 1365 名非专业的民众，升旗仪式上的各行各业代表等。这些普通人对冬奥的介入与共享，是国家现代化进程中的缩影。同时，通过微观叙事，勾勒出国家关注人民生活和健康等"以人民为中心"的国家形象，这些微观叙事带着浓浓的情感，直抵人心，提升了国家和政府的合法性，促进了国家认同建构。

综合而言，宏大叙事在奥运报道中强调奥运与人类发展、国家意识、国家形象、民族观念等宏观的概念相连，在叙事中强调集体的力量，也将运动员取得的好成绩看作为国争光。微观叙事是对小事件、普通人的报道，它强调奥运参与者的真实生活，但却能引起受众的情感共振，其内涵与深层的象征意义也可以表达宏大的主题。因此，宏大叙事和微观叙事是从不同的层面与角度对事

① 夏天，陈志生. 我国冬奥会报道理念嬗变及展望 [J]. 体育文化导刊，2022，238（04）：7-13，28.

② 张丹华. 秦岭山麓 雪季精彩启幕 [N]. 人民日报，2021-01-29（014）.

件进行叙述的,它们不是对立的关系,也不是相互置换的关系,准确地说,它们是共生关系和互补关系,它们同时存在于"奥运-媒介"仪式建构国家认同的传播之中,表达的内容可以引领意识形态领域,也能起到对奥运传播中泛娱乐化和"碎片化"的挤压和遏制作用。

三、受众层面:提高综合素养,让中国受众掌握信息把关主动权

在全媒体时代,新媒体传播渠道的多样化,传播发布门槛的低廉化,使人人都可能成为生产者与传播者,以往只能"单向度"接受信息的受众,也能通过发布信息和跟帖评论的方式参与传播,致使海量的奥运信息大量涌现,其中也不乏庸俗化、泛娱乐化的内容,影响着青少年的行为和心理,也消解了国家认同的建构。因此,提升我国受众在奥运传播中的媒介素养,减少不良影响是维护网络环境,促进主流价值观生成的重要抓手。

那么,何为受众的媒介素养?其实,由于媒介技术和传播方式的变迁,媒介素养的内涵也在发生着变化。媒介素养的最早研究是对未成年人社会化的关注,常常和媒介教育结合在一起,可以分为三个阶段。第一阶段是20世纪初到60年代,称为保护主义阶段。由于报刊、电视、电影暴力、低俗内容的出现,出于对未成年人保护的目的而采用说教式教育方式。第二阶段是20世纪60年代到80年代,可称为辨识能力阶段。由李普曼"拟态环境"研究产生的影响,媒介素养关心的焦点是形成鉴别媒介建构的现实和真实世界的能力。第三阶段是20世纪80年代以后,是能动的赋权阶段。主要是培养信息社会合格的"公众",包括分辨、选择、评价信息内容的能力,监督和影响媒体的能力,以及参与传播的能力等。关于媒介素养的定义,英国学者大卫·布金汉姆(David Buckingham)把它定义为社会成员"使用和解读媒介信息所需要的知识、技巧和能力"[1]。1992年,美国媒介素养研究中心认为,"媒介素养是指在人们面对媒介信息时,所表现出的理解能力、评估能力、选择能力、质疑能力、生产和创造能力以及思辨的反应能力"[2]。这种定义侧重于公众对媒介内容的审视,而美国媒介素养联盟认为,"媒介素养是指:通过利用越来越广泛的图像、语言和

---

[1] BUCKINGHAM D. Media Education:Literacy Learning, Literacy Movement and Contemporary Culture [M]. Oxford:Blackwell Publishing, 2003:36.

[2] 姜文琪, 贾宁, 刘超. 基于SSCI数据库的媒介素养文献综述 [J]. 教育传媒研究, 2017, 6 (01):51-56.

声音等媒介信息，使人们成为能够具有批判意识的思考者和具有创新性的创造者"①。

从以上定义不难发现，现代媒介素养关注的是信息时代不同群体和个人对信息的处理和传播能力，这种能力至少包含以下六个方面的内容：（1）接触和使用媒介设备的能力。（2）媒介信息的识读能力。（3）媒介信息查询收集能力。（4）媒介信息的选择能力。（5）对媒介信息的质疑批判能力。（6）媒介信息的制作和发布能力。在厘清媒介素养的内涵后，面对奥运传播中出现的问题，我们将重点关注受众对媒介信息的发布能力、查询收集、识读能力和批判能力，提高我国受众的媒介素养教育，以促进"奥运-媒介"仪式传播中的中国国家认同建构。

首先，强化信仰教育，提升中国用户网络道德规范，纠正奥运传播中泛娱乐化倾向。泛娱乐化的网络文化追求感官的刺激和肤浅的嬉笑狂欢，在"众声喧哗"的嬉闹背后，伴随着价值的缺失与盲从，理想信仰的悄然隐退。因此，要解决这一问题，需要从受众的思想需求着手，多方面展开信仰教育。其一，用中国特色社会主义理论指引价值取向。泛娱乐化的本质是西方的价值观，鼓吹享乐主义至上，主张功利主义，是一种极其隐蔽、具有诱惑力且危害极大的社会思潮。因此，要引导受众认清其本质与特征，知晓其危害，并提升受众马克思主义理论素养，倡导积极向上的休闲观、娱乐观。其二，我国受众应加强对中国特色社会主义理论的学习，把个体的自身成长、我国举办和参加奥运会与中华民族伟大复兴结合起来，树立起坚定的共产主义信仰，破解泛娱乐化下虚无价值的侵害。我国受众可以利用奥运会的契机提升自我的文化认同、政治认同，并积极投身于中华民族伟大复兴的社会主义实践中，更好地实现自我的价值。其三，进行社会主义信仰教育，培养青少年敬畏之心与责任意识。引导青少年树立社会主义道德价值取向和科学的人生追求，培养他们对社会主义文化和中华优秀文化不断学习的精神，引导他们对中华民族伟大复兴的坚定信念以及不懈奋斗，从而建立强大的精神世界，以抵制泛娱乐化思潮的侵袭。另外，要培养青少年的敬畏之心。泛娱乐化的判断准则在于其娱乐性，导致奥运传播中的"历史被戏说，厚重感消失；政治被戏谑，严肃感丧失；英雄人物和政治

---

① 陈晓慧，王晓来，张博. 美国媒介素养定义的演变和会议主题的变革 [J]. 中国电化教育，2012，306（07）：19-22，28.

事件被'消费',崇高感流失"①,这些都是青少年对生活缺少敬畏的表现。因此,在奥运传播中,要建立受众的规则意识和道德意识,要让他们明白,道德法律需要遵守、历史真相不能歪曲、英雄人物不宜戏说,要有敬畏之心,要有崇高的理想与信仰,让青少年真正地从心里抵御泛娱乐化思潮的侵袭,② 在奥运传播中严格遵守网络道德,积极传播社会主义正能量,自觉自愿地维护国家认同建构。

其次,提高我国奥运受众的自省意识和批判能力,让奥运用户掌握信息把关主动权。在信息时代,奥运受众如何搜集、使用信息,克服"信息茧房"带来的弊端,变得至关重要。其实,"信息茧房"的出现,归根结底还是由用户的认知、心理和行为习惯决定的。因此,在强化用户信仰教育的基础上,培养他们的自省意识、批判性思维,让受众获得主动权,成为信息接收和生产的把关人。第一,让奥运用户正确的认识算法。应该向奥运用户普及算法的科学原理,使用户理解算法的实质,剖析算法的局限性,认清算法带来的危害,使用户对算法危害的"免疫力"不断提升。第二,提高奥运受众的自省意识和批判能力。"信息茧房"很大程度上与人们的惰性有关,因为获取信息需要一定的成本,在如今信息过载的情况下更是如此,因此人们喜欢从"头脑相似的人那里获得信息有助于减少信息成本"③。除了依赖他人外,媒体和平台的推送也减少了获得信息成本的渠道。但是这种依赖是以个人偏好为出发点的,最终只会更加强化了个人的偏好。因此,受众要提高自我反省的意识,尽量克服惰性行为,改变获取奥运信息的行为模式,这样不仅可以通过个人的社交圈和媒体推送获得奥运信息,还可以通过搜索引擎搜索奥运资讯,挑选优质平台的优质奥运资讯进行浏览。

最后,需要受众加强对奥运信息的甄别能力、分析能力、批判能力,提高自身的信息把关能力,不去点击、转发不良的奥运资讯,多多浏览、评论、转载、生产与核心价值观、中华民族发展有关的奥运资讯,营造风清气正的奥运信息传播环境。

---

①　赵建波."泛娱乐化"思潮对大学生价值观念的消极影响及其应对策略 [J]. 思想教育研究,2018,293(11):72-76.

②　卜建华,徐凤娟. 网络社会青年信仰泛娱乐化庸俗化风险的"文化景观"与破解策略 [J]. 中国青年研究,2020,287(01):33-40.

③　胡泳. 新词探讨:回声室效应 [J]. 新闻与传播研究,2015,22(06):109-115.

第二节　超越媒介仪式：形成中国建构
国家认同的长尾效应

　　"奥运-媒介"仪式主要包含了媒介的仪式化、仪式化内容的呈现和受众的仪式性参与三个方面的内容，通过对这三方面的优化可以提升"奥运-媒介"仪式建构国家认同的内在驱动力。然而，在此过程中也有许多问题值得我们反思。譬如，"奥运-媒介"仪式只是主要关注了 16 天的奥运情况，没有建立起国家认同建构的长效机制。国家认同建构不是一蹴而就的心理变化，是不是需要平时的积累和心理涵化？国家在此建构中承担着什么样的角色？传播者的媒介素养由谁来培养？

　　事实上，媒介所营造的"奥运-媒介"仪式只是个非常短期的效应，这与媒体的经济需求和受众的注意力等因素有关。学者董青等人提出，体育媒介事件由酝酿期、高潮期和衰落期组成。"酝酿期"是临近体育赛事开始之际，奥运会组织方会得到企业的巨额赞助，企业以此来宣传自己的商品，媒体也获得了资金的支持，从而介入尚未开始的体育赛事。该阶段媒体对奥运会的场馆建设、运动员的训练等情况有了少量的报道。"高潮期"是体育赛事进行期间，此时的新闻量呈爆发式增长状态，比酝酿期高出数十倍甚至更多，体育赛事的关注度与本国运动员是否出场比赛有很大的关系，也与他们的成绩等因素息息相关。"衰落期"是赛事结束后，此时媒体对体育赛事的报道量快速回落，受众对其的兴奋点也迅速降低，注意力会被其他的事件所吸引。[1] 同样，在奥运赛事举办期间，各个媒体想尽办法对事件进行挖掘和报道，致使奥运新闻量大幅增加，相较而言，奥运前后的媒体和受众关注度较低，当然，对于某个事件的报道来说，这符合媒体报道的规律，但是，对于奥运传播建构国家认同而言，如何在奥运会"过渡仪式"之后继续保持、发扬和加强"奥运-媒介"仪式中建构的国家认同感，也是我们应该考虑的问题。

　　而且，国家认同行为不是通过强迫获得的，而是通过公民的自觉意识和参与发展而来，这种情感上的认可和赞许需要一个积累和涵化的过程，也就是说，受众在奥运传播上获得的国家认同心理变化与行为，也受到他们平时生活的影

---

① 董青，洪艳. 体育媒介事件演化的动力学与可视化建模［J］. 武汉体育学院学报，2015，49（09）：31-37.

响。在平时生活中，受众也接触到了引起国家认同的元素，这些元素涵化于心，更容易在奥运情景下触发国家认同感。因此，要想更好实现建构目标，除了要注重"奥运-媒介"仪式带来的建构效益外，还应该从多方面、多角度入手去考量其他因素的建构作用。只有跳出"奥运-媒介"仪式，使之产生长尾效应，才能更好地建立全方位、立体的国家认同建构格局。

总体而言，除了提升"奥运-媒介"仪式内在的驱动力外，我国可以把加强理论研究作为奥运建构国家认同的逻辑起点，厘清如何做的问题，为我国围绕奥运会建构国家认同指明方向。以国家为引领，组建学校、体育组织、媒介等多方联手的格局，作为建构国家认同的重要方略。通过加强对青少年的教育、充分挖掘双奥遗产、打造奥运英雄精神等实现国家认同建构的长期效应。

一、加强理论研究：结合中国国情，架起指引国家认同建构的灯塔

理论是指人们关于客观世界规律的正确理解与论述。它来源于人们对实践的长期观察与思考，是由表及里、去伪存真的实践总结与升华。同时，理论是分析实践的工具，也对实践活动具有很强的指导作用，是实践得以成功的指明灯。可以说，没有理论的指导，实践就如黑夜的小船会在大海中迷失方向。在"奥运-媒介"仪式中建构国家认同需要理论的指导，这种建构涉及新闻传播学、体育学、政治学、心理学、文化学以及人类学等一般理论，在此基础上，还会运用到媒体文化理论、媒介仪式理论、建构主义理论、话语理论、国家认同理论等来分析"奥运-媒介"仪式对国家认同的生产现状、运行机制、建构中的不足之处。本书就是以媒介仪式为视域，来研究奥运传播建构国家认同问题，对奥运传播建构国家认同的功能、文化机理和建构中的现实症结，并试图对中国如何更好地建构进行研究。不过，要想建立切实可行的、适合中国的理论体系，需要对多种要素进行整合。

首先，甄选合适的理论纳入研究之中。奥运传播建构国家认同的研究涉及领域众多，理论来源也相当丰富。如何在庞杂的理论中选取合适的理论进行研究成为我们必须考虑的问题，也带来了如何借鉴与创新的问题。一方面，研究者可以借鉴以往的研究理路，对其进行深度挖掘，以推进和完善奥运传播建构国家认同研究；另一方面，在后续研究中，研究者可以创新地甄选合适理论，从不同的理论视角对其进行研究，以丰富奥运传播建构国家认同的理论体系。

其次，要紧密结合中国本土的实情进行理论建构。西方国家关于人类学、媒介仪式、国家认同、奥运传播的研究比较丰富，国内学者在研究中需要考虑到中国的国情，不能实施"拿来主义"，照搬照抄。因为，中国是社会主义国家，在国家体制以及政治、经济性质上与西方国家有很大的差别，而且，在文化领域，各地区和国家的文化起源、认知、内容和呈现方式等方面都存在巨大的差异。因此，有必要结合中国本土情况进行理论建构。

最后，我们还需要结合中国国情，对以往研究所忽略的、而实际非常重要的问题进行理论探索和建构。譬如，在研究奥运传播建构国家认同的问题时，往往会涉及国家在此建构中的职责与作用，还包括各个体育组织的职责与行为，各级各类学校在教育涵化方面需要作出的努力，以及它们之间的分工与协调等。厘清这些问题，有利于我们通过奥运传播更好地建构国家认同的理论体系，为我国在奥运传播中建构国家认同架起理论的灯塔，指引国家、体育组织、学校等更好地利用奥运传播建构国家认同。

二、利用中国奥运遗产，促进国家记忆和情感能量生成

关于奥运遗产，国际奥委会在 2017 年的《遗产战略方针》中指出，奥运遗产包括所有因举办奥运会和体育赛事而对人民、城市和地区以及奥林匹克运动产生或加速其发展的、可见和不可见的、长期正面效益。[1] 同时，国际奥委会还将奥运遗产分为运动遗产、城市发展遗产、社会遗产、环境遗产和经济遗产五个部分。另外，奥运遗产也可分为"有形遗产"与"无形遗产"两种类型。其中，有形遗产包括城市美化、新建体育场馆、交通基础设施和再生等，能够提升城市吸引力，提高当地居民生活水平；无形遗产则包括增强国家凝聚力和民族自豪感、推动民族文化、提升环保意识、丰富劳动力技能和遗产的创造性转化等。[2]

从 1908 年中国人的"奥运三问"至今，中国仅用了 1 个世纪的时间完成了参加奥运会、获得金牌榜第一名、两度成功举办奥运会的伟业。2008 年北京奥运会的遗产包括：基础交通建设、场馆、文化、教育、环境、志愿者服务、无障碍设施、公共健康等多个领域。2022 年 1 月，北京冬奥组委会从体育、社会、经济、文化、环境、区域发展和城市发展等方面总结了冬奥筹办 6 年多来取得的辉煌成果。2022 年 4 月，习近平总书记在北京冬奥会、冬残奥会总结表彰大会上明确提出："北京冬奥会、冬残奥会既有场馆设施等物质遗产，也有文化和人才遗产，这些都是宝贵财富，要充分运用好，让其成为推动发展的新动能，

---

① The IOC. Legacy strategic approach moving forward ［EB/OL］. 国际奥委会，2018-03-04.

② The IOC. Olympic Legacy ［EB/OL］. 2012-06-01.

实现冬奥遗产利用效益最大化。"① 总体来讲，北京作为"双奥之城"为我们留下了丰厚的、惠及长远的奥运遗产，做好奥运遗产的开发与保护，是满足人民美好生活的需要，是推动中国社会发展的必然要求，也是展现新时代中国形象，为中华民族伟大复兴凝神聚气，提升国家认同的不二选择。从以上论述中可以看出，奥运遗产是以符号的形式出现的，不论是有形的还是无形的奥运遗产符号，都可以为我们所用。

（一）用好中国双奥遗产符号，满足人民美好生活的需要，促进国家记忆

无论是哪种形式的遗产符号，在后奥运时代都要充分利用起来，形成长尾效应，为民所用。我国拥有双奥的优势，要充分利用这种优势，充分挖掘双奥遗产。

首先，充分利用双奥中的有形遗产符号，发展全民运动事业，带动体育经济的发展。在有形遗产方面，2008 年北京奥运会修建的气势宏伟的国家体育场（鸟巢）、独具匠心的国家游泳中心（水立方）、引领现代潮流的北京首都国际机场 3 号航站楼；2022 年北京冬奥会犹如飘动丝带的国家速滑馆（冰丝带）、宏伟壮观的首钢滑雪大跳台、张家口崇礼区的"雪如意"、首钢园区多功能场馆、令人叹为观止的北京冬奥村，还有贯通北京和张家口的京张高铁等。这些体育场馆和基础设施，美化了城市的外貌，建立了城市的奥运建筑群，加强了城市之间的合作与交流，增强了城市的吸引力。在后奥运时代，要充分利用这些交通便利和场馆设施，开展形形色色的体育旅游项目，继续保持和巩固"三亿人上冰雪"的良好态势，围绕场馆布局掀起地区群众各项体育运动的高潮，带动体育产业的高速发展。以此为引领，辐射全国，发掘各地区的优势，形成全民运动的良好氛围，使人民长期受益。

其次，中国双奥中的无形遗产符号可以惠及人民，国家和媒体应该对无形遗产符号，使其以及其良好的价值功能予以阐明，并充分利用无形遗产符号为民所用。近年来，在一些潜在申办城市的公民投票中，举办奥运会的民意支持率显著下降，一方面是由于对赛前遗产的误解，② 另一方面是由于无形资产是不能被人们直观看到的，人们对举办奥运会价值的认识大打折扣。因此，国家在加大奥运无形遗产符号开发、保护和利用的同时，要大力宣传无形遗产的功能

① 习近平. 在北京冬奥会、冬残奥会总结表彰大会上的讲话［N］. 人民日报，2022-04-09（002）.
② 瓦伊达，茹秀英. 北京奥运遗产探析：基于个人视角［J］. 首都体育学院学报，2022，34（04）：350-353.

价值。第一，要让国人认识到，中国举办奥运会展现了中国制度的优越、经济的腾飞、文化的灿烂，预示着中华民族从站起来到富起来，再到强起来的发展历程，也提升了中国在国际社会中的威信。因此，举办两届奥运会极大地振奋了中华民族的自豪感，增强了自信心，激发了爱国主义情怀，提升了民族凝聚力，同时，也形成了人民对"多元一体"的中华民族的认同。[①] 第二，要让国人了解北京奥运会"绿色奥运"和北京冬奥会"绿色办奥"的理念、实践操作和取得的成效，提升国人的环保意识，并积极监督后奥运时期政府的环境治理措施与执行情况。第三，积极保护和挖掘奥运吉祥物、开幕式、闭幕式等体现出的民族文化，继续利用奥运期间形成的劳动技能为国家建设服务，以奥运运动员与志愿者为楷模，激励办奥城市树立良好的社会风气，为城市打造长期的精神遗产。可见，两届奥运会为中国留下了许多宝贵的遗产，加强对奥运遗产的开发、保护、利用、宣传，让其继续在后奥运时代发挥应有的作用，满足人民对美好生活的需求。总之，要用好奥运遗产符号，使其为民所用、惠及民生，有效增强国民的国家认同感。

最后，要注重发展遗产符号的可持续性，使奥运会遗产发挥长效的价值与效益。例如，美国盐湖城冬奥会后，该地区成立了专门的体育委员会，以发展犹他州的公共娱乐和精英运动。他们举办了 50 多场大型比赛，当地年轻人参加单板滑雪、自由式滑雪、雪车等项目的人数多了起来。可以说，可持续性的实践是遗产规划、传承和创造的前提条件，而利用好遗产则是贯彻可持续性的标志成果。我们可以借鉴他国好的经验，努力挖掘奥运会遗产符号，使其能为人们美好的文化生活服务，同时，这些遗产符号的使用，可以有效地勾起人们对国家所做的努力和良好国家形象的集体记忆，有助于提升国民国家认同感。

（二）传承与开发奥运英雄精神，集聚情感能量，为中华民族伟大复兴凝神聚气

奥运精神也是奥运会遗产符号系统中重要的组成部分，特别是中国健儿在奥运赛场上展现的精神风貌，不仅完美诠释了奥运格言"更高、更快、更强、更团结"的内涵，也是中华民族优秀品质的体现。而且，奥运英雄精神不仅仅是主办奥运会时产生的，在参加奥运会时也可以塑造奥运英雄精神。要想弘扬中国精神就要"善于从中华民族传统美德中汲取道德滋养，从英雄人物身上感受道德风范，从自身内省中提升道德修为，明大德、守公德、严私德，自觉抵

① 王春玺，杜松石．运用北京冬奥遗产提升国家认同的机制与路径思考［J］．北京体育大学学报，2022，45（05）：1-10.

制拜金主义、享乐主义、极端个人主义、历史虚无主义等错误思想"①。奥运会能使运动员体现价值与尊严，克服怯懦与退缩，在不断超越中塑造英雄精神，这种精神将激励着无数的中华儿女。奥运英雄精神是参与奥运会的成员所展现出来的天下兴亡、匹夫有责的爱国情怀，以及自信、顽强、"以身许国、精忠报国"的鲜明品质，承载着民族精神和国家意志。例如，自改革开放以来，"女排精神"为中华儿女团结起来，振兴中华提供了源源不断的精神源泉和行动的动力。作为中华民族的优秀代表，中国女排的首次夺冠是对"东亚病夫"称号的有力回击，"五连冠""十连冠""三次奥运冠军"等殊荣，成就了中国女排在40年的起起伏伏中坚持胜不骄、败不馁的良好形象，展现出"祖国至上、团结协作、顽强拼搏、永不言败的精神面貌"，"女排精神代表着一个时代的精神，喊出了为中华崛起而拼搏的时代最强音"②。

其实，除了传承已有的"女排精神"外，在我国的奥运遗产中，还有许多运动队的精神值得挖掘。它们如"女排精神"一样值得国人尊敬与学习。比如，骁勇善战的乒乓球队、跳水梦之队、常胜将军举重队和羽毛球队、初露锋芒的田径队等，虽然项目不同，但它们却拥有相同的品质，即刻苦训练的拼搏意识、为国争光的初心意识、振兴中华的政治意识和敢为人先的担当意识，不过，这些项目的精神要素很少被人提及和深度挖掘。可喜的是，2019年，体育文化的建设被列入《体育强国建设纲要》之中，重点开展以弘扬中华体育精神为重心的项目文化建设，我们可以借此契机，深入挖掘许多项目的奥运文化和英雄精神，充分发挥英雄模范的榜样作用，这有助于营造全社会的良好风气和正确的价值观，将英雄榜样身上所体现的社会主义核心价值观内化于心、外化于行。③因此，要根据当代需求保护与开发奥运精神遗产，树立奥运英雄楷模，挖掘英雄事迹，打造英雄精神，激励人们学习英雄精神，让榜样的事迹与标杆随处可见。

进入21世纪以来，面对百年未有之大变局，在中华民族伟大复兴的道路上充满着各种严峻的挑战，要建立奥运英雄精神的长效涵化机制，凝聚人们的情感能量，发挥奥运英雄精神的教育价值和精神激励作用。其一，将奥运英雄精神纳入大中小学的教育体系，涵化教育年轻一代。迪卡娅·凯泽斯塔提乌认为，

---

① 习近平. 在纪念五四运动100周年大会上的讲话 [J]. 时事报告, 2019 (05): 14-19.

② 朱基钗. 习近平会见中国女排代表 [N]. 人民日报, 2019-10-01 (001).

③ 蔡小菊. 英雄精神: 涵育社会主义核心价值观的鲜活载体 [J]. 学习论坛, 2022, 442 (04): 25-31.

"奥运遗产发挥着教育价值，有助于培养公众正确的价值观"①。奥运英雄事迹故事性强，内容丰富翔实，情节感人，能有效彰显社会主义核心价值观、民族意识、爱国情怀，这为学校德育教育提供了优质的教育资源。将奥运英雄精神融入学校教育的思政课程中，也能为体育教育中的思政课程增添丰富的内容，增强说服力。其二，利用现代化信息技术扩大奥运英雄精神的传播效应。充分利用报纸、广播、电视、微信、微博等众多平台，多方位多层次进行宣传报道，也可以利用拍摄电影、制作短视频和漫画等艺术形式深刻表现奥运英雄的精神，使人们对奥运英雄精神认识更加普遍与深化，达到润物无声的化育效果。其三，在建设社会主义事业中，要以顽强拼搏、永不言败的奥运精神去激励人们，勇于克服困难，以良好的精神面貌投身中华民族复兴事业之中。

综上所述，充分开发与保护奥运精神遗产符号，建立奥运英雄精神的长效影响机制，也可以产生奥运会的长尾效应，以英雄的事迹鼓舞人、以英雄的情怀感化人、以英雄的精神化育人，这既能唤起国民的民族自觉，增加情感能量，增强民族自信，又能为推进我国现代化建设，实现民族伟大复兴起到精神激励和行动引领的作用。

三、国家引领，多方携手，建立具有中国特色的国家认同建构模式

在奥运会建构国家认同的过程中，一方面，媒介起到至关重要的作用。它以"媒介现实"的形式呈现了奥运会的仪式现场。不过，在此过程中，媒介利用镜头、语言、文字、图像、主持人等对仪式现场进行了编码与重构，其中包括能引起国家认同的内容。另一方面，作为国家认同主体的受众，对国家认同内容进行解码和内容生产，呈现出不同的国家认同态度。除此之外，至关重要的是，如果国家、学校和体育组织能各司其职，相互配合，将有助于建立起长效的、具有中国特色的国家认同建构机制，也会对"奥运-媒介"仪式建构国家认同起到积极的反哺与促进作用。

（一）国家层面：树立文化自信，引领主流价值观，制定规范和要求

目前，中国是由多民族组成的多元一体的民族国家，是社会主义国家，中国共产党领导的多党合作和政治协商制度是中华人民共和国的一项基本政治制度，是具有中国特色的政党制度。在中国共产党的领导下，各族人民团结一心，各政党通力合作，共同为建设现代化中国而努力，也形成了民主集中、举国体

---

① CHATZIEFSTAHIOU D. Olympic education and beyond：Olympism and value legacies from the Olympic and Paralympic Games［J］. Educational review，2012，64（03）：385-400.

制等集中力量办大事的优势。在利用奥运会建构国家认同中，国家和政府要利用这些优势，统筹安排，引领主流价值观，把控发展方向。

第一，国家要在奥运传播中弘扬中华民族优秀文化，使人民建立起文化自信。近年来，文化全球化给我国传统文化带来了不小的冲击与挑战，如何在文明的冲突中借鉴优秀文化，传承和弘扬我国的传统文化成为我们必须重视的问题。在此境况下，中国共产党的十九大报告指出，我们必须坚定文化自信，全面推动社会主义文化的繁荣。要想实现中华民族的文化自信，首先要具有文化自觉。文化自觉是费孝通在《乡土中国》一书中提出的，文化自觉就是要对自己圈子的文化有所了解、"心知肚明"，即知道该文化的历史与发展、优点与劣势、作用与意义，而且对能接触到的其他文化采取包容和虚心学习的态度。奥运会是全球众多国家参与的体育赛事，为展现我国民族文化，以及与别的国家交流提供了良好的平台。"文化自信是主体对自身文化进行反思之后螺旋上升的思想认同、肯定与坚守。从文化自觉到文化自信，不仅使我们对中国特色社会主义文化有了更深刻的认识，而且进一步坚定了我们实现中华民族伟大复兴的决心和信心，是中华文化发展的重要路径。"① 可见，文化要发展，文化自信是底气，没有高度的文化自信，没有文化的繁荣兴盛，就没有中华民族伟大复兴。因此，国家要在政策和行动上予以引导，使政策执行部门把握主动权，积极寻求文化交流与沟通的机会，定位好国家的文化方向，去其糟粕，使我国文化成为世界文化宝库中的精品，并通过奥运会的舞台传播开来。在我国举办的两次奥运会上，我们向世界发出了中国的声音，传达了中国的文化传统和美好的愿望。比如，传递了我国传统的"礼之用，和为贵"的理念，以及"世界大同，天下一家"的思想。中国要继续利用奥运会的平台，促进我国的优秀传统文化发扬光大，提升我国民众的文化自信。

第二，国家是主流价值观的缔造者、把控者和引领者。在建构国家认同过程中，我国政府要发挥社会主义制度的优势，起到把控和引导的作用。在奥运会中融入国家主流价值观，以凝聚民心，提高政治合法性，共享认同。例如，2008 年北京奥运会和 2022 年北京冬奥会的成功举办，展现了中国"和谐"发展观，向世界展现了民族团结、繁荣兴盛的国家形象，也引起了国人的高度认同与赞誉。我国可以借鉴以往的办赛经验，积极申办、举办奥运会和大型的国际体育赛事，规划好在赛事中宣传的国家要素，使其成为提升国家认同的"国家仪式"。

---

① 张友谊. 从文化自觉到文化自信［N］. 光明日报，2017-11-29（011）.

第三，国家是规章制度的制定者，是各种权力的分配者和协调者。其一，国家可以对学校的教学内容设置进行有效规划。在 2022 年北京冬奥会申办成功后，我国实施"南展西扩东进"的战略，积极倡导全国不同区域，因地制宜、各有侧重地开展群众性冰雪运动，并会同教育部发布了《关于加快推进全国青少年冰雪运动进校园的指导意见》《北京 2022 年东奥委会和冬残奥会中小学生奥林匹克教育计划》，而且在全国遴选了 2062 所冰雪运动特色学校进行扶持，这些举措使我国圆满完成了申办冬奥会时许下的"三亿人上冰雪"的庄严承诺，同时，也使人民在运动中得到了快乐与健康，塑造了我国是"负责任大国""以人民为中心"的良好国家形象，也有利于人们在运动中和观看冬奥比赛时触发国家认同。因此，在国家层面，可以对奥运会上的项目分区域分情况地在学校适度推广。其二，国家对体育组织，特别是培养运动员的单位作出要求。一方面要求提高运动员成绩方面，另一方面要求管理好运动员、展现良好的国家形象等。其三，除了对奥运仪式内在的参与外，国家要敦促相关部门对网络生态进行治理，要注重用制度建设、评价指标、监督机制来应对泛娱乐化等乱象。例如，2020 年由国家互联网信息办公室制定的《网络信息内容生态治理规定》于当年 3 月开始实施，并起到了良好的效果。这也对奥运传播建构国家认同的网络生态起到有益的规范作用，但是，网络中还有一些管理的漏洞和盲区需要继续完善和细化。

（二）学校层面：服从国家战略需求，做好国家认同、媒介素养的教育

香港暴力事件牵动着亿万中华儿女的心。香港前特首董建华认为，在自己任期内的通识教育是失败的，这令年轻一代变得有问题，其背后深层次的原因是文化认同、国家认同教育的缺失。国家认同是国家共同体的成员自在与自觉的归属意识，但这种意识也需要通过教育场域进行培养。教育场域包括学校、家庭、社会等，学校是对青少年进行教育的主要场所。因此，要服从国家的政策规划、战略需要和时代的需求，充分利用学校场域对青少年进行爱国主义等方面的教育。

第一，在信仰教育和国家归属感方面，通过学校教育使人们理解马克思主义、中国特色社会主义、社会主义等理论，从思想深层强化社会主义思想意识，使人们站在较高的政治高度上分析问题，也要善于利用教育场域进行归属意识培养，这些有利于国民在观看奥运会时引发集体记忆和爱国情感，促进国家认同的建构。

第二，开展历史文化教育。中华民族文化承载着中华民族的过去与未来，

其精神的、物质的、行为的、制度的方方面面需要通过学校教育去加强。近年来，国家连续发布了《关于实施中华优秀传统文化传承发展工程的意见》《新时代爱国主义教育实施纲要》《关于印发 2019 年中小学教学用书目录的通知》等文件，旨在强化学校领域的文化认同和爱国主义教育，在爱国主义课程和理念的融入中还需注意提升教育者队伍的爱国思想，丰富教育的手段与形式，避免无趣的说教。可以说，文化是国家的灵魂与血脉，文化认同是国家认同的基础，是国家向心力的动力和源泉，是维系整个民族、国家文化群体的精神支柱。文化兴则国运兴，文化强则民族强。① 因此，学习我国历史文化，可以使我国奥运受众较好地理解我国的奥运历史、历史事件、国家图腾等，还可以理解诸如"桐花万里丹山路，雏凤清于老凤声""宣父犹能畏后生，丈夫未可轻年少"等富含中国古诗词意蕴的解说词。

第三，学校教育场域也要加强对青少年媒介素养的培育。在媒介化社会里，除了对青少年进行媒介使用技巧、道德等方面的教育外，"对信息茧房的破解能力也应成为公民素养的一部分，它不能仅仅以业余教育的方式来完成，而是需要纳入整个教育体系中"②。在学校教育中，一方面，需要对"信息茧房"的生成原理进行普及，另一方面，要使学生明了"信息茧房"带来的危害，指导学生要以积极的态度、崇高的社会主义信仰来破解"信息茧房"，成为奥运信息接收和发布的把关人，营造风清气正的网络环境。

第四，发挥学校体育教育的功能。开展丰富多彩的奥运竞技体育项目，规避不出汗、无对抗的保健式体育，让学生体会到胜利的来之不易以及顽强拼搏、重在参与的奥运精神。另外，可以在校园体育文化宣传中设立奥运英雄展示墙，或以奥运英雄命名班级或运动队等形式，号召青少年学生学习奥运精神、守护奥运英雄。

（三）体育组织：培养奥运优秀运动员，举办高水平比赛，提供符号资源

所谓体育组织是指"通过一定的社会关系结成的有目的、有一定组织形式的、具有结构性特征的体育团体"③，它有三种类型：一是行政管理型的体育组织，例如各级体育局；二是经营管理型的体育组织，例如体育职业俱乐部、体

---

① 孔凡哲，杨胜才. 爱国主义教育文化认同、国家认同是底线［EB/OL］. 人民高考网，2019-11-26.

② 彭兰. 导致信息茧房的多重因素及"破茧"路径［J］. 新闻界，2020（01）：30-38，73.

③ 易建东. 中国体育媒体服务系统的构建［M］. 杭州：浙江大学出版社，2006：7.

育中介、体育商家等；三是公益性的体育组织，包括体育社会组织、体育院校等事业组织。① 不同类型的体育组织有着不同的职责范围，在它们的联合行动下将对我国群众体育的普及、竞技体育以及体育产业的发展起到重要的作用。特别是在体育竞技人才培养方面，我国在跳水、举重、乒乓球、羽毛球等项目上占据世界领先地位，在近年来的奥运会上，我国的游泳、田径、自行车等项目也是人才辈出。今后，体育组织可以利用科学训练等手段，培养更多项目的优秀运动员，这不仅可以吸引大量的受众关注奥运赛场，而且能为奥运比赛提供优质的符号资源，这些国家符号能有效点燃国人的自豪感和爱国热情。另外，通过与体育商家以及媒体的深度合作，举办诸如奥运会等影响广泛的大型体育赛事，借此推进我国体育产业的发展、展现我国"软实力"。制定我国运动员的行为规范，提倡公平竞赛、反对使用兴奋剂，打造值得国人敬仰与学习的奥运英雄符号。

本书以媒介仪式为视角，对奥运传播中引发"我们都是……国人"的元问题进行思考，对"奥运-媒介"仪式建构国家认同的传播实践规律与机理，以及在建构中存在的问题进行分析，进而提出重构"奥运-媒介"仪式建构国家认同的方略。国家认同具有重要的意识形态功能，是国家得以稳定和发展的重要力量，因此，研究奥运会传播对国家认同的建构具有重要的意义，也期待后续进行深入研究。

---

① 张德胜. 媒体体育与体育媒体［M］. 武汉：华中科技大学出版社，2013：88.

结　　语

　　无疑，在全球化的国际大背景下，建构国家认同成为民族国家无法回避的现实问题。从某种程度上讲，国家的主权、暴力和法治只是实现了秩序和边界的强制力量。但是，"民心向背"在国家建设中起到至关重要的作用，可以说，持续和稳定的国家认同既是国民赞许感和归属感的体现，也是国家统一和长治久安的保障。因此，现代国家都在积极寻求常态化、竞争性、仪式性和团体性的活动，来激发、建构和维持国家认同。然而，在民族国家发展历程中时常伴随着国家认同危机，其实质是国家的"去中心化"。要想更好地进行国家认同建构，需要从认识上确立以国家为中心的认同体系，从制度上强化国家治理效力，在实践上，可以利用大型体育赛事建构国家认同。同时，需要国家主流媒体的责任与担当。

　　诚然，随着全球化的不断深入，大型体育赛事日益增多，尤其是奥运会、世界杯等赛事成为全球亿万人关注的体育盛会，具有仪式的特征，而且，成为建构国家认同的重要场域。其实，自古以来，人类就生活在一定的地域和群体之中，需要相互交流与认同。在人类的群居和交流中，仪式活动具有重要的作用，可以"唤醒某些观念和情感，把现在归为过去，把个体归为群体"，并使共同体的文化价值体系得到传承，从而成为现代国家共同体建构身份与巩固认同的重要途径。奥运会就是一场盛况空前的仪式性活动，它有别于人们的日常生活，是在特定时间、地点举行的，每4年重复上演的国家仪式。在这种国家与国家的比赛中，奥运会成为和平年代"战争的想象"，成为区分"他者"，建构"我者"的重要平台。

　　然而，人们所了解的奥运会几乎都是媒介作用的结果。从媒介仪式视域来看，奥运传播是建立在奥运与传媒互利共赢基础上的、超越现场的"奥运-媒介"仪式。其间，媒介利用强大的流播功能，精心组织了一场宏大的、养眼的、刺激的、富有意蕴的媒介仪式，这种媒介仪式是以仪式为内核与表征、以奥运为传播对象和内容的媒介呈现所形成的仪式化活动，它把人们聚拢起来，共享信仰与认同，而且，"奥运-媒介"仪式具有强化情感凝聚、勾勒政治认同、引导文化认同、聚焦社会整合等建构国家认同的功能。在"奥运-媒介"仪式中，媒体通过"奇观化"呈现、宏大叙事的技巧运用、修辞手法的渲染等表达方式，营造出国家在场的庄严氛围，把人们带入国家认同的情景之中。与此同时，"奥运-媒介"仪式把"竞赛""加冕""文化"三类话语呈现在受众面前，其中，国家"竞赛"话语区分了"他者"，强化了"我者"，这确立了认同的边界，强化了国民的身份认同；奥运英雄的"加冕"话语提升了国家形象，触发了国民的政治认同；国家"文化"话语成为提升国民文化认同的重要资源。

而且，随着新媒体时代的来临，"受众本位"的观念迅速崛起，媒介组织利用各项技术增加受众的话语权，以至于受众不再是昔日那种简单"听话"的客体，而变为能动选择媒介和信息，并能随时随地使用网络、发布自己观点的用户。可见，新媒体带来了仪式参与方式的变革，新媒体用户积极投身国家情感能量的生产之中。此时的传播模式也从以媒体为中心的模式转变为"去中心化"后的用户与用户、用户与媒体之间的互动传播模式。"奥运-媒介"仪式的新媒体用户通过微信、微博、短视频等社交平台参与到国家情感能量的集聚之中。他们参与互动的形式主要有三种：一是用户的原创内容生产，譬如，通过在留言区评论、发弹幕、点赞等发表自己的感想与看法，或通过社交媒体进行原创的信息发布；二是用户对网络上具有爱国情愫的内容进行转发；三是通过一定的改编，对能引起国家认同的内容进行二次创编。由此观之，新媒体用户在这种互动式的传播过程中实现了网络社区化、集群化，他们为本国运动员骄傲，为祖国的强大而无比自豪，进而增强了对民族、国家的情感能量，同时，也影响着自己圈层人们对国家的情感。

当然，"奥运-媒介"仪式建构国家认同有其独特的文化机理。首先，仪式的时空结构形成了建构认同的生态环境。无论如何，每种仪式都在特定的时间与地点上演，而这些时空都代表着一定意义。"奥运-媒介"仪式时间把受众召唤到仪式中来，而拟态的仪式空间使更多的仪式膜拜者参与其中。在媒体组织的观看仪式中，特别是在有本国运动员比赛时，仪式膜拜者准时前来，他们在同一时间、不同地点，共享同一声音、同一画面，为国家队呐喊助威。其次，无论我们看到的、听到的奥运信息都是以符号的形式呈现的。在"奥运-媒介"仪式中，国家符号是媒介重点表达的内容，媒介组织通过对奥运现场的复现和编码，把国家符号展现在受众面前。这些符号包括国旗图腾、体现国家象征的器物、国家领导人、国家传统服装和传统文化等物质符号，包括仪式中人的行为和事件行为等行为符号，还包括仪式中通过口头表达、文本和字幕等语言符号，还有国家特色的音乐、国家语言等声音符号。这些国家符号的社会文化意义和国家象征意义通过符号神话传递给受众，等待他们的进一步解码。

可以说，受众的解码和国家认同的形成经历了"过渡仪式"的过程。我们借用"过渡仪式"理论，把"奥运-媒介"仪式的过程划分为：分离、阈限、聚合三个阶段。在"奥运-媒介"仪式分离阶段，由于仪式时空的召唤，受众脱离了世俗的日常生活，进入仪式之中。此时，人们的身份差异被隐匿，获得了平等而统一的"仪式人"的身份。在仪式的"阈限"阶段，仪式参与者接收和创作了大量的国家符号，在解码这些符号的过程中，唤起和建构了对国家的集体记忆，触发了人们对国家的情感能量聚集。在仪式"聚合"阶段，"仪式人"完成了对"国家共同体的想象"，这种想象蕴含着对国家的赞许、认可与深厚的情感。同时，在对共同的想象中也生发出了对国家的认同。

不过，无论是传统媒体，还是新媒体，抑或是媒介融合系统，它们所组织的仪式在建构国家认同过程中也会存在一些问题：其一，从媒介层面来看，黑箱与信息茧房的叠加挑战着国家认同建构；媒体的过度商业化弱化了国家认同。其二，在媒介内容层面，碎片化内容削弱了"奥运-媒介"仪式中的国家认同建构；内容的泛娱乐化减弱了国家认同的情感能量聚集。其三，从受众层面来看，受众的解码立场和综合素养影响国家认同建构。

所以，在全球化背景下，中国利用"奥运-媒介"仪式建构国家认同的进路为：一方面，实现"奥运-媒介"仪式的内在超越，具体方案为，加快媒体改革，精心打造仪式，营造中国健康认同空间；优化中国建构国家认同的仪式内容和符号框架；提高中国受众的综合素养，让其掌握信息把关主动权。另一方面，要有超越媒介仪式的思维，形成建构国家认同的长尾效应，并将其反哺于"奥运-媒介"仪式中。其一，结合中国国情，加强理论研究，架起指引国家认同建构的灯塔；其二，挖掘中国双奥遗产，传承与开发奥运精神，促进国家记忆和情感能量生成；其三，国家引领，国家、学校、体育组织等多方携手，建立具有中国特色的国家认同建构模式。

最后，在以后的研究中，我们可以对西方社会在奥运会报道时对我国的议程设置和话语体系等进行研究，比如奥运会期间西方报道中呈现的"中国威胁论"、人权问题、西藏问题等，这些问题可以在后续研究中进行专门探讨。至于我国台湾、香港等地在体育赛事中如何建构国家认同也需要在后续专门探讨专项研究时加以思考与解决。

参考文献

一、中文论著

[1] 高小康. 狂欢世纪：乐文化与现代生活方式 [M]. 郑州：河南人民出版社，1998.

[2] 张兵娟. 电视媒介仪式与文化传播 [M]. 北京：中国社会科学出版社，2016.

[3] 董青，洪艳. 体育符号：体育传播与国家形象建构 [M]. 北京：中国原子能出版社，2017.

[4] 贺幸辉. 视觉媒介、奥运仪式与文化认同 [M]. 北京：北京体育大学出版社，2018.

[5] 张国良. 现代大众传播学 [M]. 成都：四川人民出版社，2008.

[6] 郭庆光. 传播学教程 [M]. 北京：中国人民大学出版社，2011.

[7] 陈文敏. 复现中的迷思：电视节庆仪式化传播及其认同研究 [M]. 北京：中国社会科学出版社，2018.

[8] 刘燕. 媒介认同论：传播科技与社会影响互动研究 [M]. 北京：中国传媒大学出版社，2010.

[9] 薛艺兵. 神圣的娱乐：中国民间祭祀仪式及其音乐的人类学研究 [M]. 北京：宗教文化出版社，2003.

[10] 孙杰远. 个体、文化、教育与国家认同：少数民族国家认同和文化融合研究 [M]. 北京：商务印书馆，2019.

[11] 江宜桦. 自由主义、民族主义与国家认同 [M]. 台北：扬智文化事业股份有限公司，1998.

[12] 王庆军. 消费时代的电视体育批判与重构 [M]. 北京：光明日报出版社，2020.

[13] 宁骚. 国家与民族：民族关系与民族政策的国际比较 [M]. 北京：北京大学出版社，1995.

［14］刘德斌.国际关系史［M］.北京：高等教育出版社，2003.

［15］洪霞.欧洲的灵魂：欧洲认同与民族国家的重新整合［M］.北京：中国大百科全书出版社，2010.

［16］周平.中国边疆政治学［M］.北京：中央编译出版社，2015.

［17］杨雪冬.全球化：西方理论前沿［M］.北京：社会科学文献出版社，2002.

［18］李捷.国家同一中的认同建设［M］.北京：时事出版社，2019.

［19］俞可平.全球化与国家主权［M］.北京：社会科学文献出版社，2004.

［20］费孝通.中华民族多元一体格局［M］.北京：中央民族学院出版社，1989.

［21］习近平.习近平谈治国理政［M］.北京：外文出版社，2014.

［22］罗时铭，曹守和.奥林匹克学：第三版［M］.北京：高等教育出版社，2016.

［23］郝勤.体育新闻学［M］.北京：高等教育出版社，2004.

［24］王霄冰.仪式与信仰［M］.北京：民族出版社，2008.

［25］刘燕.媒介认同论［M］.北京：中国传媒大学出版社，2010.

［26］赵汀阳.认同与文化自身认同［M］.北京：中国人民大学出版社，2005.

［27］王以欣.神话与历史：古希腊英雄故事的历史和文化内涵［M］.北京：商务印书馆，2006.

［28］沈贻炜.影视剧创作［M］.杭州：浙江大学出版社，2012.

［29］周宪.视觉文化的转向［M］.北京：北京大学出版社，2008.

［30］李显杰.电影修辞：镜像与话语［M］.北京：文化艺术出版社，2005.

［31］彭刚.叙事的转向［M］.北京：北京大学出版社，2009.

［32］申丹.叙述学与小说文体学研究：第二版［M］.北京：北京大学出版社，1998.

［33］韩玉忠.赢在未来：互联网的颠覆与机遇［M］.北京：北京工业大学出版社，2016.

［34］汪天文.社会时间研究［M］.北京：中国社会科学出版社，2004.

［35］齐琨.仪式空间中的音声表述：对两个丧礼与一场童关醮仪式音声的描述与分析［M］.北京：文化艺术出版社，2011.

［36］邓菡彬.现代戏剧交流语境的危机及应对［M］.北京：社会科学文

献出版社，2014.

[37] 赵毅衡 . 符号学：原理与推演 ［M］. 南京：南京大学，2016.

[38] 翟杉 . 仪式的传播力：电视媒介仪式研究 ［M］. 北京：中国传媒大学出版社，2014.

[39] 蒋晓丽，石磊 . 传媒与文化：文化视角下的传媒研究 ［M］. 北京：华夏出版社，2008.

[40] 王明珂 . 华夏边缘：历史记忆与族群认同 ［M］. 北京：社会科学文献出版社，2006.

[41] 马敏 . 政治象征 ［M］. 北京：中央编译出版社，2012.

[42] 高丙中 . 民间的仪式与国家的在场 ［A］. 郭于华 . 仪式与社会变迁 . 北京：社会科学文献出版社，2000.

[43] 彭兰 . 新媒体用户研究：节点化、媒介化、赛博格化的人 ［M］. 北京：中国人民大学出版社，2020.

[44] 陈刚 . 大众文化与当代乌托邦 ［M］. 北京：作家出版社，1996.

[45] 罗钢，刘象愚 . 文化研究读本 ［M］. 北京：中国社会科学出版社，2000.

[46] 张国良 . 20 世纪传播学经典文本 ［M］. 上海：复旦大学出版社，2003.

[47] 张德胜 . 媒体体育与体育媒体 ［M］. 武汉：华中科技大学出版社，2013.

[48] 易建东 . 中国体育媒体服务系统的构建 ［M］. 杭州：浙江大学出版社，2006.

[49] 万晓红 . 奥运传播与国家形象建构：以柏林奥运会、东京奥运会和北京奥运会为样本 ［M］. 武汉：华中科技大学出版社，2014.

[50] 冯天瑜 . 中华文化辞典：第二版 ［M］. 武汉：武汉大学出版社，2010.

[51] 袁行霈，严文明，张传玺，等 . 中华文明史：第一卷 ［M］. 北京：北京大学出版社，2006.

[52] 蒋原伦，张柠 . 媒介批评第一辑 ［M］. 桂林：广西师范大学出版社，2005.

二、中文译著

[1] 库尔德里 . 媒介仪式：一种批判的视角 ［M］. 崔玺，译 . 北京：中国人民大学出版社，2016.

［2］凯瑞.作为文化的传播［M］.丁未,译.北京:华夏出版社,2019.

［3］涂尔干.宗教生活的基本形式［M］.渠东,汲喆,译.北京:商务印书馆,2011.

［4］柯林斯.互动仪式链［M］.林聚任,王鹏,宋丽君,译.北京:商务印书馆,2012.

［5］戴扬,卡茨.媒介事件:历史的现场直播［M］.麻争旗,译.北京:北京广播学院出版社,2000.

［6］科克利.体育社会学:议题与争议［M］.官兵,刘穗琴,刘仲翔,等译.北京:清华大学出版社,2003.

［7］库兰.大众媒介与社会［M］.杨击,译.北京:华夏出版社,2006.

［8］霍布斯鲍姆.民族与民族主义［M］.李金梅,译.上海:上海人民出版社,2018.

［9］叔本华.作为意志和表象的世界［M］.石冲白,译.北京:商务印书馆,2018.

［10］麦克卢汉.理解媒介——论人的延伸［M］.何道宽,译.南京:译林出版社,2011.

［11］德布雷.普通媒介学教程［M］.陈卫星,王杨,译.北京:清华大学出版社,2014.

［12］库尔德利.媒介、社会与世界:社会理论与数字媒介实践［M］.何道宽,译.上海:复旦大学出版社,2014.

［13］埃里克森.同一性:青少年与危机［M］.孙名之,译.杭州:浙江教育出版社,1998.

［14］吉登斯.现代性与自我认同:现代晚期的自我与社会［M］.赵旭东,方文,译.上海:生活·读书·新知三联书店,1998.

［15］吉登斯.现代性的后果［M］.田禾,译.南京:译林出版社,2014.

［16］史密斯.全球化时代的民族与民族主义［M］.龚维斌,良警宇,译.北京:中央编译出版社,2002.

［17］阿尔蒙德,等.比较政治学:体系、过程和政策［M］.曹沛霖,等译.上海:上海译文出版社,1987.

［18］雅诺斯基.公民与文明社会［M］.柯雄,译.沈阳:辽宁教育出版社,2000.

［19］亨廷顿.我们是谁?美国国家特性面临的挑战［M］.程克雄,译.北京:新华出版社,2005.

［20］奈.硬权力与软权力［M］.门洪华,译.北京:北京大学出版

社，2005.

[21] 亨廷顿．文明的冲突与世界秩序的重建 [M]．周琪，等译．北京：新华出版社，2010.

[22] 海敦．怎样当好新闻记者 [M]．伍任，译．北京：新华出版社，1980.

[23] 伯顿．媒体与社会：批判的视角 [M]．史安斌，译．北京：清华大学出版社，2020.

[24] 布鲁纳．记忆的战略：国家认同建构中的修辞维度 [M]．蓝胤淇，译．北京：商务印书馆，2016.

[25] 福柯．知识考古学 [M]．谢强，马月，译．上海：三联书店出版，2003.

[26] 斯道雷．文化理论与通俗文化导论 [M]．杨竹山，等译．南京：南京大学出版社，2001.

[27] 顾拜旦．奥林匹克理想：顾拜旦文选 [M]．詹汝琮，邢奇志，译．北京：奥林匹克出版社，1993.

[28] 哈乌雷吉．游戏规则：部落 [M]．安大力，译．北京：新华出版社，2004.

[29] 小野寺史郎．国旗、国歌、国庆：近代中国的国族主义与国家象征 [M]．周俊宇，译．北京：社会科学文献出版社，2014.

[30] 哈贝马斯．包容他者 [M]．曹卫东，译．上海：上海人民出版社，2002.

[31] 拉彼德，等．文化和认同：国际关系回归理论 [M]．金烨，译．杭州：浙江人民出版社，2003.

[32] 费斯克．传播符号学理论 [M]．张锦华，译．台北：远流出版公司，1995.

[33] 黑格尔．美学 [M]．朱光潜，译．北京：商务印书馆，1979.

[34] 泰勒．原始文化 [M]．连树声，译．上海：上海文艺出版社，1992.

[35] 特纳．象征之林 [M]．赵玉燕，欧阳敏，等译．北京：商务印书馆，2006.

[36] 凯尔纳．媒体奇观：当代美国社会文化透视 [M]．史安斌，译．北京：清华大学出版社，2003.

[37] 德波．景观社会 [M]．张新木，译．南京：南京大学出版社，2017.

[38] 霍尔．表征：文化表象与意指实践 [M]．徐亮，陆兴华，译．北京：商务印书馆，2003.

[39] 弗卢塞尔. 摄影的哲学思考 [M]. 毛卫东, 丁君君, 译. 北京: 中国民族摄影艺术出版社, 2017.

[40] 波斯特. 第二媒介时代 [M]. 范静哗, 译. 南京: 南京大学出版社, 2005.

[41] 戴维. 后现代的状况 [M]. 阎嘉, 译. 北京: 商务印书馆, 2003.

[42] 李普曼. 公众舆论 [M]. 阎克文, 江红, 译. 上海: 上海人民出版社, 2002.

[43] 莱文森. 数字麦克卢汉: 信息化新千纪指南: 第二版 [M]. 何道宽, 译. 北京: 北京师范大学出版社, 2014.

[44] 维加雷洛. 体育神话是如何炼成的 [M]. 乔咪加, 译. 北京: 中国人民大学出版社, 2015.

[45] 格尔兹. 文化的解释 [M]. 纳日碧为戈, 译. 上海: 上海人民出版社, 1999.

[46] 哈布瓦赫. 论集体记忆 [M]. 毕然, 郭金华, 译. 上海: 上海人民出版社 2002.

[47] 特纳. 仪式过程: 结构与反结构 [M]. 黄剑波, 柳博赟, 译. 北京: 中国人民大学出版社, 2006.

[48] 赛佛林, 小詹姆斯. 传播理论: 起源、方法与应用 [M]. 郭镇之, 等译. 北京: 华夏出版社, 2000.

[49] 巴尔特. 神话: 大众文化诠释 [M]. 许蔷蔷, 许绮玲, 译. 上海: 上海人民出版社, 1999.

[50] 韦尔策. 社会记忆: 历史、回忆、传承 [M]. 季斌, 王立君, 白锡堃, 译. 北京: 北京大学出版社, 2007.

[51] 怀特海. 宗教的形成 [M]. 周邦宪, 译. 贵阳: 贵州人民出版社, 2007.

[52] 安德森. 想象的共同体: 民族主义的起源与散步 [M]. 吴叡人, 译. 上海: 上海世纪出版集团, 2005.

[53] 李普塞特. 政治人: 政治的社会基础 [M]. 张绍宗, 等译. 上海: 上海人民出版社, 1997.

[54] 施拉姆, 波特. 传播学概论 [M]. 何道宽, 译. 北京: 中国人民大学出版社, 2010.

[55] 罗素. 快乐哲学 [M]. 王正平, 杨承滨, 译. 北京: 中国工人出版社, 1993.

[56] 波兹曼. 娱乐至死 [M]. 章艳, 译. 北京: 中信出版社, 2015.

[57] 中共中央马克思恩格斯列宁斯大林著作编译局．马克思恩格斯全集：第一卷 ［M］．北京：人民出版社，1956.

[58] 朗文出版公司．朗文当代英语辞典（英语版）［M］．北京：外语教学与研究出版社，1997.

[59] 国际奥林匹克委员会．奥林匹克宪章 ［M］．詹雷，译．北京：奥林匹克出版社，1993.

[60] 布鲁斯，马克．体育新闻报道 ［M］．郝勤，译．北京：华夏出版社，2002.

三、学位论文

[1] 周鸿雁．仪式华盖下的传播：詹姆斯·W. 凯瑞传播思想研究 ［D］．上海：上海大学，2011.

[2] 薛中国．当代中国政治认同心理机制研究 ［D］．长春：吉林大学，2007.

[3] 米莉．詹姆斯·W. 凯瑞传播仪式思想探析 ［D］．兰州：兰州大学，2007.

[4] 李健龙．民国时期回族的国家认同建构研究 ［D］．南京：南京大学，2021.

[5] 陈立勇．仪式观视阈下的世界杯传播 ［D］．沈阳：辽宁大学，2011.

[6] 付程龙．世界杯足球赛的媒介仪式研究 ［D］．西安：西北大学，2015.

[7] 丁杰群．《新闻联播》冬奥会报道中的国家认同建构 ［D］．北京：北京体育大学，2019.

[8] 赵颖．基于公民身份的国家认同与民族认同研究 ［D］．郑州：郑州大学，2011.

[9] 高子桓．媒介事件的仪式传播研究 ［D］．郑州：郑州大学，2020.

[10] 郑婉姗．文学在异质媒介间的转向与承续：以电影为例 ［D］．广州：暨南大学，2004.

[11] 宣慧敏．传媒叙事与民族认同建构 ［D］．上海：上海外国语大学，2009.

[12] 刘畅．《人民画报》（1978—2012）封面图片对国家形象的建构与传播 ［D］．昆明：云南大学，2015.

[13] 邢彦辉．电视仪式传播与国家认同研究 ［D］．武汉：武汉大学，2013.

[14] 欧阳静美．传播仪式观下的国家认同建构：胜利日大阅兵 ［D］．重

庆：西南大学，2018.

四、中文期刊

［1］马立明，万婧.从"战争想象"到全球景观：足球世界杯的隐喻与嬗变［J］.当代传播，2018，201（04）.

［2］孙佳，费郁红.从平昌冬奥会闭幕式"北京八分钟"看体育赛事的政治传播［J］.南京体育学院学报，2019，2（02）.

［3］李春华，刘红霞.媒介体育与国家认同：国外相关研究综述［J］.北京体育大学学报，2007（04）.

［4］潘忠党.传播媒介与文化：社会科学与人文学研究的三个模式（上）［J］.现代传播（中国传媒大学学报），1996（04）.

［5］石义彬，单波.20世纪西方新闻与大众传播理论概观［J］.国外社会科学，2000（04）.

［6］张建中.詹姆斯·凯瑞与美国传播学研究［J］.国际新闻界，2007（04）.

［7］陈力丹.传播是信息的传递，还是一种仪式？：关于传播"传递观"与"仪式观"的讨论［J］.国际新闻界，2008（08）.

［8］闫伊默，刘玉.仪式传播：传播研究的文化视角［J］.湖北经济学院学报，2009，7（02）.

［9］王晶.传播仪式观研究的支点与路径：基于我国传播仪式观研究现状的探讨［J］.当代传播，2010，152（03）.

［10］樊水科.从"传播的仪式观"到"仪式传播"：詹姆斯·凯瑞如何被误读［J］.国际新闻界，2011，33（11）.

［11］刘建明."传播的仪式观"与"仪式传播"概念再辨析：与樊水科商榷［J］.国际新闻界，2013，35（04）.

［12］刘建明.西方学术语境中"媒介仪式"与"媒介事件"的异同：兼与郭毅商榷［J］.新闻界，2019（11）.

［13］刘建明，班志斌."破坏性"与"仪式性"共存：媒介事件理论如何被超越：兼与曹培鑫教授等商榷［J］.新闻界，2022，348（03）.

［14］张兵娟.仪式 传播 文化［J］.中国广播电视学刊，2007，192（03）.

［15］张兵娟.电视媒介事件与仪式传播［J］.当代传播，2010，154（05）.

［16］佐斌，秦向荣.中华民族认同的心理成分和形成机制［J］.上海师范大学学报（哲学社会科学版），2011，40（04）.

［17］佐斌，温芳芳.当代中国人的文化认同［J］.中国科学院院刊，

2017, 32 (02).

[18] 何明智. 族群记忆与族群国家认同：壮族布傣族群国家认同与民族团结问题考察 [J]. 前沿, 2011, 296 (18).

[19] 李智环. 边疆贫困山地民族的民族认同与国家认同实证研究：以傈僳族为例 [J]. 云南民族大学学报（哲学社会科学版）, 2012, 29 (05).

[20] 李春华. 体育在国家认同形成与强化中的功能 [J]. 武汉体育学院报, 2007, 200 (07).

[21] 吴小坤. 体育传播与社会价值重构 [J]. 体育科研, 2007 (06).

[22] 朱超巍. 近五年我国体育传播研究现状 [J]. 体育成人教育学刊, 2008, 106 (06).

[23] 陶倩, 梁海飞. 体育对民族精神的塑造作用 [J]. 体育科研, 2008 (01).

[24] 刘红霞. 媒介体育中国家认同的再现与建构 [J]. 体育科学, 2006 (10).

[25] 薛文婷. 认同建构视野下的《人民日报》女排"五连冠"报道分析 [J]. 北京体育大学学报, 2012, 35 (09).

[26] 肖鸿波, 马筱艺. 仪式传播视域下的 NBA 赛事电视传播 [J]. 新闻大学, 2015, 130 (02).

[27] 陈卫星. 媒介域的方法论意义 [J]. 国际新闻界, 2018, 40 (02).

[28] 唐海江, 曾君洁. 作为方法论的"媒介"：比较视野中麦克卢汉和德布雷的媒介研究 [J]. 现代传播（中国传媒大学学报）, 2019, 41 (01).

[29] 彭兆荣. 人类学仪式研究评述 [J]. 民族研究, 2002 (02).

[30] 王兰柱. 跨媒体传播中的受众选择：以奥运跨媒体传播为例 [J]. 现代传播（中国传媒大学学报）, 2009 (05).

[31] 刘建明. 传播的仪式观：仪式是传播的本体而非类比 [J]. 湖北大学学报（哲学社会科学版）, 2018, 45 (02).

[32] 邵静. 媒介仪式：媒介事件的界定与仪式化表述：以我国的春节联欢晚会为范本 [J]. 浙江传媒学院学报, 2009, 16 (04).

[33] 张兵娟. 全球化时代的仪式传播与国家认同建构：论国庆阅兵仪式的传播意义及价值 [J]. 郑州大学学报（哲学社会科学版）, 2010, 43 (5).

[34] 王沛, 胡发稳. 民族文化认同：内涵与结构 [J]. 上海师范大学学报（哲学社会科学版）, 2011, 40 (01).

[35] 贾英健. 认同的哲学意蕴与价值认同的本质 [J]. 山东师范大学学报（人文社会科学版）, 2006 (01).

［36］王歆.认同理论的起源、发展与评述［J］.新疆社科论坛，2009（02）.

［37］钱雪梅.从认同的基本特性看族群认同与国家认同的关系［J］.民族研究，2006（06）.

［38］李艳平，亢升.印度国家认同教育的经验及对中国的启示［J］.印度洋经济体研究，2016（04）.

［39］余潇枫."认同危机"与国家安全：评亨廷顿《我们是谁?》［J］.毛泽东邓小平理论研究，2006（01）.

［40］苏晓龙.浅论中文语境中的国家认同［J］.科学社会主义，2008（06）.

［41］徐则平.试论民族文化认同的"软实力"［J］.思想战线，2008（03）.

［42］贺金瑞，燕继荣.论从民族认同到国家认同［J］.中央民族大学学报（哲学社会科学版），2008（03）.

［43］沈桂萍.民族问题的核心是国家认同问题［J］.中央社会主义学院学报，2010（02）.

［44］吴玉军.论国家认同的基本内涵［J］.中国特色社会主义研究，2015（01）.

［45］曾楠，闫晓倩.国家认同建构的象征性资源探究：以政治仪式为视角［J］.青海民族研究，2020，31（4）.

［46］蔡文成.多民族国家的国家认同：危机与重构：以国家治理为视角［J］.理论探索，2015，215（05）.

［47］徐黎丽.论多民族国家中民族认同与国家认同的冲突：以中国为例［J］.西北师大学报（社会科学版），2011，48（01）.

［48］夏引业."国族"概念辨析［J］.中央民族大学学报（哲学社会科学版），2018，45（01）.

［49］许纪霖.国族、民族与族群：作为国族的中华民族如何可能［J］.西北民族研究，2017（04）.

［50］任剑涛.催熟民族国家：两次世界大战与中国的国家建构［J］.四川大学学报（哲学社会科学版），2020（06）.

［51］杨明洪.论"民族国家"概念及其在"中国边疆学"构建中的重要意义［J］.四川师范大学学报（社会科学版），2019，46（02）.

［52］周平.多民族国家的国家认同问题分析［J］.政治学研究，2013，108（01）.

[53] 於天禄.多民族国家的国家认同建设:价值、困境与出路 [J].西北民族大学学报(哲学社会科学版),2021,243(03).

[54] 常士圚.族际政治整合的多维构成分析 [J].马克思主义与现实,2010,105(02).

[55] 金志远.论国家认同与民族(族群)认同的共生性 [J].前沿,2010(19).

[56] 陈泽环.中华文明、大文化观与公民道德:基于当代"中华文明"研究成果的阐发 [J].道德与文明,2020,226(03).

[57] 赵义良,金蓉.公民教育与思想政治教育的内涵界定与辨析 [J].思想教育研究,2017,280(11).

[58] 曾水兵,檀传宝.国家认同教育的若干问题反思 [J].中国教育学刊,2013,246(10).

[59] 王宗礼,苏丽蓉.多民族国家的国家认同与公民教育 [J].甘肃社会科学,2013,207(06).

[60] 王卓君,何华玲.全球化时代的国家认同:危机与重构 [J].中国社会科学,2013(09).

[61] 陈茂荣.全球化背景下多民族国家的国家认同危机 [J].中南民族大学学报(人文社会科学版),2012,32(05).

[62] 张学昆.土耳其的欧洲身份认同与入盟问题 [J].欧洲研究,2006(04).

[63] 樊娟.新生代大学生文化认同危机调查研究 [J].中国青年政治学院学报,2009,28(06).

[64] 张友国.亚文化、民族认同与民族分离主义 [J].西南大学学报(社会科学版),2007(04).

[65] 李捷,杨恕.国家认同危机与认同政治:国家统一的视角 [J].兰州大学学报(社会科学版),2017,45(02).

[66] 周平.民族国家认同构建的逻辑 [J].政治学研究,2017(02).

[67] 王浦劬.论中国社会公共政治的形成与实现 [J].国家行政学院学报,2010,67(04).

[68] 涂可国.试论人类中心主义视阈中的自我问题 [J].华东师范大学学报(哲学社会科学版),2014,46(04).

[69] 王海燕,斯巴克斯,黄煜,等.中国传统媒体新闻报道模式分析 [J].国际新闻界,2017,39(06).

[70] 胡瑞挺.从中国青年就业创业网看媒体的责任与担当 [J].新闻战

线，2017（24）.

[71] 卜宇. 时代潮流下的媒体角色与责任 [J]. 中国广播电视学刊，2017 （01）.

[72] 许敏球.“国之大者”与媒体责任 [J]. 视听界，2021，219（01）.

[73] 王晓晖. 软实力时代的媒体责任 [J]. 中国记者，2008，410（01）.

[74] 李春霞，彭兆荣. 奥运会与大众传媒关系的仪式性分析 [J]. 体育学刊，2006（06）.

[75] 熊斗寅. 一定要把奥林匹克教育坚持下去 [J]. 体育学刊，2008，15 （07）.

[76] 任海. 顾拜旦与奥林匹克仪式 [J]. 中国体育科技，2001（03）.

[77] 姚远. 现代奥运会火炬传递活动渊源考 [J]. 武汉体育学院学报，2004，38（4）.

[78] 曹展，孙春艳. 奥运会圣火传递仪式的价值理论与实践探析 [J]. 武汉体育学院学报，2009，43（05）.

[79] 王成，田雨普. 奥林匹克仪式变迁及其当代价值 [J]. 体育文化导刊，2008（12）.

[80] 魏伟.《字林西报》奥运会报道始端及内容变化特征研究 [J]. 北京体育大学学报，2020，43（06）.

[81] 郝勤. 奥林匹克传播：历程、要素、特征：兼论奥林匹克传播对北京奥运会的启迪 [J]. 体育科学，2007（12）.

[82] 孙楠. 中央广播电视总台圆满完成东京奥运会转播报道 [J]. 电视研究，2021，381（08）.

[83] 莫湘文. 从4G到5G：新媒体广告信息传播路径的变革与重构 [J]. 出版广角，2020，371（17）.

[84] 张德胜，王德辉. 数字时代奥林匹克运动传播模式的迭代与创新 [J]. 北京体育大学学报，2021，44（08）.

[85] 陈国强. 奥运与媒介的双生共荣 [J]. 环球体育市场，2008（01）.

[86] 黄志平. 奥林匹克运动会市场开发模式研究：第三方付费营销战略视角 [J]. 生产力研究，2011（01）.

[87] 李光斗. 媒体奥运传播的制胜之道 [J]. 传媒，2007（09）.

[88] 陈国强. 奥运与媒介的双生共荣 [J]. 环球体育市场，2008（01）.

[89] 李春阳. 体育仪式：国家认同建构的象征维度：以北京冬奥会为考察对象 [J]. 体育视野，2022（15）.

[90] 胡全柱. 奥运仪式的结构及其象征 [J]. 山东体育学院学报，2008

(11).

[91] 李春阳，王庆军，俞鹏飞．足球世预赛仪式传播与国家认同建构研究[J]．成都体育学院学报，2022，48（04）.

[92] 米莉．传播仪式观：一种独特的传播研究方法[J]．湖北广播电视大学学报，2011，31（03）.

[93] 黄敏．"新闻作为话语"：新闻报道话语分析的一个实例[J]．新闻大学，2004（01）.

[94] 姜飞．从媒体（media）转向媒介（medium）：建构传播研究内生话语系统[J]．新闻与传播研究，2011，18（04）.

[95] 杨慧，王向峰．中华民族共有的最高诗情："祖国母亲"考辨[J]．社会科学辑刊，2007（01）.

[96] 钟智锦，王友．"王者"的意义：奥运冠军报道的特征与话语中的国家意识（1984—2016）[J]．新闻记者，2018（07）.

[97] 赵琼，吴玉军．历史记忆与国家认同：基于美国国家认同教育中历史英雄人物符号的塑造问题分析[J]．思想教育研究，2017（07）.

[98] 黄莉，万晓红，陈蔚，等．北京冬奥会期间中国国家形象的塑造研究[J]．武汉体育学院学报，2021，55（05）.

[99] 曾楠，张云皓．政治仪式：国家认同建构的象征维度：以庆祝中华人民共和国成立70周年大会为考察对象[J]．云南民族大学学报（哲学社会科学版），2020，37（06）.

[100] 胡全柱，乔超．青少年体育明星崇拜的社会学分析：基于"国家−市场−社会"理论视角[J]．体育与科学，2014，35（04）.

[101] 邵培仁，金苗．美、日、澳北京奥运会开幕式文艺演出电视解说框架分析[J]．浙江大学学报（人文社会科学版），2009，39（05）.

[102] 肖红，肖光来．现代奥运会开幕式表演的历史变迁、机制和启示[J]．北京体育大学学报，2015，38（03）.

[103] 孙睿诒，陶双宾．身体的征用：一项关于体育与现代性的研究[J]．社会学研究，2012，27（06）.

[104] 汤筠冰．视觉在场：伦敦与北京奥运会开幕式视觉传播比较研究[J]．现代传播（中国传媒大学学报），2012，34（10）.

[105] 李铁．世界杯报道的媒体奇观与反思[J]．体育文化导刊，2015，160（10）.

[106] 董青，洪艳．"体育媒体奇观"研究：以世界杯足球赛为例[J]．北京体育大学学报，2010，33（12）.

[107] 李蓉. 现当代文学史的大叙事与小叙事 [J]. 江汉论坛, 2008, 355 (05).

[108] 邵燕君."宏大叙事"解体后如何进行"宏大的叙事"?: 近年长篇创作的"史诗化"追求及其困境 [J]. 南方文坛, 2006 (06).

[109] 张华. 作为电视仪式的春节联欢晚会 [J]. 宁波广播电视大学学报, 2008, 21 (03).

[110] 肖丽斌, 王润斌. 2022 年北京冬奥会与我国国际传播能力建设 [J]. 体育研究与教育, 2020, 35 (01).

[111] 钟新, 金圣钧, 林芊语."一起向未来": 人类命运共同体视域下冬奥口号倡议的意义嬗变、价值追溯与国际诠释 [J]. 武汉体育学院学报, 2022, 56 (02).

[112] 胡建秋. 2022 年北京冬奥会筹办与国家形象建构 [J]. 体育文化导刊, 2020, 221 (11).

[113] 隋岩. 受众观的历史演变与跨学科研究 [J]. 新闻与传播研究, 2015, 22 (08).

[114] 彭兰. 新媒体传播: 新图景与新机理 [J]. 新闻与写作, 2018, 409 (07).

[115] 林宏牛, 肖焕禹, 钟飞. 奥运会互联网信息传播模式: 演进脉络、传播特征与发展趋势 [J]. 成都体育学院学报, 2018, 44 (05).

[116] 喻国明, 马慧. 互联网时代的新权力范式: "关系赋权": "连接一切"场景下的社会关系的重组与权力格局的变迁. [J] 国际新闻界, 2016, 38 (10).

[117] 邵培仁, 黄庆. 媒介时间论: 针对媒介时间观念的研究 [J]. 当代传播, 2009 (03).

[118] 卞冬磊, 张稀颖. 媒介时间的来临: 对传播媒介塑造的时间观念之起源、形成与特征的研究 [J]. 新闻与传播研究, 2006 (01).

[119] 闫志成. 技术·奇观·权力: 智媒时代体育赛事转播的再审视 [J]. 传媒观察, 2021, 450 (06).

[120] 李根, 高嵘. 国家认同与集体记忆: "国球" 乒乓的塑造过程及象征意义 [J]. 沈阳体育学院学报, 2019, 38 (04).

[121] 葛兆光. 历史记忆、思想资源与重新诠释—关于思想史写法的思考之一 [J]. 中国哲史, 2001 (01).

[122] 李凯瑞, 王海蛟. 媒介权力的扩张与个人隐私的保护 [J]. 传媒, 2016 (15).

［123］李春阳，王庆军．拟态神话：消费社会语境下体育明星制造的范式［J］．山东体育学院学报，2018，34（02）.

［124］路云亭．国家记忆：民族志意义上的北京奥运会［J］．河北体育学院学报，2018，32（03）.

［125］赵晶，闫育东，张亚楠．冰雪情，申奥梦：中国北京申办2022年冬奥会前瞻［J］．北京体育大学学报，2014，37（07）.

［126］钱力成，张翮翾．社会记忆研究：西方脉络、中国图景与方法实践［J］．社会学研究，2015，30（06）.

［127］刘燕．国族认同的力量：论大众传媒对集体记忆的重构［J］．华东师范大学学报（哲学社会科学版），2009，41（06）.

［128］佐斌．论儿童国家认同感的形成［J］．教育研究与实验，2000（02）.

［129］德利奇，陈源．记忆与遗忘的社会建构［J］．国外社会科学，2007（04）.

［130］邢彦辉，林如鹏．电视仪式传播建构国家认同的符号机制［J］．当代传播，2019（01）.

［131］胡全柱．现代奥运会的人类学解读：维克多·特纳仪式理论的应用［J］．前沿，2009（01）.

［132］高进．国家仪式与共同体认同［J］．浙江学刊，2021（01）.

［133］李进书．现代性之批判：极权技术带来全面控制：马尔库塞的审美现代性思想［J］．理论与现代化，2009，199（06）.

［134］喻国明．人工智能与算法推荐下的网络治理之道［J］．新闻与写作，2019，415（01）.

［135］喻国明，韩婷．算法型信息分发：技术原理、机制创新与未来发展［J］．新闻与传播研究，2018，484（04）.

［136］陈建华，史强．奥运营销与"非"奥运营销的理念及策略研究［J］．南京体育学院学报（社会科学版），2008，90（01）.

［137］郭晴．贝克汉姆现象：消费社会背景下的偶像崇拜与媒介制造［J］．成都体育学院学报，2009，35（03）.

［138］彭兰．今传媒·立新论·聚经典（两篇）：碎片化社会背景下的碎片化传播及其价值实现［J］．今传媒，2011，19（10）.

［139］贺来．超越理想主义与犬儒主义的"辩证法"：对当代中国人精神生活的分析［J］．学术月刊，2014，46（01）.

［140］程群．宏大叙事的缺失与复归：当代美国史学的曲折反映［J］．史

学理论研究，2005（01）.

[141] 杨伯溆．宏大叙事与碎片化：全球化进程中互联网传播及其意义[J]．现代传播（中国传媒大学报），2019，41（11）.

[142] 王娟，刘文雅．泛娱乐主义的审视与超越[J]．思想教育研究，2020，317（11）.

[143] 孙卫华，王艳玲．网络炒作文化现象批判[J]．天津师范大学学报（社会科学版），2012，224（05）.

[144] 黄顺铭．一个诠释典范：霍尔模式[J]．新闻大学，2002（04）.

[145] 胡正强．新闻传播中"对抗式"解码现象论析[J]．现代传播（中国传媒大学学报），2016，38（10）.

[146] 刘敏．新媒体发展对我国青少年受众群体的影响及启示[J]．新闻爱者，2020，515（11）.

[147] 欧阳开宇．极致新闻：回归受众本位的创新路径[J]．新闻爱好者，2016，466（10）.

[148] 卢元镇．竞技+传媒+观众+商业运作：体育电视文化产业漫谈[J]．体育文化导刊，2002（02）.

[149] 韩升．网络泛娱乐化现象及其背后的辩证关系[J]．人民论坛，2022，737（10）.

[150] 彭兰．更好的新闻业，还是更坏的新闻业？：人工智能时代传媒业的新挑战[J]．中国出版，2017，425（24）.

[151] 蒋博，李明．挑战与重构：推荐算法视域下的主流意识形态话语权建设[J]．海南大学学报（人文社会科学版），2021，39（01）.

[152] 倪洪江，潘祥辉．"内容为王"与"王的内容"：新媒体环境下纸媒"生死劫"再思考[J]．传媒评论，2014，244（02）.

[153] 许建俊．内容为王：树立新闻传播品牌第一要素[J]．电视研究，2018（10）.

[154] 刘迅，杨晓轩．"泛娱乐化"：核心价值观认同的挑战与应对[J]．中共天津市委党校学报，2017，19（03）.

[155] 刘子曦．故事与讲故事：叙事社会学何以可能：兼谈如何讲述中国故事[J]．社会学研究，2018，33（02）.

[156] 夏天，陈志生．我国冬奥会报道理念嬗变及展望[J]．体育文化导刊，2022，238（04）.

[157] 姜文琪，贾宁，刘超．基于SSCI数据库的媒介素养文献综述[J]．教育传媒研究，2017，6（01）.

[158] 陈晓慧，王晓来，张博．美国媒介素养定义的演变和会议主题的变革 [J]．中国电化教育，2012，306（07）．

[159] 赵建波．"泛娱乐化"思潮对大学生价值观念的消极影响及其应对策略 [J]．思想教育研究，2018，293（11）．

[160] 卜建华，徐凤娟．网络社会青年信仰泛娱乐化庸俗化风险的"文化景观"与破解策略 [J]．中国青年研究，2020，287（01）．

[161] 胡泳．新词探讨：回声室效应 [J]．新闻与传播研究，2015，22（06）．

[162] 董青，洪艳．体育媒介事件演化的动力学与可视化建模 [J]．武汉体育学院学报，2015，49（09）．

[163] 彭兰．导致信息茧房的多重因素及"破茧"路径 [J]．新闻界，2020（01）．

[164] 瓦伊达，茹秀英．北京奥运遗产探析：基于个人视角 [J]．首都体育学院学报，2022，34（04）．

[165] 王春玺，杜松石．运用北京冬奥遗产提升国家认同的机制与路径思考 [J]．北京体育大学学报，2022，45（05）．

[166] 习近平．在纪念五四运动100周年大会上的讲话 [J]．党建，2019，377（05）．

[167] 蔡小菊．英雄精神：涵育社会主义核心价值观的鲜活载体 [J]．学习论坛，2022，442（04）．

[168] 陈双．北京奥运的媒体之争：众媒体奥运传播效果比较 [J]．湖南科技学院学报，2010，31（03）．

[169] 马祥房，高春明，董世彪，等．奥林匹克全球化时代的体育民族主义 [J]．天津体育学院学报，2007，22（05）．

[170] 张培培．互动仪式链视域下东京奥运短视频传播 [J]．出版广角，2021，395（17）．

五、中文报纸、网站研究及其他

[1] 习近平．把培育和弘扬社会主义核心价值观 作为凝魂聚气强基固本的基础工程 [N]．人民日报，2014-02-26（001）．

[2] 习近平．在北京冬奥会、冬残奥会总结表彰大会上的讲话 [N]．人民日报，2022-04-09（002）．

[3] 习近平．立足提高治理能力抓好城市规划建设，着眼精彩非凡卓越筹办好北京冬奥会 [N]．人民日报，2017-02-25（001）．

[4] 习近平. 推动媒体融合向纵深发展 巩固全党全国人民共同思想基础 [N]. 人民日报, 2019-01-26 (001).

[5] 习近平. 在文艺工作座谈会上的讲话 [N]. 人民日报, 2015-10-15 (002).

[6] 杜悦. 什么是国学, 什么是传统文化: 中国文化研究所刘梦溪所长访谈录 [N]. 中国教育报, 2007-05-23 (005).

[7] 季芳. 圣火与爱心同行 [N]. 人民日报, 2008-05-16 (012).

[8] 刘峣. 中国队力争再创佳绩 [N]. 人民日报海外版, 2021-07-24 (005).

[9] 骆鹏. 促进网络道德建设的路径 [N]. 光明日报, 2012-12-01 (011).

[10] 杨丹. 推动爱国主义教育走深走实 [N]. 解放军报, 2022-08-10 (007).

[11] 杨征, 刘媛, 金惠真. 拒绝歧视, 女运动员要反击了 [N]. 环球时报, 2021-08-03 (004).

[12] 虞宝竹. 2008奥运开幕式全媒体受众创历史最高 [N]. 中华新闻报, 2008-08-13 (C04).

[13] 张丹华. 秦岭山麓 雪季精彩启幕 [N]. 人民日报, 2021-01-29 (014).

[14] 张友谊. 从文化自觉到文化自信 [N]. 光明日报, 2017-11-29 (011).

[15] 朱基钗. 习近平会见中国女排代表 [N]. 人民日报, 2019-10-01 (001).

[16] 环球网. 外国媒体的第一波反应来 [EB/OL]. 环球时报-环球网, 2022-02-21.

[17] 孔凡哲, 杨胜才. 爱国主义教育文化认同、国家认同是底线 [EB/OL]. 光明网-《光明日报》, 2019-11-26.

[18] 快资讯. 伊藤美诚放出狠话! 直言要带回3枚奥运金牌, 享受比赛拿下胜利 [EB/OL]. 快资讯, 2021-06-26.

[19] 刘燕秋. 快手宿华回应央视批评: 算法的缺陷是价值观上的缺陷 [EB/OL]. 界面新闻, 2018-04-03.

[20] 蒲红果. 任由"算法"推荐不良信息必须匡正 [EB/OL]. 人民网, 2019-04-15.

[21] 禹唐体育. 复盘里约奥运会: 金牌观念转变、观众需求转向, 触发体

育媒体与赞助商的社交升级 [EB/OL]. 知乎，2016-08-26.

[22] 中共中央国务院. 中共中央国务院致第 32 届奥运会中国体育代表团的贺电 [EB/OL]. 人民网，2021-08-08.

[23] 郭建斌. 理解与表达：对凯利传播仪式观的解读 [C] //中国新闻教育学会传播学分会，国际中华传播学会，复旦大学信息与传播研究中心，复旦大学新闻学院，深圳大学传媒与文化发展研究中心. 2006 中国传播学论坛论文集（I）. [出版者不详]，2006.

[24] 孙信茹，朱凌飞. 都市中的"媒介仪式"：文化人类学视野中的媒介传播研究 [C] // 复旦大学信息与传播研究中心，复旦大学新闻学院，中国传播学会，国际中华传播学会. 全球信息化时代的华人传播研究：力量汇聚与学术创新：2003 中国传播学论坛暨 CAC/CCA 中华传播学术研讨会论文集（上册）. 上海：复旦大学信息与传播研究中心等，2004.

[25] 任军锋. 全球化进程中的国族建构 [G] //俞可平，谭君久，谢曙光. 全球化与当代资本主义国际论坛文集. 北京：社会科学文献出版社，2005.

[26] 复旦大学历史学系、复旦大学中外现代化进程研究中心. 近代中国的国家形象与国家认同 [C]. 上海：上海古籍出版社，2003.

[27] 杨伯溆. "80 后关于国籍的取向：基于'猫扑大杂烩'BBS 使用者自己的调查" [C] //"加拿大－中国：危机与挑战"学术研讨会，2010.

六、外文文献

[1] HARGREAVES J. Freedom for catalonia：Catalan nationalism, Spanish identity and the Barcelona Olympic Games [M]. Cambridge：Cambridge University Press，2000.

[2] COULDRY N. Media Rituals：A Critical Approach [M]. London：Routledge，2003.

[3] ROTHENBUHLER E W. Ritual Communication：From Everyday Conversation to Mediated Ceremony [M]. Thousand Oaks：Sage Publications, Inc.，1998.

[4] SMITH A. National Identity [M]. London：Penguin，1991.

[5] BERNSTEIN A, BLAIN N. Sport, Media, Culture：Global and Local Dimensions [M]. London：Frank Cass Publishers，1988.

[6] BLAIN N, BOYLE R and O'DONNELL H. Sport and National Identity in the European Media [M]. Leicester：Leicester University Press，1993.

[7] HILL C R. Olympic Politics：Athens to Atlanta, 1896—1996 [M]. Manchester：Manchester University Press，1996.

［8］ BOYLE R, HAYNES R. Power Play ［M］. Adinburgh: Person Education Limited, 2000.

［9］ BELL C. Ritual Theory, Ritual Practice ［M］. Oxford: Oxford University Press, 1992.

［10］ RAWLS J. Political Liberalism ［M］. New York: Columbia University Press, 1993.

［11］ ZOLO D. Globalization: An Overview, Colchester ［M］. London: ECPR Press, 2007.

［12］ LIPPMANN W. Public Opinion ［M］. New York: Macmillan, 1992.

［13］ HILL C R. Olympic Politics: Athens to Atlanta, 1896—1996 ［M］. Manchester: Manchester University Press, 1996.

［14］ Oxford. The Oxford English Dictionary ［M］. London: Oxford University press, 1989.

［15］ ROCHE M. Mega-event and Modernity: Olympics and expos in the growth of global culture ［M］. London and New York: Routledge, 2000.

［16］ ALEXANDER J, et al. Social Performance: Symbolic Action, Cultural Pragmatics, and Ritual ［M］. Cambridge: Cambridge University Press, 2006.

［17］ GOFFMAN E. Forms of Talk ［M］. Philadelphia: University of Pennsylvania Press, 1981.

［18］ ROUSSO H. The Vichy Syndrome: History and memory in Francesince 1944 ［M］. Cambridge: Harvard University Press, 1994.

［19］ STEPHENS J, MCCALLUM R. Retelling Stories, Framing Culture: Traditional Story and Metanarratives in Children's literature ［M］. New York: Routledge Chapman & Hall, 2013.

［20］ BUCKINGHAM D. Media Education: Literacy Learning, Literacy Movement and Contemporary Culture ［M］. Liverpool: Polity Press in Association with Blackwell Publishing, 2003.

［21］ BARNOUW E, ed. International Encyclopedia of Communication ［M］. Oxford: Oxford University Press, 1989.

［22］ TOMLINSON A. Going Global: The FIFA Story ［C］//TOMLINSON A, WHANNEL G. Off the Ball: The Football World Cup. London: Pluto Press, 1986.

［23］ ORWELL G. The sporting spirit ［J］. The Collected Essays, Journalism and Letters of George Orwell, 1945, 4.

［24］ POULTON E. Mediated patriot games: The Construction and Representation of National Identities in the British Television Production of Euro′ 96 [J]. International Review for the Sociology of Sport, 2004, 39 (04).

[25] JONES F, SMITH P. Diversity and Commonality in National Identities: An Exploratory Analysis of Cross-national Patterns [J]. Journal of Sociology, 2001, 37 (01).

[26] HABERMAS. Citizenship and National Identity: Some Reflection on the Future of Europe [J]. Praxis International, 1992.

[27] DANFORTH L M. Is the "world game" an "ethnic game" or an "Aussie game" Narrating the nation in Australian soccer [J]. American Ethnologist, 2001, 28 (02).

[28] ROSS D. Grand Narrative in American Historical Writing: From Romance to Uncertainty [J]. The American history Review, 1995.

[29] CHATZIEFSTAHIOU D. Olympic education and beyond: Olympism and value legacies from the Olympic and Paralympic Games [J]. Educational review, 2012, 64 (03).

[30] 東京五輪金メダルへ 卓球王国・中国に強い日本選手は誰だ! [EB/OL]. yahoo, 2019-09-17.

[31] AP PHOTOS: Olympians proudly display their national flags [EB/OL]. The Associated Press, 2021-06-08.

[32] The IOC. Legacy strategic approach moving forward [EB/OL]. International Olympic Committee, 2018-03-04.

[33] The IOC. Olympic Legacy [EB/OL]. International Olympic Committee, 2012-06-01.

附　　录

一、专家访谈提纲：

1. 您认为奥运会及其传播是否具有建构国家认同的功能？

2. 如果奥运会及其传播能建构国家认同，那么，建构的方式有哪些？

3. 您认为从哪些视角可以更好地研究奥运传播与国家认同建构？

4. 您觉得以媒介仪式为视域对其进行研究是否可行？

5. 您觉得可以采取哪些方法对该选题进行研究？

6. 您觉得在奥运传播中建构国家认同的核心要素和机理有哪些？

7. 您觉得在奥运传播中有哪些不利因素影响国家认同建构？

8. 您觉得中国如何围绕奥运传播进行国家认同构建？

二、受众访谈提纲：

1. 您对奥运会的关注程度如何？（非常关注、较关注、一般、不关注，请举例说明，比如观看的时长、喜爱的项目、从哪届奥运会开始关注、特别的关注点等）

2. 您是通过哪些渠道和媒介来了解奥运信息的？

3. 您通常在什么地方和谁一起看奥运会？

4. 当看到中国队和别国的比赛，您有没有产生"我是中国人"的身份归属感？

5. 您看到中国队在和其他国家比赛时获胜，是什么样的感受？如果中国队失利，您是什么感受？请举例说明。

6. 当中国队在奥运会上获得冠军，在升国旗仪式上，您会站起来一起唱国歌吗？此时，您会为自己是中国人而感到骄傲吗？会觉得国家强盛和伟大吗？

7. 当中国队在奥运会上取得好成绩，您的庆祝方式是什么？

8. 您会在中国健儿取得好成绩时在社交媒体上发帖、评论、点赞、发弹幕等表示庆祝吗？评论或弹幕的内容大致是什么，请举例说明。

9. 您发帖庆祝的主要平台是微博、微信、QQ 或其他平台？发布的内容是完全转载网络上的信息，或是借用网上信息和图片进行改编后发布，抑或是完全自己创造的内容？请举例说明。

10. 您的朋友大概有多少人也会发布此类庆祝消息？通过什么平台发布的？您认为他们发布信息的目的是什么？您会通过评论、点赞、聊天等方式与他们进行互动吗？互动的目的是什么？效果如何？

11. 在看完东京奥运会开幕式后，您是否有回看 2008 年北京奥运会开幕式的想法，或回看了北京奥运会开幕式？为什么？

12. 您觉得观看奥运会或发帖庆祝等行为能增强您对国家的认同感吗？为什么？

后　记

　　本书是在我的博士学位论文基础上进一步思考完成的，原题为《媒介仪式视域下奥运传播中的国家认同建构研究》。当初选择这一题目，并非为了追求学术时髦，而是源于对体育的切身体会和读博期间对媒介文化的研习，以及对社会变迁和体育功能的感悟。首先，我大学本科的专业是体育教育，硕士攻读的是体育教育训练学，从事体育工作近30年，对体育教学训练和体育文化有一定的理解。其次，我博士的研究方向是体育文化传播，在此期间，我阅读了大量关于传播学的文献，涉猎了文化学、人类学、符号学、政治学等相关领域的知识，就此引发了对体育的不同理解。最后，我出生于20世纪70年代，经历了国家相对贫困的年代，感受到改革开放以来国家的高速发展与巨变，经济的腾飞、生活环境的改善、人民生活水平的提高，科技的进步、高铁的飞速、5G的快捷……这些变化印证了中华民族的复兴。

　　近年来，特别是借助大型运动会，中国向世界发出中国声音，展现中国的发展、中国的方案和中国的智慧，以及想融入世界发展潮流的决心与信心。而且，借助这种国家仪式，促成了中华民族的凝聚与团结，是一次次国家精神的再生。如果说"2008年北京奥运会是一种过渡仪式，它象征性地促使中国告别了相对孤立的时代，宣扬着一种胜利、一段被殖民历史终结的意向"。那么，2022年北京冬奥会则是中华民族成员的又一次"伟大凝聚"，它"将是我国在实现第一个'百年目标'基础上向第二个'百年目标'迈进之时，凝聚更强大的民族自信心、自豪感，开启中国体育事业又一段圆梦征程"，是对"铸牢中华民族共同体意识"的积极践行。可见，体育除了是体力活动、教育活动、游戏外，也会对社会、民族、国家产生不可低估的影响，这也是值得我们深入研究的领域。

　　读过博士的朋友曾经对我说："博士阶段会掉几层皮。"起先我对此不以为然，但是，当我亲身经历之后，才深深地体会到其中的艰辛与挑战。一方面，我博士的研究方向和以前的大不相同，除了体育学之外，还包括传播学、文化学等领域，我的选题更是涉及人类学、符号学、社会学、政治学和心理学等，这么庞杂而广博的领域要在短时间内有所了解，并形成博士论文，难度之大可想而知。另一方面，对于1974年出生的我来说，精力和时间有限是读博的最大障碍。作为教师，我要一边教书育人一边完成自己的博士学业。读博的第一学期我给学生上课和读博要上的课程加起来近30学时，而且，我的小孩还小也需要照顾。那段时间，工作、学习和家庭使我感到前所未有的压力。所幸的是，在此期间有众多的师长、学友、亲人和朋友的不断勉励，为此，我心中充满无限的感激之情。

首先，要感谢我的导师王庆军教授！导师亦师亦友，对我影响颇深。攻读博士之初，导师不忍对我学识浅陋"痛下狠手"，而是更多地勉励我："你学术入门晚，要多看书，勤思考"，"要转变思维方式"。导师是文学博士，硕士和博士都是在新闻传播学院就读，他家的藏书很多，很久以前就养成了爱读书的习惯，直到现在他的背包里还经常放着书籍以便抽空翻阅，实在令我敬佩。导师严谨博学，指导有方，从选题到论文框架，再到具体写作，甚至是一个词语的运用都会反复推敲，事无巨细，不厌其烦，从他那里我不仅开拓了学术眼界，也得到了很多启发与灵感。而且，导师的宽厚爱人也深深地感染着我。导师大我5岁，他称我为"兄弟"，每每遇到好友前来，便邀我一起，席间推杯谈家常，论道长，言国家大事，晓畅社会之善恶。导师也经常邀我们研究生到家里，他和师母一起买酒菜，亲自做饭，我们好似一家人。岁月匆匆，我的点点滴滴进步都离不开导师的言传身教，这一切我将铭记在心，也激励我继续前行。

其次，感谢读博期间给予我指导的孙庆祝老师、周学荣老师、阿英嘎老师、程传银老师、汤卫东老师、王竹影老师、史曙生老师，也感谢为我开题和提供过建议的程志理老师、陈家起老师、陈培友老师、高亮老师、吉灿忠老师、刘东升老师。同时，感谢南京师范大学体育科学学院对我的培养，以及关心和帮助过我的储志东老师和所有老师们。除此之外，还要感谢在南京大学新闻传播学院蹭课期间，胡翼青老师、杜俊飞老师和段京萧老师的授课对我的帮助，感谢南京师范大学新闻传播学院方晓红老师和张宁老师等对我的启发与帮助，感谢上海大学体育学院刘兵老师在预答辩时提出的中肯的宝贵意见，以及论文答辩时首都体育学院王凯珍老师和上海体育大学唐炎老师给予的指导。

再次，要感谢兄弟们对我的帮助、支持与鼓励。顾善光在我读博期间的每一阶段都给予我无私的关心与支持，王洪兵在我读博最困难的时候总会给予我安慰，使我获得了坚持完成学业的勇气与动力。感谢同届的博士吴志建、代龙迪、麻晨俊、朱厚伟的心灵安慰，感谢同门的俞鹏飞博士、徐磊博士、刘韬博士后和夏漫辉博士后的支持与帮助。

　　从次，要感谢进行前期研究的众多学者，没有他们的研究作为基础，我不可能完成此研究。有的学者的观点被引用到文章中，有的学者的观点化作本书的思想渗透其中，在此一并表示感谢。

　　最后，要感谢我的爱人与女儿。我的爱人在我读博期间几乎包揽了家里的所有大小事务，而且，女儿的教育工作也都落在了爱人肩上。如今，看着品学兼优的女儿，我甚是欣慰，也深知爱人的伟大。爱人和女儿是我最强大的精神支柱和拼搏的动力源泉，在我意志薄弱停滞不前时，家给予我温暖。而努力拼搏、永不言败的精神也是我通过读博传递给女儿的人生道理。

　　近五年的读博时光艰辛而漫长，但回首这段岁月，却仿佛就在眨眼之间飞逝而去，感叹"知天命"的我还能有几个五年。其实，人生就是一场场"过渡仪式"，从出生仪式，到入学仪式，再到成长仪式、青春仪式、成人仪式，父母用爱陪我走过人生的每一个阶段，他们给予我躯体和家的温暖，也教会我诚实、守信、善良与坚韧。可是，没有等到我博士的毕业仪式，亲爱的母亲和父亲在2021年和2022年相继离我们而去，我们兄弟姐妹四人为父母举行了人生最后的仪式。我非常想念父亲和母亲，他们言传身教的中华民族传统精神和家国情怀将永记我心间，并传承与扩散！